Edward T. Yang
1947 – 2007

Dreams of Love and Hope
Shall Never Die

谨以此书献给在天上的杨导,
愿你恒常看顾那些坚持不移的心灵。

商务印书馆(成都)有限责任公司出品

再见 杨德昌

台湾电影人访谈纪事

王昀燕 / 著

商务印书馆
The Commercial Press

推荐序

"我都没办成,你办得成吗?"

文———林文淇 (《放映周报》总编辑、"中央大学"视觉文化研究中心主任、"中央大学"英文系教授)

不久前,我都喊她小燕的王昀燕告诉我,她要出版一本关于杨德昌导演的访问集。我听到后惊讶不已。我好奇地问她,这是"国艺会"还是"文建会"的补助案吗?还是哪个出版社的出版计划?她说都不是,只是她自己起心动念,想要在杨德昌导演六十五岁冥诞之日为他出这本书。

我没有告诉小燕,当时我脑中浮出张艺谋《有话好好说》里一个疯狂的画面:砍人计划失败的姜文,在一个窄窄的通道里,对着失去理性拿菜刀要砍人的李保田说:"这事你办不成,知道吗!我都没办成,你办得成吗?"

我不是怀疑小燕的能力。过去几年她在《放映周报》做过无数次的电影人专访,她也与我共同编辑出版了《台湾电影的声音:放映周报VS.台湾影人》访问精选集,获得很大的好评。她对电影观察敏锐,文字兼具理性与感性,绝对是国内电影访问报道的最佳好手。

只是,杨德昌毕竟是杨德昌。何况,杨德昌拍第一部电影《光阴的故事》那一年,她刚出生!十二年前,我与沈晓茵、李振亚二位合作出版《戏恋人生:侯孝贤电影研究》,是当时第一本侯孝贤的论文集。当时我心想,下一年该做杨德昌导演的书。至今生肖都轮过一回了,杨德昌导演也已经不幸辞世,我这位在大学任教的台湾电影学者仍一事无成。"我都没办成,你办得成吗?"

不过,小燕她真的办成了!只凭着她自己所说的"一股天真的冲动",在身为自由撰稿人、生活已经入不敷出的情况下,她在一年不到的时间内,就说服时周文化出版社,邀请到曾与杨德昌共事过的十六位重要电影人,忍受无数失眠赶稿的夜,还取得许多杨德昌珍贵的照片等资料,独立完成了这本弥足珍贵的《再见杨德昌：台湾电影人访谈纪事》。

在这本访问集里，透过王昀燕精心准备的问题，十六位电影人不仅回顾他们所记得的杨德昌，也回顾他们自己的电影之路，以及他们与杨德昌共事的经验与这个经验对他们带来的影响。

因此，这本访问集不仅是感念杨德昌导演开创台湾地区新电影历史，在他逝世五周年时，代表台湾对他所献上的敬意；它也是在台湾地区新电影三十周年纪念的这一年，透过杨德昌电影如何被发想、编写、设计与执行，为台湾地区新电影共同参与推动的电影人留下珍贵的口述历史，并从实际制作面为"台湾新电影美学"提供了具体而微的阐释。

台湾地区在杨德昌导演过世后五年才有这一本专书出版，实在愧对他在台湾地区电影史上所做的贡献。这个早该做的事，过去五年，台湾的"国家电影资料馆"没有做，台湾的"大学"教授没有做，反而是由一位被台湾恶质资本主义社会定义为只能领22K月薪的年轻人，自己认为该做就去做了。我们何其惭愧。

"中央大学"视觉文化研究中心很高兴能够协力参与本书的出版。

小燕，谢谢你！谢谢你做了一件台湾地区早该为杨德昌导演做的事。这本书，将是在天上的杨德昌导演，收到来自台湾地区最好的生日礼物。

2012年10月29日

作者序

天真的冲动

文——王昀燕

我没有见过杨导。人们每每提到他,总说,他个子很高,多半时候戴着棒球帽、墨镜,披一件棒球外套,十足美国男孩的打扮,笑起来的时候,眼睛眯眯的。

那天,我到出版社找史料,登入资料库,搜寻"杨德昌",不过几秒钟的光景,便跳出二十九页的资料,共计数百张相关图片,自20世纪80年代早期迄21世纪初期,其间横跨二三十个年头。我不厌其烦地,逐一点阅,不愿错过任何蛛丝马迹。照片里的他,没有怒火,大多冲着镜头,笑得开怀。那是不拍片的时候,他搂着他钟爱的演员们,或与信任的合作伙伴相偎依,高挑的他,常喜欢将手搭上旁人的肩,有了一种亲密与共的味道。2000年5月,杨导经诊断罹患癌症,自此便少公开露脸,2005年更举家移居美国洛杉矶,照片自然少了。有几次,是他出席国际影展,或着正式西服,或一派轻简的打扮,依旧笑得那么畅快,差别只在于,头发白了,面庞添了一丝老态。

所以存在我印象里的杨导,恒常是笑眯着眼的。

人们提到他的时候,也常说,他脾气不好,情绪反复无常,尤以在拍摄现场最为可怖,气氛时常十分严肃而凝重,大伙儿都得紧绷着,务求将自己的责任担好。我挺庆幸自己没有见过他发脾气的样子,我害怕很凶的人。

我自小看电影,小镇上有家戏院,小学时,偶尔和同学结伴去看电影,向来是件快乐的事。2001年,我上了大学,去了台北,看的电影要比以前更多更广了,虽说看的多半是被纳为艺术电

"我不知道的事情太多了。所以,你知道我以后想做什么吗?我要去告诉别人他们不知道的事情,给别人看他们看不到的东西。我想,这样一定天天都很好玩。说不定,有一天,我会发现你到底去了哪里。"——洋洋,《一一》

影范畴的片子,可远远称不上是一位影痴。

我接触杨导的作品是很后来的事了。记得初次看到是在某场座谈上,主讲者播映了《恐怖分子》的片尾,利落的剪辑,扑朔的发展,让我看得入迷,心里涌上了困惑与惊奇。

后来又有机会看了《一一》,跟朋友商借来的片子,记得我一个人在房间里,把灯熄了,在黑暗中曲着身子,将长达两个多小时的《一一》给看完。

2007年年中,杨德昌、伯格曼、安东尼奥尼相继辞世,电影圈弥漫着一片哀悼之情。那年,金马影展举办了杨德昌回顾展,我趁机看了《牯岭街少年杀人事件》,据闻这是台湾首度映演四小时的完整版,许多人都兴奋不已。那是我第一次在大银幕上与杨导见面。片子很长,中途去了趟洗手间,沿走道往后头走的时候,见着银幕的光,打在满场的人的脸庞上,只见众人都极其专注而投入,犹如着了魔一般,正集体膜拜着什么。那一刻,我真有那么一股说不上来的感动。

记忆中,同一时期"国家电影资料馆"也映演杨导的作品,我就在那儿看了《海滩的一天》。印象最深刻的一幕,莫过于身着北一女制服的张艾嘉,穿越人群,远远自另一头走来,清丽可人的模样委实令人心动。当时真觉电影是一个万能的化妆师,且拥有凝结时光的超凡本事。

及至今年过年期间,重又涌生出版一本杨德昌专书的念头,才确确实实地将他的作品完整看了一遍。相较于许多钻研杨德昌电影的人而言,我显得那么微不足道,真的就是出于一股天真的冲动罢。

起初邀访时,不乏有人说:"可是已经有人做过了耶!"这我自然知情,自杨德昌辞世后,陆续问世的相关著作包括：2007年由金马影展执委会所策划出版的《杨德昌——台湾对世界影史的贡献》，2008年香港国际电影节协会出版、张伟雄和李焯桃主编之《一一重现杨德昌》，2010年法国知名影评人让·米歇尔·付东（Jean-Michel Frodon）所著之《杨德昌的电影世界》（Le cinéma d'Edward Yang），以及2011年3月新加坡国家博物馆举办"杨德昌回顾影展"之际所编制的特刊。早年，黄建业曾撰述《杨德昌电影研究：台湾新电影的知性思辨家》（1995）一书，而约翰·安德森（John Anderson）亦于近年出版专著《杨德昌》（Edward Yang，2005）。

年后跟出版社提案时，主编也说，他们才正准备签下《杨德昌的电影世界》一书繁体中文版，预计今年发行，问我要不要想想其他主题。然而，小小的我，不知哪来的志气，依旧坚决认定："但我这本书绝对跟过往的不一样。"他们也真是够意思了，最终竟然仍是允诺了我，答应为我出版此书。

论及台湾地区影史，不可不提杨德昌。1947年出生的他，擅以冷冽锐利的影像语言解剖人性，题材悉数取自台北，俨然将整座城市视为一间巨型的实验室。自1982年完成大银幕处女作《指望》，迄2007年6月辞世，杨德昌共计留下七又四分之一部电影作品。2011年，台北金马影展执行委员会策划"影史百大华语电影"，邀请华语电影专业人士及杰出影人共同评选，针对影史初始时期迄2010年期间完成的所有华语影片进行投票。其中，杨德昌有多部作品上榜，包括《牯岭街少年杀人事件》（第二名）、《一一》（第七名）、《恐怖分子》（第十一名）等。同时，依据所有得票影片，加总计算出"五十大华语导演"，杨德昌更名列第二，仅次于侯孝贤。

一般咸以于1982年8月28日上映的《光阴的故事》作为台湾地区新电影的序曲，今年适逢台湾新电影三十周年，而作为台湾新电影旗手之一的杨德昌离世已届五载，本书采访对象涵盖制片、导演、编剧、录音师、剪接师、摄影师、演员等多重身份，或是以友人的立场发声，或是从师徒的关系出发，抑或循着个人专业提出见解，堪称网罗了相当珍贵的第一手史料。而这些走过台湾新电影的资深电影工作者，更是难得地揭开了影史上动人的一页，遥念那段相濡以沫的美好时光。

这回采访的人里头，除了昔日访问过的鸿鸿与廖庆松、陈博文两位剪接师，以及因办活动之故曾短暂接洽的小野、陈骏霖，其余都是我未曾接触过的。邀访过程比预期要艰难得多，前前后后，约莫联系了二十五人，最终完成采访而收录于书中的则有十六人。全书虽看似以杨德昌一人作为轴心，然则每一位受访者皆为不可或缺之要角，于我而言，这是十七个人的故事与观点，乃至在言谈之间被提及的许多许多人，都共同构成了这本书的生命。

近年，世界各地相继推出杨德昌电影回顾展，然基于种种缘由，台湾地区始终未能完整献映，殊为可惜，盼此书之出版，有助于带动更多研讨与展映。

反复看了几次杨德昌的作品，察觉到他一个很重要的核心思想，乃是在辩证真实与虚构，而他之所以一再去探求看不见的象限，乃至虚假或伪善的一面，为的无非是"求真"。我觉得他始终怀抱一种纯真的情怀，从未放弃对于所信仰之真理的追求。

在《海滩的一天》里，佳莉说道："我们读过那么多的书，小时候，一关一关地考试，为什么没有人教过我们怎么样去面对这么重要的难关？不管是小说，还是电影，总是两个人结婚以后都是圆满大结局，大结局以后呢？"诘问的语气中充满了迷惘。

在《恐怖分子》里，周郁芬冷冷地对李立中说："小说归小说，你连真的假的都不分了吗？"

在《牯岭街少年杀人事件》里，当片厂导演当着小四的面赞誉小明："她真好，说哭就哭，说笑就笑，可真自然耶！"小四却一脸不屑地回嘴："自然？你连真的假的都分不清楚，还拍什么电影？"

在《独立时代》里，男同事小戴对琪琪说："你不觉得在这社会谈感情是愈来愈危险的事吗？感情已经是一种廉价的借口，装得比真的还像，你不觉得吗？"

生如夏花。那个在《恐怖分子》里头迟迟未诞生的孩子终于在《一一》里降生了。而那个说着"我觉得我也老了"的洋洋，难道不仍是一个孩子吗？

《一一》里头，洋洋和他的父亲NJ有段很经典的对白，必定扰动了无数观影者的心：

洋洋："爸比，你看到的我看不到，我看到的你也看不到，我怎么知道你在看什么呢？"

NJ："你问的问题，爸比还没想过。可是我们不是有照相机吗？我要教你拍照，你又不想学。"

洋洋："爸比，我们是不是只能知道一半的事情？"

NJ："你在问什么？爸比听不懂。"

洋洋："我只能看到前面，看不到后面，这样不是就有一半的事情看不到了吗？"

许多人说，杨德昌很诚实，因其对人生的困惑如实反映在作品中。关于看得见与看不见，真实与虚构，可信与不可信，似乎是一个永恒难解的课题，幸而我们还有一辈子能够深思。

《独立时代》开拍前夕，杨导写了一封信给所有剧组同仁，信里写道：

《独立时代》的基本精神是必须在使用最经济的财务条件前提之下去证实创意及演艺实力所产生的爆发力。在最实效的非传统起攻点做偷袭，发挥你我熟知的演艺人才的过人魅力及实力，争取最有丰富实质的战效。这也就是我们工作一年余的原因，对我个人来说，这是一个责任，这个责任不是对我自己，也不是对任何一个人，而是针对我们自己热爱的这个善意的乐趣。如果没有这热烈的乐趣，这一切的谋略及筹划将只是一种无情的专业政策，在这个热烈的乐趣之中，我们才能充分获得对胜利的乐观，我们才能得到充分的把握，对一切成果勇于负责，我们才能有对这一切成果得到欣慰的权利。

独立的精神，热烈的乐趣，求新求变的态度，相信是许多人在杨导身上学到的最重要的事。

作为其遗作的《一一》，回应了杨德昌创作的本心——对于"新"与"变"的不断追索。而他在为小野《白鸽物语》一书所撰述的序言中亦写道：

新，就是你又向前跨出的那一大步。
新，就是你更加接近了你的目标。

于我而言，本书之出版，意味着人生里的一大进程。这大半年，所凭恃的无疑是相当的热情与求真的精神，尽管是作为一名独立的撰稿人，但本书得以付梓，仍得感谢许多人：

谢谢当初引领我进入电影圈的陈儒修老师。

谢谢《放映周报》，我们的发源地。作为台湾地区难得的独立电影之声，给了我充分滋长的空间。谢谢《放映周报》总编辑林文淇老师，始终维护着这个园地。

谢谢所有受访者——小野、吴念真、柯一正、余为彦、舒国治、杜笃之、廖庆松、陈博文、张惠恭、鸿鸿、陈以文、王维明、陈骏霖、金燕玲、张震、柯宇纶，你们皆为我所敬重之人，没有你们，此书难成，但愿没有辜负你们所交付的信任。

谢谢《恐怖分子》及《独立时代》的摄影师张展，因访谈过程无法录音之故，终未能将内容收录于书中，实感惋惜。谢谢你的开诚布公，在你身上，确实看到了一代电影人的热切胸怀。

谢谢杨导之妻彭铠立小姐慨然允诺相关图档之授权，使本书更形丰富，愿此书能为你与子绪带来安慰。

谢谢所有在联系过程中给予协力的人们。

谢谢时周文化的编辑总监陈睦琳、副总编辑洪雅雯、行销企划王惠雅及编辑黄冠宁，在出版编务上所提供的种种协助。谢谢你们愿意给新人机会。

谢谢美术设计罗文岑，细腻而耐心地整合繁杂的图文，为它们找到最妥帖的位置。

谢谢亲爱的摄影师范峻铭，总是不厌其烦地提醒我，并且从未放弃为我打气，谢谢你一路陪着，共同成就了一件对我而言那么重要的事。

这段日子以来，于公于私的煎熬，只有少数几人得见，衷心谢谢你们愿意陪我走过。但愿我能以一个更好的我作为回报。

2012年9月20日，三十岁生日前夕
写于清水

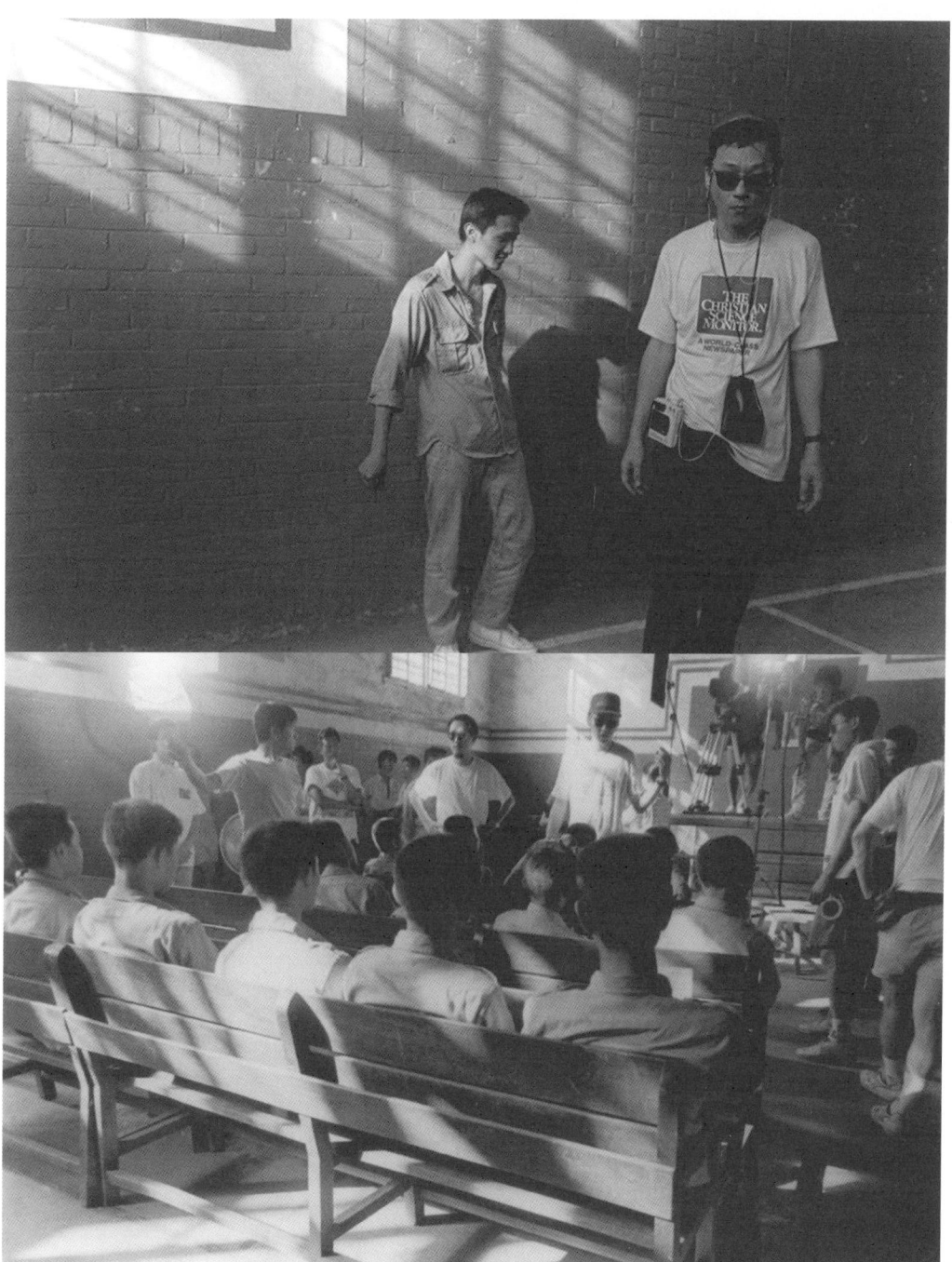

contents | 目录

推荐序
004　林文淇："我都没办成，你办得成吗？"
作者序
006　天真的冲动

台湾新电影旗手
014　小　野：重振新电影的决心与志气
040　吴念真：他在写论文，而非描述
064　柯一正：遥想那段相濡以沫的美好时光

亲密战友&友人
088　余为彦：相信就能看得见
112　舒国治：他本身就是最强的阵容

专业技术人员
126　杜笃之：创作长路上，相互倚赖的合作伙伴
150　廖庆松：每一部片子里都有他的影子
172　陈博文：让影像成为有想象空间的载体
190　张惠恭：展现自然光源的丰富层次

杨德昌的子弟兵

- 210 鸿　鸿：我好像也掉进同样的回圈里
- 236 陈以文：戮力追求一种绝对
- 256 王维明：打开新的思维方式
- 276 陈骏霖：讲自己想讲的故事

杨德昌的演员们

- 294 金燕玲：放手去演，自然地融入角色
- 314 张　震：他就是我的模范
- 332 柯宇纶：拍电影是我人生中最快乐的事情

附录1

- 350 杨德昌×台北　电影场景散步地图
  慢游《牯岭街少年杀人事件》与《一一》电影场景

附录2

- 354 杨德昌年表

附录3

- 358 杨德昌作品年表

01

台湾
新电影
旗手

小野
重振新电影的
决心与志气

小野✕杨德昌

《海滩的一天》策划及特别演出
《恐怖分子》共同编剧及执行制片

采访日期▶2012年6月13日
地点▶台北捷运麟光站一带

杨德昌镜头下的城市好像都走在边缘上，
随时会发生状况，
跟他个性很像，
因为他是一个很敏感、细腻的人，
看什么事情都觉得不太对劲。
就像《一一》里头，
洋洋喜爱拍人家背部，
这其实贯穿了他所有创作，
杨德昌在看人的时候，
总看到别人没看到的面向。

小野，本名李远，1951年生，原本学的是分子生物，曾任台湾阳明大学及纽约州立大学水牛城分校助教。就读师大生物系时开始创作，出版《蛹之生》、《试管蜘蛛》等书，成为20世纪70年代的畅销作家。其后工作横跨不同传播媒体，如电影、电视、广告、文学和教育。曾担任"中影"制片企划部副理兼企划组长、台视节目部经理、华视公共化后第一任总经理、台北市文化基金会董事长、台北电影节创始第一、二届主席。

文学作品及电影剧本创作超过一百部，对于青少年及儿童的成长与教育特别感兴趣。

得奖记录： 联合报小说比赛首奖、英国国家编剧奖、亚太影展最佳编剧奖、电影金马奖最佳编剧奖。童话曾获金鼎奖最佳著作奖、中国时报年度最佳童书奖，并被德国国际青年图书馆列入向全世界推荐优良儿童读物（White Ravens 1993—1994）。

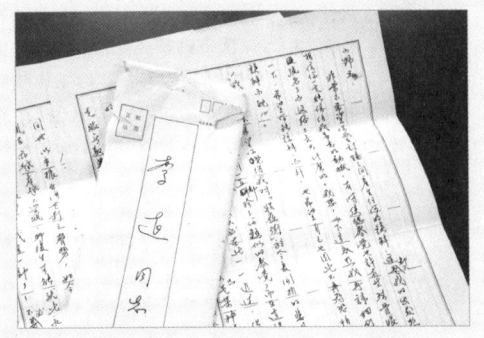

《恐怖分子》开拍前夕,杨德昌忽然说他没把握拍好这部片子,小野一怒之下,写了封长信痛骂他,分析环境对他们何其不利,后来杨德昌也回了他一封很长很长的信,信中解释他欲改拍《牯岭街少年杀人事件》的原因,并声称:"我是快手阿德,请相信我。"

  侯孝贤、杨德昌、小野同属外省客家人,当年,小野的双亲为了寻求工作机会,径自来台谋发展,较1949年的大迁徙来得更早,原以为工作个几年便要回去了,没想到一落脚就是一辈子。小野说,他们的童年是很荒凉的,一如《牯岭街少年杀人事件》所呈现的那个世界。

  将届三十岁之际,他自文学界跨足电影圈,应明骥之邀进入"中影"制片企划部,未久,在因缘巧合之下,与战友吴念真共同企划了《光阴的故事》,随即将台湾电影带入一个新的战场。往后数年间,他立志在"中影"内部当一只始祖鸟,信誓旦旦地说,空气很坏,那就再开一扇窗。

  小野曾将在"中影"就职期间遭逢的人事变革逐一写下,先后集结成《一个运动的开始》、《白鸽物语》,如今,这两本书已成为当代人回溯台湾新电影的重要参考史料。在小野的札记里,不时可见他真情流露,为了革新,流下或困挫或悲愤的男儿泪。

  吴念真在为《一个运动的开始》所撰述的序言中提到,进"中影"后,总是不断地想故事、写故事,然而这些故事终因上级一次又一次"缓拍"的决议而不见天日。上班的日子令人颓丧并且死心,他最常跟小野说的一句话是:"管他去死啊!"有时,发现小野不在位置上,隔了一两个小时,待他回来,问他上哪儿,他总说:"去马杀鸡。"往往得要再隔一阵子,他才会吐露实情:"刚才我下楼去和老板单独谈了……XX案准备做了","XX导演的条件,老板终于接受了"。

  相较于吴念真,小野硬是把火气给吞了,甘愿居中斡旋,就为了促成这些拍摄案。当年,《海滩的一天》筹拍阶段,杨德昌因坚持外聘杜可风作为摄影师,一度与"中影"僵持不下,双方谈判险些破局,为了此事,小野几乎全然瘫痪了,他在日记中写道:"我从未有过如此疲乏至想呕吐的感觉,完全不能动弹。"尽管在人前,他依旧保持着微笑,绅士般的微笑。幸而后来事情总算在双方的承诺与让步之下圆满解决了。

  "为达目的,代替其他人吞掉所有的火气,为达目的,压抑自我,展现过人的韧性大概是这个人最让我觉得佩服的地方,因为我觉得在这几年的电影乱世之中,开创一个环境,让其他创作者尽力发挥的人比创作者本身更值得鼓掌,小野

是值得鼓掌的人之一。"吴念真站在一个同事的立场，提出了他的观察。

后来，小野与杨德昌共同编剧《恐怖分子》，同时身兼本片执行制片，《恐怖分子》虽为杨德昌摘下首座金马奖最佳影片奖杯，却也让小野气力用罄，决定往后不再与杨德昌彼此纠缠。

小野说，《恐怖分子》到了筹备后期，杨德昌又说他不做了，两人起了冲突，小野便写了封信骂他，说他再不拍就没机会了。杨德昌也回了他一封长信，说他想拍《牯岭街少年杀人事件》，并且保证这部片很快就能拍完，事实证明，后来他一拍拍了五年。最后杨德昌仍是在被小野架着脖子的情况下，开拍了《恐怖分子》。

采访当天，一见面，小野就掏出当年杨德昌写给他的这封长信，署名给"李远同志"，洋洋洒洒数张信纸，爬满了杨德昌清丽的字迹，试图冷静理性地向对方禀明己身撩乱的心事、坚决的信仰。"我搬家很多次，一封信要留二三十年不太容易。"小野说，这封信很珍贵，日后他想捐献出去。随后，他又取出《白鸽物语》，说，库存所剩不多，他特地托人拿来这本打算赠我。

这个形容自己幼年荒凉，青年时期又一脚踩入"国片"泥淖，一肩扛起"延续'国片'命脉"之重责大任的长辈，一路走来，始终拥有一颗温厚而热诚的心。前些日子，他为了支持台湾年轻一代导演拍戏，搏命演出，顶着患有高血压的花甲之躯，在烈日下，吊钢丝吊了十多次，从不喊苦，熟料回家后全身发烫发软，足足躺了一天，压根不能动弹。他说，过去便是用这番拼搏的精神处理许多事情，方能成功突围。

"为了台湾电影的未来，拼啦！"现在的他依然充满了斗志。

新电影的发生是偶然的

1980年,你自美国返回台湾地区,写了几个剧本,但未有机会拍成电影,连编剧费都没能拿到。1981年,应"中影"总经理明骥之邀进入"中影"制片企划部,负责企划电影作品,组内尚有吴念真、陶德辰。当初为何会接下这个职务?

小野(以下简称野)——————我觉得一切都是巧合,当年我去美国念书的那一刻就有点犹豫,因为当时我已经是个作家,出了好几本书,也写了《男孩与女孩的战争》(1978)、《成功岭上》(1979)等电影剧本,换句话说,我是在一种蛮矛盾的情况之下去外国念书的。不过那时与台湾电影界的接触经验,感觉挺失望的,好像不大有发展空间,所以并没有打算要从事电影工作。刚好我又申请上奖学金,就到纽约州立大学念分子生物;然而,到了美国后,心里一直很不踏实,自觉个性不大适合当科学家。出去这一趟,反而让我下定决心,心想依我的个性和能力,走科学一途应该蛮平庸的,遂打定主意不走这条路了。

其实我的人生是很被动又失控的,完全不在规划中。回来之后,已经快三十岁了,有点背水一战的意味。《联合报》曾邀我到副刊当编辑,我又觉得那不是我想要的,在究竟该去上班或持续写作之间游移不决的同时,明骥❶突然问我要不要去"中影"。当初我一个剧本写完,他不给我一毛钱,我一直要约见他,他却反过头来告诉我,他已经找我找了一年(笑)。他的部下其实很怕我进去,因为在我之前已经去了个吴念真,就跟明骥谎称我无意进"中影"。跟明骥碰面时,我回台已经快一年了,写的五个电影剧本都没有拍成,甚至都没拿到钱,心里非常焦虑,心想没有退路,当下就答应进去了。明骥非常诚恳,提供的条件也非常优渥。首先,我去上班,薪水不高,但仍可在外头接写剧本;其次,"中影"内部要我写的剧本,会另外支付剧本费。

2009年,明骥获颁第四十六届金马奖终身成就奖。

进"中影"时，你带了一份"白鸽计划"，当时你的抱负是什么？

野————我用一本师大生物系的笔记本，写上"白鸽计划"四个字，心想去"中影"之后要找谁当导演、找谁当编剧，开了一二十个名单，希望延揽一些还没有机会拍电影的年轻创作者，以当时"中影"的情况，大家看了一定会想笑。后来那本"白鸽计划"有一半都在注记每一部片上映后的票房。

1980年4月，明骥曾宣布拍片五原则：贯彻制片手册制度、拟订周密计划、严格控制题材、培养年轻人才、协助民间拍片事宜。❷你知道这几大原则吗？

野————我不知道。当初明骥一发布新的人事案，全公司的人都抗议。除了我和念真，还找了段钟沂、陶德辰。我去之后不到几个月，"中影"整个制片企划部全面改组，将一个单位划分为企划组、制片组、公关组。其实明骥是有计划的，并宣布我为企划组长。自此我们成为核心角色，每年的拍摄计划都由我们几个人执行。

你刚提到的那几项原则我完全不知道，事实的真相是，"中影"前面拍的几部电影亏损了，上级单位遂下达命令，宣布"中影"停拍一年。进"中影"后，才知道原来我们的上级单位是"文化工作会"，简称"文工会"，在"戒严"时代，是个权力比"新闻局"还大的单位，甚至可以直接致电各报社，勒令它们某则新闻隔日不要发布，否则就查禁该报。

当时拍的都是伤痕文学，包括陈耀圻《源》(1980)、白景瑞的《皇天后土》(1980)以及张佩成《大湖英烈》(1981)，三部片总计斥资一亿多台币。我进"中影"时，王童的《苦恋》(1982)进行至一半，这部片仍属政策片；《大湖英烈》和《皇天后土》也正在陆续收尾中。

其实台湾新电影会发生在"中影"真的是个奇迹，因为"中影"一直被定义为替"党国"宣传的机器，隶属国民党，而非政府。像我这个角色，要写企划书，写完之后上呈总经理，总经理同意后就把这个案子往上报，交付"文工会"的编审，"文工会"有权决定通过与否。我们刚去的时候，案子一报上去就被退，这种情况为期长达一年。这一年间，核准开拍的仍是政策片——《辛亥双十》(1981)、《动员令》(1982)，我和念真都被授命去参与这两部片的编剧。

❶ 明骥，1923年1月24日－2012年6月15日，曾任"中影"制片厂厂长、总经理，任职"中影"期间，开办电影技术人员训练班，并拔擢了台湾新电影运动中的许多杰出人才，如小野、吴念真、侯孝贤、杨德昌、柯一正、张毅等人，被誉为"台湾新电影之父"。

❷ 参见"国家电影资料馆"官方网站之"电影大事记"(http://www.ctfa.org.tw/history/)。

你在1982年与吴念真共同策划了《光阴的故事》，3月开拍，8月28日上映，票房不俗，引起不小回响。本片起用杨德昌、陶德辰、柯一正、张毅四位年轻导演，最初关于此一段落式影片的发想来自什么？

野————新电影的发生是偶然的，没有一件事是有计划地去做。《光阴的故事》构想很简单，当年"中影"没有拍片，遂自日本引进恐龙大展，其中有猩猩打鼓吹号等道具，展览开放民众参观，并收取门票，很是热闹。明总便突发奇想，建议将之拍成电影。本来，我们不过将此提议当成笑话看待，但陶德辰很想当导演，主动构思了一个四段式的故事，原定从"中影"内部找四位年轻导演，未对外招募，后来案子通过了，我们才决定对外招人。

当年写企划书的时候必须写假的——亦即须将之写成一部宣扬政策的片。《光阴的故事》由我撰拟企划书，核心思想是表扬国民党政府来台四十年的建设，表面上看来是部政策片，且总预算只要四百万，相较于过去动不动就几千万的预算，这不过是个零头，"文工会"没有理由不核准。

案子一过，大家很兴奋，就开始从金穗奖得主中筛选导演名单，另外也从参与《十一个女人》(1981)❸电视单元剧的导演群中挑出杨德昌和柯一正。张毅是四人当中唯一接触过"中影"的人，曾任《源》的编剧及《影响》杂志❹主编，1977年于《影响》杂志推出"十大烂片"专辑，其中多部为"中影"出品，甚至因而被"中影"提告。由此可见，当时我们在评选导演时，采取了跟过去不大一样的政治角度。

新电影处境艰险，夹缝中求生

论及台湾新电影，咸以《光阴的故事》作为开端，你在《白鸽物语》一书中提到，许多人都找不到"台湾新电影"成形真正的背景及环境原因，那是一个相当保守的年代，没有太多动力来促使这样的活动发生，并不是在政府资金直接介入及有计划地鼓励拍摄下所成就的美事。如真要探究，其实远不如1987年发起《台湾电影宣言》迄1988年间的变动。现在重新回顾，你自己会怎么看待这一波台湾电影史上的重大变革？

野————新电影的发生是在一个蛮保守的环境中，彼时仍值"戒严"时期，各方势力不断夹杀,以致后来发生《儿子的大玩偶》(1983)禁播事件,其实是处于一仿若走钢丝的艰险处境。新电影主要是从《光阴的故事》、《儿子的大玩偶》这七位导演开始延伸出去,后来也将周遭在拍一些比较不一样的电影人纳入,统称新电影潮流,其实这很难归类。像王童,他过去是"中影"的美术设计,新电影开始前已经拍了《假如我是真的》(1981)、《苦恋》;侯孝贤也是,他在新电影前已经做了九年的电影,且已执导《就是溜溜的她》(1980)、《风儿踢踏踩》(1981)、《在那河畔青草青》(1982)等片;此外,拍过《地狱天堂》(1980)的王菊金以及拍学生片的林清介也被视为非常不一样的导演。

新电影的界线是后来的人界定的,若要说跟前期完全断裂,则是从《光阴的故事》开始。之后,《小毕的故事》(1983)票房很好,造就了侯孝贤、陈坤厚这一组人,也带动新电影的风潮。到了《儿子的大玩偶》就出事情了,在当时的台湾电影环境中,尤其是"中影",怎么可能去造反?

然而,就台湾当时的整体社会情境而言,确实是渴望新的刺激。从20世纪70年代开始,民歌、云门舞集、兰陵剧坊相继崛起,电影因需较多资金,并非几个年轻人起义变革就能促成,故仍停滞不前。尔后,香港新浪潮崛起,对我们造成很大的刺激,整个电影界很焦虑,一直期待能够做点什么,就把焦点放在我和念真身上。当时,詹宏志曾撰述1981年文化大事纪,还特别记上一笔——小野、吴念真被招揽进"中影",迄今尚无动静(笑)。

为何新电影搞了几年后还要提出宣言?因为历年来新电影屡屡遭逢打击,遭人讥笑票房不行,前期只有《光阴的故事》、《小毕的故事》、《儿子的大玩偶》少数几部票房较好,《海滩的一天》勉强还行,后来几个导演陆续离开"中影",开拍的片子票房都不好。像侯孝贤自行创立"万年青电影公司",连续拍了两部流畅且诗意的电影——《风柜来的人》(1983)、《冬冬的假期》(1984),也支持杨德昌拍《青梅竹马》,但这三部片票房都不好。"看吧,新电影不行了!"马上就有这种声音冒出,一连串打击接踵而来。商业界很多人也开始模仿新电影,改编王祯和、黄春明、杨青矗等人的文学作品,但影像风格与过去商业电影相去不远,市场就有点搞乱了。

---

❸ 《十一个女人》之十一出单元剧分别为:柯一正《快乐的单身女郎》和《去年夏天》、杨德昌《浮萍》、张艾嘉《自己的天空》、李龙《释情》和《小叶》、宋存寿《洞仙歌》、刘立立《阿贵》、张乙宸《闲梦》、傅维德《随缘》及董令狐《画魔》。

❹ 《影响》杂志创刊于1971年,迄1979年9月停刊,共计发行二十四期,为20世纪70年代深具代表性之电影研究刊物,引介西方电影及电影理论不遗余力,历任主编包括卓伯棠、但汉章、李道明、谢正观、张毅、黄建业、林启星(卓明)等人。1989年,同名电影杂志《影响》再度出刊,致力于企划各式电影专题,及至1998年宣告停刊。

电影《儿子的大玩偶》重要参与人物,左起:曾壮祥、侯孝贤、万仁、吴念真、小野、温隆俊、黄春明。(小野 提供)

在20世纪80年代,众影人于香港电影节聚首,彼时香港尚未回归祖国,两岸的电影人都要透过这样的场合欢喜相见,那是张艺谋尚未成为大导演的时代。前排左起:吴念真、侯孝贤、朱天文、焦雄屏,第二排左二起:刘传伦、张艺谋、舒琪、田壮壮、张华坤,最末排为小野。(小野 提供)

1984年夏天,明骥下台,改由林登飞接手,他过去曾任"华视"副总经理。这时仍未"解严",林登飞本身比较商业挂帅,一到"中影"后,力图整顿,因觉新导演不行,找了刘家昌回来拍《洪队长》(1984),有意复辟,重振"中影"昔日荣光;于是媒体就开骂了,主张理应继续鼓励侯孝贤、杨德昌等新导演拍片,而非走回头路。当时"文工会"主任换人,改由宋楚瑜接任,他是关键人物,蛮开明的,任职"新闻局长"期间更提倡"国片",提出许多鼓励办法,后来就调到"文工会",变成我们的上级。明骥离开"中影"后,调任"文工会"副主任,向宋楚瑜建议废掉"中影"审查制度,从此"中影"就自由了,老板首肯即可开拍。

1985年到1986年,新电影有两种路线,一是侯孝贤、杨德昌这种作者风格强烈的片子,另一种则是回头拍比较传统的题材,像李佑宁《老莫的第二个春天》(1984)、张毅《我这样过了一生》(1985)、柯一正《我们都是这样长大的》(1986)、王童《稻草人》(1987),这几部片故事比较丰富,有显著的起承转合,不再那么风格化,且都卖得非常好,有的票房甚至高达数千万。当时我们其实有被迫要修正,不能再走个人路线。

20世纪70年代末80年代初,"中影"面临内忧外患,政策大片超支超时,票房失败,上级下达停拍的封杀令,此外,港产片势力加剧、"国片"缺少专上教育以上和年轻观众的支持,1982年9月在吉隆坡举办的第二十七届亚太影展中更是无功而返,对于"中影"冲击甚巨。请你聊聊这一段时期台湾电影产业状况,以及"中影"提出的因应之道。

野　　　　　亚太影展是个蛮关键的时机。当年竞赛项目全军覆没,宋楚瑜遂

倡议拍摄优质影片参加亚太影展，在此机会下，我和吴念真便商量要改编文学作品，我建议七等生、黄春明择一，前者偏现代主义，后者偏乡土主义，吴念真认为黄春明较通俗且富趣味，就决定改编他的作品。在制作上，有意模仿《光阴的故事》，分别找三个导演拍摄三段故事，作品完成后送去参加亚太影展。

一开始，想找三位当时最好的中生代导演——侯孝贤、林清介、王童，我们先找侯孝贤商量，他一口就答应了，由于王童正在拍《看海的日子》（1983），林清介也在筹备新作，两人都推辞了，侯孝贤遂建议，何不找两个年轻导演，他可以带头。本想找李安，他的作品《阴凉湖畔》（1982）获得当年金穗奖"最佳十六厘米剧情片"，但他还是学生，根本不可能拍，后来就找了同是金穗奖得主的万仁和曾壮祥。侯孝贤在《儿子的大玩偶》这部电影中扮演非常关键的角色，他除了负责自己的部分，另外两部片拍摄时亦在场协助指导。我对他的作为颇为感动。

当时《儿子的大玩偶》曾因剪片、禁播的风暴，闹上头条新闻，由于社会环境变了，开始有人期待看到不一样的作品，所以获得媒体舆论大力支持，"削苹果事件"❺发生后，反而声势大好，创造了可观的票房。彼时"新闻局长"是宋楚瑜，他不但不赞成禁演，且将本片选作德国曼汉姆影展的参展片，我将此视为国民党内部保守派和开明派的斗争，我们这些小鬼在夹缝中终于出头了！

同一时期，李行找了胡金铨、白景瑞，三位大导合拍《大轮回》（1983），有意与年轻世代分庭抗礼，结果票房败阵，李行遂对外宣布，他接受世代交替的事实，愿意担任监制，后来就监制了张毅的《玉卿嫂》（1984）。

新观念与旧传统的交互撞击

你曾负笈美国，而《光阴的故事》和《儿子的大玩偶》先后起用的几位新导演，如杨德昌、柯一正、万仁、曾壮祥等亦皆曾留学美国，在你看来，他们几位带回来的经验与视角为台湾电影提供了什么样的刺激？

野————刺激蛮大的，不管是技术上，还是电影创作的观念上。记得跟侯孝贤聊天时，他曾提及，一直觉得台湾拍电影那套方式不太对，包括每个镜头事先做好分镜、采取事后配音，无法让演员在现场表演时创造各种可能性。他隐隐约约觉得过去演员表演太呆板，脱离现实，相较之下，在他的电影里头，表演就比较自然，而且带点社会意识，较为活泼、真实。

从外国回来的导演，习惯同步录音，拍每一场戏时，则倾向先拍一个全景，若是两人对手戏，就两方分成不同take各自拍摄，如此一来，拍出来的东西比较真实，且在剪接时变化较多。这些都跟原来台湾传统拍电影的方式不大相同。当这些旅美的导演回来后，大家真的互相撞击得很厉害。

除了这些偏属技术层面的刺激外，他们在创作取材或看待台湾社会的眼光会否有所不同？

野————有几个导演喜欢社会意识比较强的题材，譬如万仁，在《儿子的大玩偶》里头，他所执导的《苹果的滋味》之所以发生"削苹果事件"，在于他选择很破落的违章建筑，拍边缘的人；紧接着，开拍改编自小说的《油麻菜籽》（1984），再下一部作品就是《超级市民》（1985），此片拍摄时已是林登飞时代，当初我一直希望"中影"做这部片子，结果半途喊停，因老板发现我们又要重蹈覆辙，循《儿子的大玩偶》的路子。当时万仁声势看好，就拿这题材到外头筹资，后来片子也大卖。这些导演选择的题材跟过去导演不太一样，因此会互相影响。

你和杨德昌因拍摄《光阴的故事》而结识，两人初次见面是在什么场合？对他的第一印象如何？

野————拍《光阴的故事》时，我负责找四个导演来"中影"开会，那是我初次碰到杨德昌，他身上穿了一件T恤，印着"荷索、文德斯和我"❻的字样，后来问他T恤哪里买的，他说是自己印的。他个子很高，戴着墨镜，很不擅长表达。开会时，表现得最为兴奋的就属杨德昌和柯一正，我将呈报给上级且经核准的故事递给他们，他们问说可否重写，我也答应，前提是必须大约掌握每

❺ 1983年，由侯孝贤、万仁、曾壮祥联合执导之三段式电影《儿子的大玩偶》上映前，遭保守派影评人士以"中国影评人协会"之名，书写黑函密告"文工会"，指称本片贫穷落后及违章建筑的画面不妥当，恐有影响国际形象之疑虑，致使"中影"意图在未经当事人同意的情况下，径自修剪《苹果的滋味》部分片段。后经《联合报》记者杨士琪于报纸上披露后，随即引发台湾舆论界一片哗然，迫使"中影"放弃删减影片内容，最终得以完整上映。

❻ 小野印象中，T恤上的字样是"荷索、文德斯和我"，然据吴念真回忆，应是"荷索、布列松和我"。小野说，吴念真记忆较好，也许他是对的。布列松为杨德昌心目中的模范之一；小野表示，杨德昌亦喜欢文德斯，他俩曾一同讨论《巴黎，德州》（*Paris, Texas*, 1984）剧本。

段故事设定的年代。

拍摄过程中，完全可以看出这四个人的个性：柯一正的个性最自我节制而压抑；陶德辰蛮简单就拍掉了；张毅也知道他有多少钱，只能做多少事；杨德昌则是最坚持己见的人，开拍第一天就跟摄影师吵架。

后来这事是怎么解决的？对于"中影"内部的旧体系是否造成了什么样的冲击？

野————当时"中影"片厂的人看不起这四个年轻人，摄影师每个都是老手，跟李行、白景瑞等大导演拍过一二十部电影，在他们眼里，这些家伙就像学生，只能拍实验电影，所以一开始就想试探他们，看看他们懂不懂得打光，闹得鸡飞狗跳，后来只得一个个分别商谈。其实我在"中影"大概就是扮演资方和拍摄者之间沟通的桥梁，通常都去拜托老板，请他下达命令给片厂，寻求他们的支持，不然片子做不完。老板真的蛮挺我们的，否则依我们几个小鬼在公司的资历根本无法指挥大军。

"中影"片厂犹如另一个世界，设有厂长，且有一套建制化的阶级制度，从摄影师、第一助理到第二助理，层层分明，爬升很慢，规矩非常多。这批新导演因不满老一辈摄影师和剪接师的态度，要求派用助理，本来公司并不同意，我就建议让助理上场，老摄影师挂指导。像李屏宾的第一部"中影"作品是《竹剑少年》（1983），因公司不同意他挂名摄影师，遂改挂助理，摄影指导则是林文锦。但现场其实是他在操作，做法是，他先调好镜头，给师傅看一眼，师傅说没问题就开拍，其实他已经可以直接上场了，这么做不过是多此一举。

事实上，新电影刚开始时，这场革命只发生在总公司，整个片厂还不知道发生何事，只是纳闷为何起用一批年轻人。后来《光阴的故事》、《小毕的故事》票房不错，反而成了我们的救星。

杨德昌的首部剧情长片《海滩的一天》也是由"中影"出资拍摄，因杨导坚持要用杜可风担任摄影师，为此还一度停拍，最终双方是如何达成协议的？

野————德昌坚持要用杜可风当摄影师，但杜可风并非"中影"的人，为此公司内部不断开会讨论，老板甚至扬言，如果杨德昌继续这么坚持，那就换掉他好了。我说，不可能，这构想是他的，连剧本都写好了。后来终于想到解决

小野与吴念真为昔日一起在"中影"内部闹革命的亲密战友,1989年,两人一起辞职,离开"中影",那段共同走过的饥渴的青春,就此铭刻在生命的最深处。

办法——对外筹资。如此一来，就不必完全顺从"中影"的裁示。当时张艾嘉是新艺城❼台湾分公司的负责人，我们就找上她；同时，她又可担任女主角。林登飞主政后，有鉴于电影业不景气，也非常赞成分散风险，这件事就顺利解决了。

然而，片子一完成，又造成另外一个困扰，因片长长达两小时四十七分钟，公司希望剪短，杨德昌一分钟都不肯剪，双方又开始谈判。这时我们反过来拜托老板，让片子按既定片长上片。新艺城老板同意了，我们老板就被迫召开大会，将所有戏院经理找来，说，"中影"要对得起观众，过去影片都比较短，这次特别加长以回馈观众。戏院全部唱反调，认为会打乱原定的排片时刻表，但最终还是听从指示，以两小时四十七分钟上片。由此可见新电影在"中影"内部推动特别艰辛，因为只要出点纰漏，就会引来各方抵制。

《海滩的一天》后来卖得不错，我有几个不看好这些新导演的朋友，看完后大为赞赏，对于杨德昌确实蛮服气的。

──────── 1986年初，你忽然兴起一个念头，有意再度试探群策群力可望迸生的花火。片名原定为《七情六欲》，旋即找了滚石的段钟沂担任策划及执行，召开第一次讨论会，并当场和杨德昌、侯孝贤、张毅、柯一正、万仁、陶德辰、曾壮祥、麦大杰等人签约，加上你和吴念真，初步计划由十个人联合执导，一人一段。其后再度召集讨论，片名变更为《占领西门町》，剧本初稿虽大致完成，终因电影市场不景气，资金始终没有着落而告吹。当初剧本已届截稿期，杨德昌一直未交稿，你曾要求他坐在你的办公桌旁当场写，他从未如此快速，当场就完成了《略有志气的少年》分场大纲。你还记得这故事大致内容吗？

野──────── 当初的构想是，各段皆须以西门町作为主场景，但角色不同，每段五分钟，由十部短片串成一部电影。我描写的是一个计程车司机，每次载客到西门町，将客人放下后又离开，讲述他进出西门町看到的事情。吴念真想写的是三七仔，俗称落翅仔，因为西门町其实蛮多色情行业的。杨德昌设定的主角是在西门町放片的小弟，有一天，他觉得很无聊，就忽然抱走一本，骑着脚踏车到郊外去，将片子拿出来，就着阳光仔细看了起来。侯孝贤则是叙述一个小女孩，养了一只兔子，兔子愈养愈胖，在笼子里出不来了。

然而这部片的资方并非"中影"，我们那时一方面在"中影"做，另一方面也在外头另寻资金,这么做其实是为了给老板压力,让他知道,若"中影"不继续延揽这些导演,我们就在外头另起炉灶。所以老板有时会把我叫去,问在外头搞些什么,我总是支支吾吾的(笑)。不过后来因为允诺要出资的那个老板找不到钱,最终还是没能拍成。那段时间,找钱拍电影并不容易,这也是为什么我和念真在"中影"熬那么久的原因。

走在边缘上,看到别人没看到的面向

后来你和杨德昌又一起合作了《恐怖分子》,你身兼编剧及执行制片,据说这部片的拍摄构想是来自一位混血儿王淑真的故事。请你聊一聊这段创作根源。

野————起初,他在《人间》杂志上看到一张混血儿的照片,认为很能反映台湾当年被美军占领的处境,所以就构思了一个故事,主角包括一对夫妻,以及一个混血儿和她的母亲。李立群饰演的那个角色原先设定的是汽车销售员,工作很不快乐,他的太太也不快乐,两人生了个小孩;后来杨德昌觉得这小孩没有作用就舍弃了,然而,却也因为没有小孩,使得他们之间存在某种芥蒂。婚后,太太一直设法寻求改变,既然孩子没生成,便专心写作,偏偏她碰上的,却是一个什么都不想改变的男人。由于我在医学院工作,杨德昌就建议挪用我的背景,将那男人改为医学院的研究员,不仅老板不欣赏他,同事还告他密,故始终无法如愿升迁。男人有洁癖,每天回家总是不断洗手。而他的生活一直保持如此,不知原来专注于写作的太太有那么多想法。

你形容,杨德昌拍电影就像一个建筑师。他是用概念创作,结构故事时充满了目的,凭借视觉思考,多是先想风格,再想情节,然后不断修订,且往往今天想到的明天就推翻,每推翻一个就有新的发现。《恐怖分子》编剧是由你们两人合作完成的,过程中双方如何互动、沟通?多线叙事又是如何发展出来的?

野————剧本是先从分场大纲开始写,他会要求每一个人物都要写得很

❼ 新艺城影业有限公司(Cinema City Company Limited)是20世纪80年代香港盛极一时的电影公司,由黄百鸣、石天、麦嘉等人筹组,其创业作为《滑稽时代》(1981),最后一部电影为《蛮荒的童话》(1991)。新艺城出品之影片以喜剧片和动作片为大宗,尤其重视娱乐性及票房考量,并善于改编卖座率高的西方电影,如曾创下香港电影最高卖座纪录的《最佳拍档》(1982),以及卖座奇佳的《开心鬼》、《英雄本色》等系列影片。随着一系列影片横扫台湾票房,新艺城随即在台成立分公司,聘请张艾嘉担任总监。张艾嘉上任后,采取与总公司不同的制片策略,起用中青年导演,摄制了林清介《台上台下》(1983)、柯一正《带剑的小孩》(1983)、杨德昌《海滩的一天》(1983)以及虞戡平《搭错车》(1983)等片,获得台港影评界一致好评。

包括小野、吴念真、侯孝贤、杨德昌、柯一正、张毅、詹宏志、陈国富、朱天文、黄春明等人在内的五十四位台湾艺文圈人士联名签署《台湾电影宣言》，1987年1月24日以大幅版面刊登于《中国时报》。该宣言提出对电影环境的忧虑，包括对政策单位、大众传播、评论体系的怀疑，并期待能有明白表示支持电影文化的电影政策、传播媒体得以关注电影活动的文化层面，以及从事电影评论的工作者能反省自身角色，发挥社会意义。

足。每每讨论完后，就由我回去整理，然而，他变得很快，一边构思的同时，又一边推翻，所以跟他编剧很累。他时常用怀疑的眼光看待每件事情背后的动机，《恐怖分子》编剧时，先设定那对夫妻感情很好，转眼，又假定先生外遇，太太搜了他的公事包；翌日，他又说，万一太太接获女孩打来的电话，听到对方扬言要谈判，却完全不在乎，这是否意味着，他俩的关系早就很冷漠了？杨德昌会不断在编剧过程中提出相反的角度，这后面就有着我们要的故事。

杨德昌无法满足于单线叙事，慢慢的，他觉得写作既是在进行一种虚构，不如加入一条关于拍摄的轴线，想要探讨，经过描写、拍摄，究竟真实的世界是什么？后来又衍生出一个小帮派，这名混血儿就跟着他们厮混。所以就从原先简单的架构逐步扩张，发展出"每个人都是恐怖分子"的结论。

片中，大台北瓦斯球代表的是一个快要爆炸的东西，暗示着危险，杨德昌镜头下的城市好像都走在边缘上，随时会发生状况，跟他个性很像，因为他是一个很敏感、细腻的人，看什么事情都觉得不太对劲。就像《一一》里头，洋洋喜爱拍人家背部，这其实贯穿了他所有创作，杨德昌在看人的时候，总看到别人没看到的面向。

历时多久，剧本才真正定稿？

野————剧本前后大概写了半年，而且在拍摄现场，他会一边拍一边修剧本，如果发现情绪不对或是场景变了，就会更动剧本。他本来希望我跟他拍，因为公司还有很多事要做，就找了陈国富。他是一个蛮没有安全感的人，旁边得有人不断跟他讨论。

陈国富后来挂名"编导顾问"，边拍边修改情节和对白，比对原始剧本及后来电影呈现的内容，大致做了哪些调整？

野————差异不大。

《恐怖分子》最后采取了多重歧异、开放性解读的结尾，此一丰富的音画重组，是在剧本阶段就设想好的吗？

野————当初剧本写的是李立中一路杀人,最后自缢身亡。有一场戏是李立中读到周郁芬的小说《婚姻实录》后,喃喃说道:"你不告诉我,我怎么知道,对不对?"小说描述的是婚姻的悲剧,李立中就照着那个悲剧一路演下去了。后来结尾整个结构变了,听廖庆松说,是他建议不要收在单一的结果。我跟廖庆松合作过,他在剪接上蛮有本领的,同样一部三十秒的短片,他可以剪出七八个版本,他会把最后一个镜头或中间一个镜头调到最前面,就会变成好像是一场回忆,或是一个倒叙、跳接。

《恐怖分子》这样的收尾杨德昌很满意,因为他并不想只是讲一个外遇的故事,这故事似真似假,像是小说家笔下的故事,又像是摄影师透过镜头捕捉到的迹象,所以观众所见是真是假并不重要,重要的是,人在压力下最终走向自我毁灭的历程。

因身兼执行制片,影片前置期,你还得忙着张罗场景,片中有些住处其实就是剧组人员的房子。这部片主场景大多在住宅内,能否聊聊借场景的过程?此外,在陈设上,杨德昌希望呈现什么样的风格?

野————事实上,《恐怖分子》筹备到后期,杨德昌又跟我说他不做了,我就翻脸了,他最后是被我架着脖子开拍。事后回想起来,我们给他的条件的确

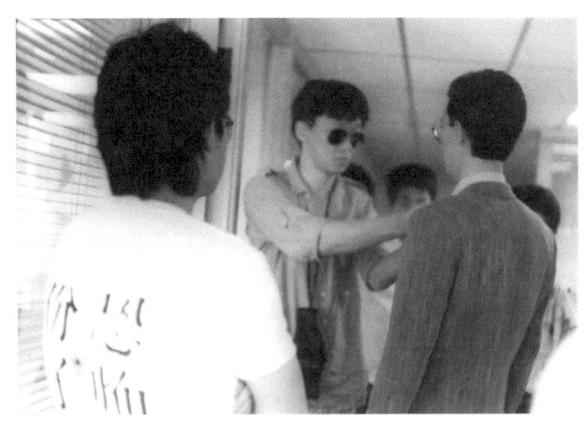

摄于《恐怖分子》拍摄现场,杨德昌为演员金士杰整装,身穿"恐怖份子"T恤的是助导施名扬。(鸿鸿 摄)

蛮差的，预算只有八百多万，几乎没有钱去租任何地方，我除了出借自己的一间房子，还央求我曾就职的医学院借他拍，拍摄时，他竟将实验室里冷冻细胞的冷藏柜插头拔掉，改插上摄影机的插头，让人家气得跳脚。

李立中、周郁芬那对夫妻家是副导演赖铭堂的家。当初为了找景一度陷入胶着，到了最后关头，杨德昌甚至提议，我们开辆车出去，沿着台北市跑，每看到一件他想要的家具就贴上标签，我得负责借到。

最后，在万不得已的状况下，只得借用小赖家，他家有很多从外头搜购回来的古董家具，看起来其实很怪，颇符合杨德昌想要的氛围，他不要那种窗明几净的现代化家庭。透过屋子的陈设正好可以反映夫妻俩的关系，妻子是作家，喜欢古物，家里主要是暖色调，相对的，先生很呆板，整日在冰冷而空洞的医学院工作，两个空间形成了强烈的对照。至于混血儿少女淑安的家则是我的家，当时是空的，本来租给人家，为了拍这片就没有出租。屋子在永和，约三十平方米，里头空空的，所以需要重新陈设。

杨德昌对于灯光很考究，晚上拍戏时，他时常要我们去借对面的屋子，把光架在那儿。他非常要求，镜头拍出来，哪边是暗的、哪边是亮的，他脑袋里都有画面。片子冲出来，我们在看毛片时，他每次都说片子冲坏了，问他哪里坏了，他说，右下角应当有片阴影是黑色的，我说，那是黑的啊，他又说，那是灰色，他要的是全黑，这场戏得重拍。我心想，他真是麻烦，观众并不会在乎。直至去年，我坐在新加坡的大戏院里❽，透过清晰的银幕，开始回想以前所有我们吵过的架，那一刻，才终于懂了他在坚持什么。

拼凑的城市，拼凑的真实

《恐怖分子》所映射出来的城市空间，是非常冷调而坚硬的，且与现时的台北已有所差异，就你所知，杨德昌眼中的台北是一个什么样的城市？

野————他想象中的台北蛮丑的，所以会尽量拍一些违章建筑或灰色的景观。片中的警察宿舍是北投的老房子，他故意找这种很古旧的温泉别馆，将之陈设成宿舍。在他镜头下的台北是一个很杂乱的、拼凑的城市，没有统一的建筑与美学。杨德昌有句名言："我们何其幸运地生长在这个不幸的时代。"(We are luckily unlucky.) 身为战后这一代，我们经历过台湾非常破落而贫穷的阶段，

---

❽ 2011年3月，新加坡国家博物馆曾举办"杨德昌回顾影展"，共计播映《1905年的冬天》、《光阴的故事》、《海滩的一天》、《青梅竹马》、《恐怖分子》、《牯岭街少年杀人事件》、《独立时代》、《麻将》、《一一》等作品。

早期又面临"戒严",是非常不幸的时代,但又何其幸运,因为我们什么都得靠自己,必须反抗威权、反抗贫穷、反抗这个破败的城市,由此给我们带来力量。

电影中有一幕是墙上挂着淑安的巨幅肖像,以多张相纸拼接而成,风一吹拂,相纸纷飞,便透出了隙缝与破绽,所谓的真实在此再度受到检验。两位是如何思考与诠释影像的本质以及电影的真实性的?

野————杨德昌的思考都是比较视觉的,他脑中的画面经常盈满丰富的暗示。就像我们一开始讲的,本片要谈的很重要的主题是:什么是虚构?什么是真实?风一吹,照片中的人就变得零碎,仿佛是拼凑而来的。整个城市也是一样,这是一个拼凑的世界,每个人看到的都只是一部分,并非真实的全貌。

《恐怖分子》片中人物不断利用文字、照片、电话、报纸、电视来重述或重现生活,在编剧时,你们怎么思考媒体所扮演的角色?

野————真实世界其实是透过媒体在传达的,所以杨德昌会怀疑什么是真实,媒体所呈现的是一个人的正面,藏在后面的东西是不为人所见的。基本上,杨德昌对媒体是不信任的。我除了担任《恐怖分子》的编剧和执行制片外,杨德昌又叫我做公关,每一则新闻稿都得我亲自写,后来我几乎被整垮了。他说,我们要控制得非常准确,借由新闻稿,不断释出讯息,让记者不能写错。我和杨德昌吵架大部分都是针对一些很琐碎的事宜,他管得很多,某种程度上,期待这个世界依照他的意志运转,但事实上并不可能。所以如果有报道是对他不利的,或是未能照着他的意思写,就大发雷霆。后来,我坚持他不能再干涉这部分,否则真的无法专心拍片。

你曾说,除了当执行制片、编剧外,最重要的工作是如何重新包装"杨德昌",让新闻媒体注意到这部片的拍摄,亦即方才提到的公关工作。后来《恐怖分子》创下一千两百万的台北票房,成绩不俗。在行销宣传上,你使了哪些方法来吸引媒体?

野————我们剪了一支三十秒的CF,片头是明骥先生在金马奖颁奖典礼上打开信封袋,宣布《恐怖分子》荣获金马奖最佳影片,后面就快速剪辑了很多

《恐怖分子》获第二十三届
金马奖最佳剧情片。

小野、杨德昌共同编剧的
《恐怖分子》获颁第三十二
届亚太影展最佳编剧奖。
（小野　提供）

动作画面，因此骗到很多人。当初为了这事，我又跟他吵架，问他能否将预告片的剪辑交给另外一个单位，由我统筹，且剪完他也不要看，就直接对外播出。最后我们剪成有点类似枪战片的氛围，他不同意，认为这是欺骗观众，会与观众的期待有所落差，但我仍然坚持这么做。我的思考比较务实，导演拍片，预告片剪接就交给公关部门，预告片的首要目的是要能吸引观众进场，看完后喜不喜欢是另外一回事。

1987年，你开始和杨德昌一起写《牯岭街少年杀人事件》的电影剧本，完成了"中影"版的分场大纲，那大致是什么样的一个雏形？

野────当初，他说就是一对少男少女的青春爱情故事，最后他把她干掉了，就这么简单。而且是小成本的投资，大概一个月即可拍完。然而，一写下

1988年,新加坡举办"台湾新电影回顾展",小野说,这张照片很能说明一行人的性格,其中,吴念真永远是最健谈的,而位居角落里的杨德昌则恒常远远地冷冷旁观。左起:小野、朱天文、吴念真、侯孝贤、杨德昌。(小野 提供)

去,故事就愈来愈庞大了。为什么男孩会把女孩杀掉?因为他很苦闷。为什么苦闷?他的父母亲来自上海,历经"白色恐怖"……当年《牯岭街》在台湾上映的是两个多小时的版本,2011年我在新加坡看到四小时的完整版后才恍然大悟,片子之所以这么长,是因为他要把每一个人的背景和动机都讲得非常足,且每个镜头都结束得很缓和,情绪足了才跳下一个镜头。

肯定"新"的意义

杨德昌曾为你的书《白鸽物语》作序,文中显见他一贯的批判自省风格,强调对旧时代与思维的批判反思,你个人怎么看他的这番言论?

野————很多人想知道杨德昌拍电影有没有一个背后的理论基础或文化上的基础,那时他答应写这篇序之后非常后悔,写了好久写不出来,跟他拍电影一样。为了写这篇序,他必须整理出自己脑袋里的所有东西,读了这篇序你会发现,他在电影中一直批判中国的文化思想,一如《独立时代》的英文片名——*A Confucian Confusion*,儒者的困惑。侯孝贤的电影不会去碰这个,他的电影里头流淌着非常自然的人文生活,不会去检视自古迄今中国人血液里是否残留着迂腐、八股、威权;但杨德昌一直对此深感厌恶,他认为五四运动是个很重要的启蒙。他的电影到底要批判什么?伪善、威权,或是迂腐的儒家思想?事实上,他确实是有动机的。

在该篇序文中,杨德昌特别指出,1987年3月出版的第二十六期《电影欣赏》杂志,企划了"台湾新电影的反思"专题,共计访问十七位"新电影"工作者,你是其中少数明确肯定"新"的意义的分子,杨德昌认为,这所代表的除了是一种认知外,更是一种决心、一种志气。为何他会有这番论调?当时多数人的看法又是什么?

野————由此可见,杨德昌非常在意这些人究竟认不认同我们这是一场革命。到底是糊里糊涂跟着做,不小心演变成新电影;抑或意识很清楚,坚持我们就是跟前面的电影不同,我们就是"新"?他的意思是,有些人是不自觉地创作,无论是电影语言,还是讲故事的方式,其实跟前面的作品差不多,并没有改变。在他看来,看清楚的人不多,大多是在模棱两可中打混。当时讲到新电影有些人很排斥,很怕被归入新电影后,另一组人不找他拍电影了,因为台湾电影界的投资者很讨厌这一批搞新电影的人。

现在重新回头再看,这群人做的东西到底有没有意义?时日愈久,看得愈清楚,新电影的意义也愈能彰显。到了后来,大家才愿意自己被纳入新电影,否则,在进行阶段很多人不愿与新电影一国,因为新电影似乎意味着过于艺术、不够商业。而杨德昌恰恰是要标榜"我的电影就是跟别人不同"。

事实上,台湾电影在国际外交上确实发挥了一定功能。台湾当局退出联合国时,我还不到三十岁,自此感觉到台湾地区的国际地位日渐低落,乃至不被承认。是以侯孝贤的《悲情城市》(1989)获得第四十六届威尼斯金狮奖时,轰动全台,几乎是头条新闻,电视台一直报道,就像当今曾雅妮夺得金牌一样,后来这部片卖了一亿多。

一得奖,大家就知道这一步是真的跨出去了,20世纪90年代李安、蔡明亮又相继得奖,显见国际上开始对台湾有兴趣,毕竟在国际上得奖与否,还是牵涉到有无被认可。

02
———
台湾
新电影
旗手
———

吴念真

他在写论文，而非描述

吴念真×杨德昌

《海滩的一天》共同编剧及特别演出、《青梅竹马》演员阿钦
《麻将》演员黑道大哥及中文对白、《一一》演员NJ

采访日期▶2012年8月1日
地点▶吴念真企划制作有限公司

杨德昌曾对我说："念真，我们何其有幸生在这个时代。"
我反问："什么时代？"
他说："我们就看着柏林围墙倒掉耶！"
柏林围墙是在他青少年时期盖起来的，
到了四十岁，
竟眼睁睁看着围墙倒塌，
像是看着一种制度的兴起，
有生之年，
又见证其解体。
他的电影风格，
像是跳开一个距离，
观察、理解整个社会状态后，
做出的综合评述。
他在写论文，而非描述。

吴念真，全方位的创意人、电影人、广告人、剧场人。

本名吴文钦。1952年出生于台北县瑞芳镇。1976年开始从事小说创作，曾连续三年获得联合报小说奖，也曾获得吴浊流文学奖。著有《台湾念真情》、《这些人，那些事》等书。1978年起，陆续写了《老莫的第二个春天》(1984)、《海滩的一天》(1983)、《恋恋风尘》(1986)、《悲情城市》(1989)、《客途秋恨》(1990)、《无言的山丘》(1992)等七十五部电影剧本，曾获五次金马奖最佳剧本奖、两次亚太影展最佳编剧奖。改编父亲故事而成的电影处女作《多桑》(1994)，获颁意大利都灵影展最佳影片奖等奖项。

2001年，舞台剧处女作《人间条件》献给了绿光剧团，2002年编导《青春小鸟》，而后相继推出《人间条件》等五部系列作品，成功诠释"国民戏剧"。

采访吴念真那天，正好中台"苏拉"袭台，出了捷运站，雨势如浪，在空中划开一道道透明的波面，人被风歪歪斜斜推着走。终于抵达位于内湖科学园区的工作室后，一见到吴导，不免为了自己一身狼狈而感到有些羞赧。

《多桑》里头，也有台风天。那夜，屋内就一盏微弱的灯，暖黄黄的，父亲在屋里点了烟抽。风尖尖的，如汽笛般吹响，挑弄着门缝与屋檐。雨狂狂下。男孩掀起门帘一角，探头，父亲问："睡不着吗？睡不着就来帮我压台风。"男孩走了过去，父亲搂他上来，与他并坐，问了声："怕吗？"男孩点头。父亲又说："怕什么？这么大了怕什么？"语气严正，不容置喙。紧接着不忘叮嘱："你要做弟妹们的榜样呢。"

现实里的吴念真，执导舞台剧、拍广告、写作，并于20世纪90年代先后拍摄《多桑》、《太平天国》两部电影，十足的跨界，被誉为"全台湾最会说故事的国民作家"，委实成了不少人的榜样，尽管于弟妹而言，有这么一位出色的兄长，压力必定不小。

在杨德昌早期的作品《海滩的一天》和《青梅竹马》里头，皆可见吴念真身影，年轻时候的他，面庞瘦削，略带饥黄，看得出是辛苦过来的，演绎《青梅竹马》里失志悲苦的男人，恰好。后来他又在《麻将》片中客串黑道老大，操着一口挺亲切的"台湾国语"，大摇大摆又粗里粗气的，心眼分明不坏，却净想着干点坏事，捞些油水，以省去辛勤打拼的工夫。到了《一一》，他被杨德昌指定演出NJ一角，彼时他手边原有的工作就已不堪负荷，基于朋友情谊，仍勉为其难接下这份工作，现实里的疲惫几乎没有误差地移植到了NJ身上。

在《一一》当中，吴念真戏份吃重，表演深情而内敛，杨德昌在某次受访中，甚至赞扬他是个"完全的演员"。然而，经常露脸并代言无数产品的他，却直言对于个人的演技实在没有把握，且很讨厌看到自己，一旦在电视上看到自己的广告便马上转台。如此矛盾的情结，或许就像形象光明健朗的他却坦率表示，真实的自己，其实就像NJ一般，不过是个穷极压抑的中年男子。

从社会底层里窜出，往后又本着编剧惯有的好奇心，穿梭在各式各样营生之间，活到了一定年纪的吴念真，更能以同理心去体察人情世态。杨德昌说，吴念真最精彩之处，其实是在于对人性各种状况及人际关系的理解能力，而这正是演技里最困难的部分。

吴念真在《麻将》中饰演一名黑道大哥,行径荒诞突梯。

吴念真凭借其丰厚人生阅历,动人诠释《一一》片中的NJ一角。

入主"中影",开创新局

──────── 1980年3月,在明骥先生的邀约下,你离开任职多年的台北市立疗养院,进入"中影"制片企划部担任编审,当初决定接下这工作的主要理由为何?

吴念真(以下简称吴) ──────── 我之前是写小说,想借此反映社会,矿工题材写了不少。写作过程中当然有些挫折,也曾因某篇小说之故,接获公文,被叫去沟通,二十几岁接到那种公文自然很厌恶。当时我在市疗工作,心想不要去了,写了封信要他们来,结果不了了之。如果是这种状况,写小说并没有什么用。本来是想借由小说呈现一些社会问题,看到的人也许有能力加以改变,那不是很好吗?可你发现这发挥不了作用,写了人家反而觉得太黑暗。彼时正值乡土文学论战,趋于社会写实的小说都被归类为工农兵文学。我也开始犹豫小说到底能做什么,即便是写矿工,矿工并不晓得你在写他们,因他们不太识字,像我爸爸的日文就比中文好,所以你并没有安慰到这一群人,便觉得没有意义。当时黄春明有一电视节目《芬芳宝岛》❶,专门在做纪录片,其中一集拍摄的是瑞山煤矿,正是我爸爸就职的矿区。片中提及矿工薪资,大概是数字不太准确,矿工认为不符实情,遂发起罢工。那时代是不准罢工的,然而,所有人都带了便当,坐在坑口吃饭,不肯进去,执意矿主必须将薪水调涨至如同他在电视上宣告的,或是坦承所言不实,他们才肯复工。罢工第一天矿主还不太在意,心想每个人家里都养一堆小孩,又有会钱得缴,就不相信他们不进去工作。拖延了几天,双方才经由谈判达成协议。我惊觉影像传播的力量实在太强

2009年金马奖颁奖典礼上,吴念真和小野亲手将"终身成就奖"颁发给明骥,昔日工作伙伴陆续上台围绕在他的身边。对吴念真来说,告别明骥,意味着告别一段缘分,告别一个永远不会再有的年代。

了,若有机会说不定可以从事影像工作。

早期,我刚写小说不久,就有人找我去写电视剧本,对方认为我写的小说很像剧本,画面、动作皆堪称写实。写了一两集,觉得没什么意思,就不想去做了。我那时候很文青嘛(笑)!后来人家找我写电影剧本,还算有兴趣。那时,徐进良❷要拍片,因对先前的编剧不甚满意,他太太便建议了三个编剧的人选,包括写小说的我、写散文的林清玄、写报道文学的陈铭磻,共同编写了《香火》(1978)这个电影剧本。这是我第一次和"中影"接触,为了改剧本,常得去"中影"开会,其他两人很忙,所以通常是我去跟那些老先生们开会,因而认识明骥先生。后来我又帮徐进良写了《拒绝联考的小子》(1979),改编自吴祥辉的作品,因这部电影大卖,便又再写了《西风的故乡》(1980)。

明骥大概觉得"中影"需要些生力军,有一天,他打电话给我,问我能否到"中影"上班,他认为我很有想法。我说,不行,我在医院上班,没想到他就直接打电话到医院找我们院长,吓了我一跳。后来决定去的理由是:当时我就读"辅大"会计系夜间部,正值大四,学程总计五年,心想,最后一年了,毕业后大概也不可能留在医院工作,也许会去考高普考,那时一心想考银行,既然如此,不如用剩下的这一年去"中影"试试看。

当时在台北市立疗养院的工作内容是什么?

吴————在图书馆工作,负责管书。图书馆一成立就交由我负责,书籍分类自然是采行"吴式编目法",按照内容大致分成精神科、心理学、药剂学、社会学等类目,因为完全是按照我的编目方式,他们也搞不懂,所以我离开医院后,有一阵子还要回去帮他们的忙(笑)。

明骥先生于2012年6月逝世,你曾写道,他是彻底改变你人生方向的长辈,2009年,在第四十六届金马奖颁奖典礼上,你和小野还亲自颁发"终身成就奖"给他。能否请你谈谈对明骥先生的印象?

吴————明骥这个人很有意思,"中影"是国民党的机构,要进去非得是党员不可,我根本不是,他就问我当兵时是不是党员,当时每个人入伍都被叫去

---

❶ 《芬芳宝岛》,1974年,"国联企业"与"中视"新闻部合作,所拍摄之电视纪录片系列影集,集结黄春明、王菊金、张照堂等文艺界青年,以自然纯朴的手法呈现台湾各地风土人情。

❷ 徐进良,师大艺术系毕业,意大利罗马美术学院硕士,当年以《拒绝联考的小子》掀起台湾学生片热潮,现任泼墨仙人公司董事长,斥资制播多档"国语"连续剧。

入党,但之后我就不管理了。后来回家翻找党员资料,打开一看,才知道辅导长写我坏话(笑)。其实从当兵到那时要进"中影",已经脱党蛮久了,他还想方设法将我的党籍连接起来。

我向他提出了不少很直接的问题,如:"朋友不喜欢我来'中影',因为来了以后会变成被国民党豢养的文化打手。"他说:"做文化就做文化,哪有谁都是打手?你不自认为是打手,就不是打手!"我又再追问:"听说国民党都是一朝天子一朝臣,你一走,我们就得跟着走,如果你明天就被调走,那我岂不是只来工作三天?"他提高了声调,说:"你怎么这么想!不会,你就是职员!"我心想,没关系,最多只待一年,所以就去了。

据小野描述,当时"中影"内部毫无可为,你一边替外面写剧本,但在"中影"却没有产出。请你谈谈那段时间的工作状况。

吴──────我在"中影"上班是很奇怪的,里头的职员多上了年纪,节奏跟我在医院很不一样,医院的员工很年轻,下了班就集体吃喝打篮球、打排球,而且市疗又多是党外人士。由于晚上还得上课,我就背个书包去,没有人晓得我这小子是谁。第一天报到时,找不到位置坐,他们就叫我把某个位置清一清,坐定后,有个家伙跑来,问我怎么占了他的位置。我说,我是新来的,对方便把位置让给了我。

刚开始的工作主要是提一些题材,那时也不晓得是天真或故意,我提了陈映真的《山路》、杨青矗的《在室男》及黄春明的小说。1979年10月,陈映真才被"警备总部"以涉嫌叛乱、拘捕防逃为由,带往"调查局"拘留;同年12月,"美丽岛事件"爆发,杨青矗因此入狱,所以根本不可能改编他们的作品。我很认真地讲故事给上级听,保证这些会比当时的电影好看,而且应该会赚钱,但没有人理我。

通常是先讲给总经理听,此外,"中影"那时有非常多的戏院,所有戏院经理全部被叫来开会,你就坐在那边讲给他们听,其实想想也蛮了不起的。反正我因此被训练成说故事的人,虽说要面对一群面无表情的人讲故事蛮无聊的,但还是把它讲完了。这种故事一往上提报,通常都被退下来。"中影"是国民党的机构,直属单位是"文化工作会",当时"文工会"权力非常大,电视、报纸皆可管,甚至还能管到"新闻局","中影"的拍摄提案须经"文工会"审查核可方可开拍,然而,经常一往上呈报就没消息,有好几个月真的是很无聊。

同年年底,小野也加入了"中影"制片企划部,你们两人有无彼此分工?

吴————我和小野在进"中影"前四五年就认识了,是在《联合报》写小说的时候认识的。他来"中影"上班后,其实我们的工作都差不多,一直在写案子往上呈报,然后又被退。后来小野升任企划组长,又升上副理,我是打死不做行政工作。

当时很热情,如果这剧本是自己写的,从勘景就会一路跟着,甚至有时也会去拍片现场。特别是开拍《光阴的故事》时,新导演进来,常常和体制抗争,像杨德昌拍片第一天就要跟摄影师打架,我们随时得居中协调。

以前"中影"摄影师采轮班制,这些新导演根本不管,坚持要用摄影助理,老摄影师实在看不过去。开会时,我们主张应该接受新导演的建议,让新的人起来,才会有新气象。明总遂一肩挑起,去说服片厂里的人。我们就变成很令人讨厌的人,每次去厂里,常有人围过来,说:"给一点吃饭的机会嘛!"有些人还称呼我们是"红卫兵"(笑)。明总这个人真的是很有意思,比方他要开会或有事要交代,常跳过我们主管,直接就打电话上来。

杨德昌的创作通常来自一个概念

你第一次见到杨德昌是在什么场合?印象如何?

吴————我知道杨德昌是因为张艾嘉制作的电视剧《十一个女人》,其中几部真的拍得很好,包括柯一正的《快乐的单身女郎》和《去年夏天》以及杨德昌的《浮萍》。《浮萍》改编自一篇小说,叙说一个住在乡间的女子,期待到城市寻找一种新的生活,历经了追逐与失落,镜头语言很有味道。

后来杨德昌参与了《1905年的冬天》(1981),此片因想在"中影"的戏院放映,曾拿来"中影"试片,我和小野去看片时,有人跟我说,其中一名演员是杨德昌,之后在某次聚会上才见到他本人。及至《光阴的故事》,我们一群人很快就熟了。

《1905年的冬天》是杨德昌写的第一个电影剧本,男主角李维侬(王侠军饰)为艺术狂热,信奉"为艺术而艺术"的纯粹情怀,至于他的好友赵年(徐克饰),则强调个人无法脱离人群社会而生存，希冀他一同加入革命的行列。就你对杨德昌的认识，他怎么思考艺术、人生与社会的关联？

吴　　除非在很严肃的状态下，如写信给你，才会讲到他某些真正的思维；平时，他很少严肃地去谈些什么，即使谈，也不像写文章那么严肃。有一次，他忽然说："念真，我们何其有幸生在这个时代。"我不禁反问："什么时代？"他说："我们就看着柏林围墙倒掉耶！"柏林围墙是在他青少年时期盖起来的，到了四十岁，竟眼睁睁看着围墙倒塌，像是看着一种制度的兴起，有生之年，又见证其解体。

他的创作起点通常是来自于一个概念，而非在生活中品尝到了什么才有感而发，也许是综合了所有事情后，创造出一种理念，再填入细节。

杨德昌讲述的故事向来重视其社会性，好似有意透过电影反映社会样貌，针砭社会恶象？

吴　　我觉得这见仁见智。老实讲，我不觉得。在我看来，侯孝贤的电影社会性更强，可以看到"生活"；杨德昌电影里面的生活不太像生活，他的电影比较少人看，因为一般大众进不去那样的生活，觉得那种生活与我无关。

是阶级的关系吗？因为他的电影多聚焦于中产阶级？

吴　　是，我觉得是。有些朋友认为，杨德昌是一个老外，来台湾，看台湾，这并非贬义，纯粹是一种客观观察后做出的结论。我倒觉得杨德昌其实是最不接近台湾现实生活的人。举个例子，仅供参考。杨德昌的爸爸是"中央印制厂"厂长，一家人都受过很好的教育，我有个朋友，后来当制片，他爸爸是"中央印制厂"的工人，据他描述，他儿时看杨德昌一家人，宛如过着王子公主般的生活。也许他的生活是另外一种生活，比中产阶级还要高一阶，那种生活是我比较不熟悉的。看剧本时，有时我会问他，对白要不要改一下？因为我认识的人里头，讲话没有那样子的，而是很生活语言。杨德昌电影里的那些人对我来讲好像都很虚无，也许是在另一幢大楼里活着，我并不认识。

杨德昌自认他的电影很生活，我们听了之后的反应是："是喔！是吗？"话又说回来，每个导演有自己的选择，像伍迪·艾伦（Woody Allen）就时常大谈纽约资产阶级的面貌。杨德昌有其方法与风格，但我不认为他的作品所反映的是生活，他像是跳开一个距离，观察、理解整体社会状态后做出的综合评述。他在写论文，而非描述。

有一回，他听我讲一讲，然后笑着问我："念真，你是用什么语言思考？"我说："我用台语和'国语'。"他则说："我用英文耶！"每次剧本写完后，他都会拿给我看一下，我会建议他对白稍作修改，因为一看就像是英文翻译的。

对有些人来说，很难去谈杨德昌或不是很想谈。

其实杨德昌和很多朋友是不亲的，跟他的电影一样，他对人一直怀抱着一种疑惑，有距离或不信任。

他曾说："念真，我跟你讲啦，我心里面有个笔记本，谁做了什么，我随时在扣分。"我忍不住提醒他："你不要忘记，人家也会扣你分。人家只是因为彼此是朋友，所以愿意包容。"老实讲，杨德昌的运气算不错，很多人在cover他。很多人赞誉他有他的坚持，若没有人cover，坚持得到吗？很多事情是众人一起成就的，他常常忽略了这点。

大胆改变叙事形式

你们两人曾合写《海滩的一天》剧本，互动的状况如何？他的思考模式有无带给你什么样的触发？

吴　　　　　在构思一部电影时，杨德昌多半只是讲一个梗概、一个可能性。写这剧本的过程蛮复杂的，写了很久，因为他不是一个会表达的导演，很多东西在他脑袋里面，你必须要猜，必须丢一大堆东西给他，让他去筛选。后来他就把这个故事的概念写在他家的白板上，很复杂，像一个flow chart（流程图），因牵涉到回忆，又回到现实，大胆改变了叙事的形式。他是很聪明的一个家伙，我佩服他这点。

有一天，"中影"表明，再不开镜就来不及了，无论如何得在十天之内将剧本写出来。"中影"要求本片最好能参加当年度的金马奖，但已经拖到六七月了。我就拿个拍立得，将白板上的flow chart拍下来，问他要去哪里，他说要去垦丁，两人就杀到垦丁。当时垦丁不像现在这般热闹，我们住在核四厂旁的一间小小招待所，窝在那边，第二天还很认真讨论，到了第三天他就受不了了，我只得像哄小孩子一样，一面安抚他，一面赶进度。有时，下午我们会去散步，我提议去游泳，他也说好，戴了太阳眼镜，很帅，结果我在海里面玩，问他怎么不下来，他才说他不会游泳（笑）。

差不多到了第九天、第十天，初稿出来了，他也看了，回台北后，我把剧本交给他，另外一份影本交给工作人员，准备去勘景。没想到两三天后，他把剧本拿给我，提议要不要另外找人重写，且直接在剧本上将不要的地方打一个大叉。公司当然不愿意，若再重复一遍，不知又要拖多久，便以那一稿剧本开始作业，我重新跟他再修一遍，这时间非常漫长。

《海滩的一天》最初的创作动机是什么？

吴—————最初的动机是想探讨在整个社会处于变动的状态底下，仍保有传统理想的人，在追求的过程中会遭遇到什么挫折，包括婚姻、爱情、良知等，尤其是佳森那个角色所体现的境遇。

除了剧本之外，据说《海滩的一天》还另有一本册子专门写角色刻画。人物是杨导在发展剧本时很重要的根基，即便是一个配角或更微小的角色，都被赋予了完整的背景。

吴—————对，他写了很多关于角色的描述，他很喜欢写这些东西。但那其实蛮抽象的，给编剧或他自身作为一种概念，了解每个人物到底是什么背景、相信什么，然而，里面是没有事件的。所以我才说，你必须丢很多东西给他，再让他从中挑选细节作为故事的架构或组织。角色刻画是讨论之后写下的，我们各自写了部分内容。

之前听柯一正导演谈起，他笑言，角色刻画的内容都要比剧本本身来得厚了。

吴—————也没有啦，怎么可能！《海滩的一天》拍两个小时又四十多分钟，剧本将近四万字耶！

杨导似乎对于对白极为要求，往往不大容许演员擅自更动？

吴　　　　他都是写好就照那样讲，因为他的要求很准确，很多是西方格言式的对白、理论性的对白。有时候，某些对白我知道他要什么，写出来自己都会笑，但他又很喜欢。比如《海滩的一天》，佳森临死前有段长长的独白，一边摸着床铺一边呢喃：

我想，这一定是下午两点多的阳光吧，它让我不觉得这是冬天，反而像极了阳光普照的春天。我好像听到鸟叫的声音，世界似乎又在我身边苏醒过来。我渴望重新认识，我周围的一切。这是多么强烈的矛盾，周围一切冰冷，而我的心脏却仍然那么热烈地跳动着。到底是哪一种无形的力量，让它在这冰冷的世界里，还这么卖力地工作着？不过，我已经够幸福了，不是吗？能拥有这渺小的生命这么久，已经是值得庆幸的奇迹了。

写的时候，我心想应该是这种调子，但又觉得写完应该会被骂吧，没想到杨德昌说这就是他要的，他要一种文艺腔。

但好像唯独你是例外的，可以自行发挥，改动对白？

吴　　　　因为我会跟他讲，这种对白我没办法讲，比方《一一》，既然要我演，我一定有我讲这种话的方式。其实，《一一》他丢给我的第一稿剧本是英文。另外，《麻将》我去演流氓，那些话我只是抓个意思，都是现场即席发挥，他也不好意思骂我或是叫我更改，我就胡说八道。比如说，我在车上打电话的同时，对着身旁的小弟吼骂，他就很乐。所以有时在拍戏现场，副导或其他人会打电话给我，问我要不要去，说，我在现场，杨德昌就比较开心一点，或是比较不会那么拘谨，把气氛弄得太僵。反正我都是去那边瞎搅和的，老实讲，他的现场我不是很喜欢去，因为太严肃了。

时代变革中的生存课题

对你来说，写剧本时故事背景很重要，若角色身处的场域你不熟悉，便很难勾勒其生活方式和想法。你十五岁念完基隆中学初中部就到台北讨生活,时值20世纪60年代末,恰好经历了《海滩的一天》所横跨的年代,你对于那个时代的台北有着什么样的观察?

吴——————我是1967年到的台北,其实这个年代是我们当时就设定好的,因为是我们经历过的时代。20世纪80年代正值台湾新电影时期,我认为那是台湾最好的时候,什么都在变动,党外运动正如火如荼,民歌盛行,云门舞集受到瞩目,而且这群人都彼此认识,经常跨界支援。

拍摄《海滩的一天》时,你、侯孝贤、陶德辰、小野等人都下场客串演出,在那个年代,影人们情义相挺,不时彼此支援,构成了影史上一段佳话。

吴——————在日本放映的时候,一个日本影评人大笑,映后说道:"你们没有一个人像会社员,里面的人都不像上班的,根本像流氓。"老实讲,其实倒也蛮像那年代盖房子在卖的人,净是些打着领带穿着西装的怪物(笑)。

这种气氛后来也延续到了《青梅竹马》,侯导不仅自掏腰包出资拍摄,还出任男主角,你和柯一正在片中也都轧上一角。

吴——————找朋友演不用钱嘛,或是比较便宜。我手上抱的那个是侯孝贤的孩子,我儿子很小的时候也去演过电影,才刚学会走路,就去演《小爸爸的天空》(1984)。

在杨德昌的电影中,女性多半是坚韧而好强的,相较之下,男性则常显露出挫败与疲态。在《青梅竹马》里头,阿隆和阿钦都属失志的男人,尤其是有一幕,阿钦忍不住低泣,更反映了男人卑微委屈的一面。

吴——————其实杨德昌有一核心主题:时代变革中,人在其中的生存到底适不适合?孝贤扮演的角色是在迪化街卖布的,正寻求一种转变,思索要不要去外国做生意,但受限于个人认知或本身的性格,注定会受到挫折。有一场在pub的戏,那些知识分子在讲些无聊的笑话,对方听到他是卖布的,不屑的态度溢于言表。

阿钦也是时代的牺牲者,他年轻时候是打少棒的,后来少棒没了,他也就完了。有一天,我去天水路找朋友,看到一个家伙在卖甘蔗汁,他竟把摊子整个推到路上来卖,警察前来驱逐,他却不肯挪动,警察无计可施,后来便走了。那个摊子上挂了三张照片,都是他和蒋经国握手的画面。出于编剧本能,我就去跟他聊天。他说,他从中学时代就被抓去训练拳击,有一年,准备赴加拿大参加奥运,但那年加拿大已经和中国建交了,竟拒绝台湾地区的代表团入境。台湾地区的大队人马在日本等签证,等到最后仍然没能参加。回来后,他就去当兵了,退伍之后,什么都不会。他说:"我要生活啊!我为了'国家'这样练拳击,练到最后也没有机会!"那张照片就是他参赛前受蒋经国召见所拍下的。他觉得"国家"没有照顾他,他这一辈子都毁了。

我把这个故事讲给杨德昌听,他觉得很有意思,后来还很高兴地打电话给我,说:"我们应该把这个弄出来,我已经想到题目了!"他常这样,剧本还没想之前,想题目、想海报、想工作人员要穿的T恤,想得很高兴,像小孩子一样。他讲了一个题目我觉得很棒——《业余生命》,亦即三十岁之后的生命全部是业余的,因为生命在此之前已经过完了。以演艺界的人为例,可能在三十岁之前,所有掌声就已经得光了,之后都是业余的。《青梅竹马》里头,阿钦那个开计程车的角色基本上就是业余生命,是一个挫败的人。你吞不吞得下那口气?有没有愤怒和压抑?会否觉得自己是被亏待的?

新电影时期,许多电影以成长经验为主题,如《光阴的故事》、《风柜来的人》、《海滩的一天》、《小毕的故事》、《油麻菜籽》、《童年往事》、《青梅竹马》、《我这样过了一生》,在你看来为何会产生这股创作趋势?跟创作者的成长背景是否相关?

吴———— 在新电影之前,台湾电影大部分是脱离现实的,即便取材自现实,也多是来自历史,且是被赋予特定意义的。当新导演有机会拍片时,每个人都想整理出一段属于台湾的历史,可能是生活史、政治史或者其他,怀旧的素材特别多。我觉得这并非出于流行,而是一种创作者的本能,得先厘清自身的生命是如何走过来的,这部分很重要。像我拍《多桑》,并不是要拍我父亲,而是借此讲述生活在台湾的历史孤儿,这一群受日本教育的人。他们永远不相信"中华民国"的报纸,只听NHK的短波,好处是,世界新闻懂得比其他台湾人多。你要去了解为什么,为何父亲老是想去看富士山?

当年，詹宏志向邱复生提案，建议创立一家以亚洲创作者为中心、出品高水准作品的电影公司，可望于世界影坛占有一席之地。他希望各拍一部侯孝贤、杨德昌、陈国富、方育平的电影，遂连同侯孝贤、杨德昌、吴念真、朱天文、陈国富等人于1988年成立"电影合作社"。后因《悲情城市》之筹备煞费工夫，其余三人便决定另寻资金。左起：吴念真、侯孝贤、杨德昌、陈国富、詹宏志。（刘振祥　摄）

压抑的中年男子NJ，宛若吴念真的化身

多数人都以为你生性乐观，但你却不讳言自己其实是一个悲观主义者，恰如在《一一》片中所饰的压抑中年男子。当初答应接演NJ一角，跟在这角色中看到自己的影子有关吗？

吴⎯⎯⎯⎯⎯杨德昌也跟我说，这个角色很像我。他说，角色都叫NJ了。他跟我联系的时候，我说，别开玩笑了，若是演个路人甲路人乙倒没问题，但NJ几乎是男主角，那就别闹了。第一，演戏这件事我不是很有把握；第二，主角是要扛票房的，我没有那种价值，而且要负很大的责任。再说，当时我手边有两个电视节目，一个是《台湾念真情》，另一个则是《台湾头家》，还要拍广告，忙得跟什么一样，真的是精疲力尽。不过也好，刚好完全符合里面的角色。

协调了很久，我要他再去找找看，开镜前，如果还是找不到人再跟我说。他虽然口头上说好，但我发觉他根本没有另外去找人。有一次，他忽然问我，要不要一道去日本，说服翁倩玉饰演NJ的旧情人，我们就去了日本一趟。回来后，我问余为彦有没有在寻觅新人选，他说会尽量找，过不了多久就叫我去定装了。这部片历经多次换角，有一次我还跟执行制片陈希圣开玩笑说，哪一天会不会轮到我被换掉，因为我女儿换人，太太也换人，所以一场一家人在车内的戏，重拍了好几次（笑）。

听说洋洋这个角色有很大一部分是杨导个人的投射？

吴⎯⎯⎯⎯⎯是啊，根据他跟我们讲过的事情，洋洋根本就是针对他儿时受到的压抑所展开的一番诉说。他对台湾的教育环境真的是很反感，他常讲以前上课时多么不舒服，觉得老师对人总抱着怀疑，像《牯岭街》陈述的是当年他就读建国中学夜间部的情形，到了《一一》，洋洋被压抑、被老师屈辱，完全是他个人的投射。

真实与虚构是杨德昌电影中经常反复辩证的主题。在《一一》里头，相较于其他人，NJ其实是比较老实的，只求与人真心相待。有一次他动怒了，对同事大喊："什么都可以装，那这世界还有什么东西是真的？"后来，他到了婆婆床前，向她告白："除了不知道对方是不是能够听得到之外，对我自己所讲的话是不是真心的，好像也没什么把握。"至于洋洋，总是困惑于看得见与看不见之间，NJ见着，便教他拍照。拍照这件事似乎也可视为一种尝试靠近真实的举措，就你对NJ这个角色的认识，他自身有拍照的习惯吗？

吴————— 没有，NJ是用音乐来逃避的。

据说杨导在片场也经常戴着耳机。

吴————— 对，他常是听歌剧。听流行音乐或许纯粹是种娱乐，歌剧和交响乐就不一样，那是结构，聆赏的同时，其实是在学习一种结构。比如《光阴的故事》，人家问他第二段为什么要拍比较缓的调子，他说，他不晓得其他导演会怎么拍，但他是第二段，所以是第二乐章，属于起承转合中的"承"，我觉得蛮有意思的。像我以前常跟年轻人讲，长篇小说读起来很累，但长篇小说才是创意，因为那是大结构，人要学会大结构，讲故事时人家才听得进去。

敏敏上山修度后，NJ亦因赴日本出差而与初恋情人阿瑞重逢。当两人双双返家后，竟有了类似的体悟，NJ说，本来以为再活一次会有什么不一样，没想到其实没有什么不同。敏敏也说，其实山上真的是没有什么不一样。如同片名《一一》所揭示的，状似同样的词汇，但重复书写了两次，两个"一"之间必然还是会存在着些微差异，就像日复一日的生活，必定仍有其差异处。能否谈谈这场戏的心境？

吴————— 每次看到"一一"，我都觉得好像一种太极的符号，还没画完，随时都是一个开始。
我在拍《一一》的时候，很多场戏都是一次OK，比如跟婆婆讲话那场戏，那么长的镜头，一次OK；跟太太讲话的这场戏，也是整场一次OK。为什么？因为到了这种年纪，其实已经很能理解那种心境了。我最近在写《人间条件5》的剧本，第一场戏写的是：因为台风假，全家人好不容易能够聚在一起，先生却忽然跟太太说，他想分居，抓到一点点自由。小孩和太太会怎么看待这件事？我觉得这很有意思，对白也写得很顺，因为某些心境能够感同身受，尤其是到了我们这种年纪，经过数十年的拼斗，或是曾历经那个时代，一辈子老是在拼

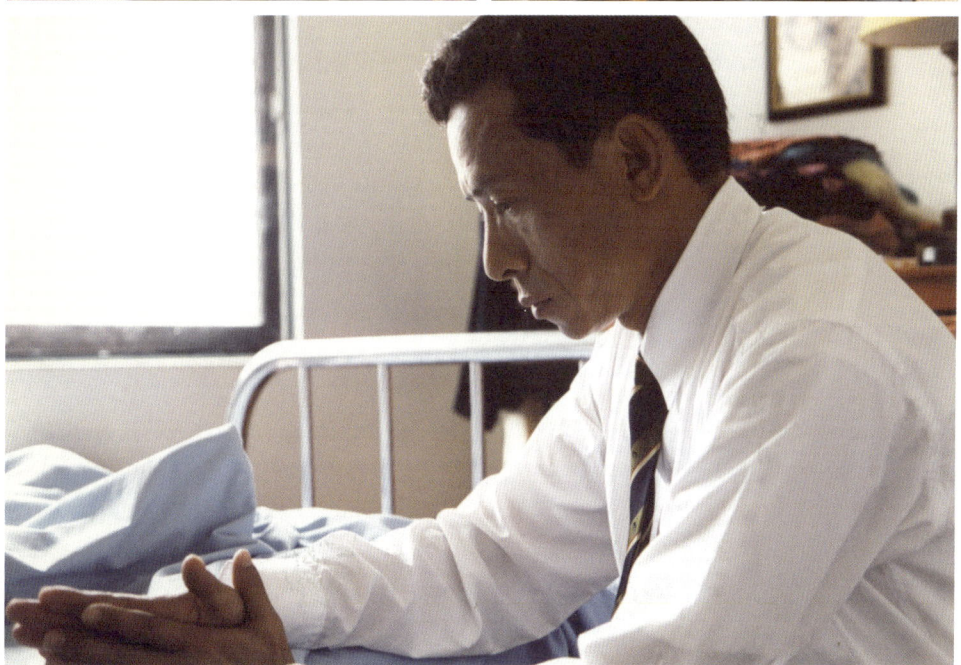

NJ于婆婆床前告解,困顿的他不禁问道:"如果你是我,你会希望再醒过来吗?"

命，拼到一个阶段，觉得累了，因为老是被期待，必须肩负所谓男人的责任。

影片中，有一段很有意思的音画并置，画外音是NJ公司和日本公司开会时的简报，指出电脑游戏开发的局限在于：我们还不够了解"人"，我们自己；此时画面则是小燕到医院照超音波，一个即将出世的孩子在荧幕上跃动着。后来，洋洋以天真的口吻问道："我们是不是只能知道一半的事情？"杨德昌过去电影中的角色，尤其是20世纪90年代拍的两部作品——《独立时代》、《麻将》，或许是比较张狂、自负且带着气焰的，到了《一一》，人变得谦卑了，在求真的同时，愿意坦承人之不足。

吴————那是杨德昌对人生的反省，作为他最后一部作品，就像你讲的，善良、谦卑地去面对人生很多事情，那是你无以抵抗的。

作为演员，我实在是很没有信心

你第一次看到《一一》是什么时候？

吴————我第一次是看DVD，拍完很久之后，人家从美国买回来的。三年前在哈佛大学才看了电影版，那时放了《多桑》、《太平天国》、《一一》等一系列跟我有关的电影，邀我去座谈。我第一次看到《一一》的胶卷，《多桑》也是很久没有看到胶卷了。马丁·斯科塞斯（Martin Scorsese）手上有《多桑》的胶卷，当时他的世界电影基金会（World Cinema Foundation）要买，我就直接送给他，唯独有一个要求，若我要借就得借我。那版本保存得非常好，已经十多年了，片头"多桑"那两个字一出来，还是干干净净的。你会觉得被尊重。

你怎么看自己在《一一》里头的表演？

吴————我还是觉得这个演员换一下会比较好。但某些表情是很准确的，尤其是那种疲惫，但那不用演，因为当时是真的很累。而且我对某些事情是不耐烦的，比如别人说我看起来比较老实，老实又怎样？我就是那样的人，遇到这种情况，确实会做出那样的反应。人有其局限性，作为演员，我实在是很没有信心。拍广告，每次NG最多的，都是我自己。

《一一》拍摄现场,中间为本片摄影师杨渭汉,摄影机后方为灯光师李龙禹。

你曾提过,其实你蛮怕当演员的,怎么说?

吴——————因为我没有把握,当演员时我自己看不见,不晓得这个表情对不对,而且我没有经过表演训练,没办法像职业演员那样传达出一定的准确性。当情绪充足的时候,可以立即上场,但如果叫我再来一次,不见得有办法。另外一点,我很讨厌看到自己,只要在电视上看到自己的广告,我就立刻转台。

你在《多桑》、《太平天国》中都偏好起用非职业演员,杨德昌也着迷于非职业演员所展现出来的魅力。就你观察,杨德昌怎么跟非职业演员沟通?你自己导戏时又是怎么跟非职业演员互动?

吴——————驾驭演员演戏这一部分,杨德昌其实是没什么能力的,通常只能演员给他。他有时会生气,就是因为演员没有达到他的要求,然而,他要的究竟是怎样又不是那么清楚。片中,你会看到有些人很自然,但有些人的表演方式或口条却有些疙瘩,甚至某些选角并不是那么准确。不过有时运气很好,碰到很属的,比如演我女儿的李凯莉,虽没演过戏却很会演,洋洋也是个很成熟、很聪明的孩子。

采用非职业演员有其危险,要不然最好,要不然最坏。我也喜欢非职业演员,但那得赌运气。非演员的沟通方式和职业演员不一样,每个人的性格又不同,

在车上，洋洋问道："爸比，我们是不是只能知道一半的事情？"孩子直观的思维提示了我们生命的局限。

NJ陷于日复一日的生活忧烦中，满脸愁思，对于一些过去比较有把握的事，好像渐渐也失去了信心。

有的需要讽刺，有的需要鼓舞，你要清楚每个人的性格。在现场，要如何达到你想要的情境？有时，十几个非演员一起演戏，就先叫他们排戏，其实在排戏的时候机器已经开了，我常这么做。

杨德昌的电影善用长镜头，从导演和演员的角度来看，你认为长镜头是否有助于表现自然而有韵致的演技？

吴——————我觉得这要看戏。比如说，如果这场戏的情绪或气氛浓度是够的，对白分量足够，演员表达到位，单是一个长镜头就能够彰显出来，好像逼着你去凝视。有些戏选择用快速剪辑的方式来呈现，借由演员流眼泪、表现出痛苦的手部动作等，企图将观众拉到那种情绪，这也是一种方式。长镜头有时比碎镜头更有力量。

有一次拍舞台剧，里头有一场戏是柯一正演的，他女儿有外遇，他就跟她外遇的对象讲了一席话。

他说，婚姻就像炉子，不随时添些柴薪，火就会熄灭。婚姻这炉子的火熄了，有两种方法可解：一是去拼事业，再起炉灶；一是找另一炉子来烧，就有了外遇。他有个朋友，从前在山上当老师，跟太太其实也没怎样，只是温度慢慢冷却了。他朋友后来有了外遇，其实他太太都知道，但还是照常煮三餐，没有说些什么。有一天，他发现太太吊在屋外的苦苓树上，那天有风，风在吹，身体在风中晃荡，苦苓的花落在她身上……经此折磨，他与外遇之间的爱情也没了，便专心将女儿养大。女儿的外遇对象问他，那人后来如何了？他说，现在在讲故事给你听。

这是长达十五分钟的一场戏，在舞台上，照理说应当走位，我却让他动都不动，就坐在那边，把这个故事讲完，因为我有把握，整个陈述的内容是可以听进去的，观众每个人都心有戚戚焉，走位反而影响。

台湾最好的电影：《恐怖分子》、《童年往事》

2002年12月，你接受美国电影学者白睿文（Michael Berry）❸访问时曾提到，回溯你写过的七十五部剧本，有几个剧本写得蛮开心的，像是《海滩的一天》、《恋恋风尘》、《悲情城市》和《多桑》，可以聊聊这几个剧本的创作状态吗？

❸ 白睿文（Michael Berry），1974年于美国芝加哥出生，哥伦比亚大学现代中国文学与电影博士，现职加州大学圣塔芭芭拉分校东亚系副教授。主要研究领域为当代中国（包括港台海外）文学、华语电影、中国通俗文化和翻译学。著有《光影言语：当代华语片导演访谈录》（*Speaking in Images: Interviews with Contemporary Chinese Filmmakers*, 2007）等。

吴————《海滩的一天》是种新的尝试，很痛苦，但结果还不错，因亲自参与了一个叙事方式完全不一样的电影，甚至觉得原来剧本的可能性是更大的，不像以前多采取平铺直叙的写法。

《恋恋风尘》基本上是针对青春情事及其失落的一种整理，好像是把内心隐藏的某些东西做一抒发。写这剧本时，我已经结婚了，天天在我家跟侯孝贤等人谈以前的情人，我太太还要端茶、端咖啡，上片后，一个香港影评人到我家，又在谈，我太太真的受不了了，端完茶就上楼去。我上去一看，她竟在哭，说："我们小孩子已经多大了，你还在那边谈这个东西，还演给所有人看！"我只好安慰她："都过去的事情了，最后娶的还不是你。"我家一旁是军人监狱，清晨时分，有人遭枪毙，传来一阵枪响，我说，有生命都已经在我们这无聊的讨论中逝去了，就别再提了。

《冬冬》是至痛之后的一种治疗。那时父亲过世，常讲他的故事给人家听，但不会讲悲伤的，都讲好笑的，净是荒谬时代里产生的荒谬之人。他们听我讲了无数次，便怂恿我写下来，写完后，发现剧本的结构都成型了，就问孝贤有无兴趣拍，他说，自己的父亲自己拍。我把导演这个位置看得很高，担心拍到一半如果不会怎么办，他回说，你的朋友都会跳出来帮忙啊！于是，就开始去找可能性。

拍的过程也是另外一种治疗，对父亲的某些不舍无法表达，只能借由这样的方式来阐述，有些场景还特意回复到以前的状态。我母亲每次到现场去，总会流眼泪，我都必须高喊"请把无关人员赶出现场"，否则太干扰了。拍父亲最后跳楼往生的那场戏，是去商借原来的医院，好像是逼迫自己重新去面对那些事，不要一直淤积在心里面。

作为一个创作者，有时蛮悲哀的，因为诚实，得把内在情绪抒发出来，若长久淤积在心底的东西不让它释放，会很痛。我只是把文字或影像当作一种自我治疗的工具，别人能不能接受、能不能进去，那是别人的事。这既是创作者的幸福，也是痛苦所在。

对我来讲，《悲情城市》在那个年代应该已经出来了。"二二八"事件老是被当作政治人物的提款机，两边都在提款，或是某方避之不谈。不谈，伤口永远不会好。我认为伤口应该掀开来看，看是该治疗还是该割除。"二二八"那样的事件不可能光凭一部电影就解决，只能呈现某些面向，出来后，一定会遭致谩骂，但起码发挥了一定作用——当电影都可以讨论"二二八"的时候，很多人就可以尽情去讨论"二二八"了。

后来证明这是真的。我有个朋友打电话给我,他很少看电影,有一天,他母亲要他带她去看《悲情城市》,看完后,她母亲没说什么,到了晚上,竟然跟他讲起舅舅的故事,他都不知道他还有个舅舅,舅舅就是被打死的。一部电影竟然能让一个老太太在一个晚上将长久埋在心里的隐秘讲出来,他说,我们算是做了一件像样的事。光是这句话,我觉得拍这部电影就值得了。

1988年12月,《悲情城市》开拍,拍到一半,蒋经国过世。1989年9月,《悲情城市》赴威尼斯影展参展。

在该次访问中,你也提到从你懂电影、看电影到现在,认为台湾最好的电影有两部:《恐怖分子》和《童年往事》,如果要再加上一部,应是《风柜来的人》。十年过去了,你的答案有所改变吗?你怎么看待这三部作品?

吴————— 没有变,我觉得这几部电影很厉害。《恐怖分子》我认为是杨德昌所有电影里面,说教说得最自然的。他很多电影讲道理讲得都有凿痕,常是透过一个奇怪的人之口,以明明白白的对白道出,或者玄之又玄,听了觉得好文艺。看完《恐怖分子》,会让人省思:我们是不是活在一个可信又不可信的社会中?什么是可信?什么是不可信?有什么东西是可以一辈子坚信的?

《童年往事》对我而言,震撼很大。因为我是台湾人,《童年往事》讲述的是外省人来台的心路历程,他们从未想过那一代人会来到这个热带岛屿,在此终老,甚至不知道他们的下一代会在此继续存活。那时我三十出头,看完后,告诉侯孝贤,我第一次透过电影,真的清清楚楚看到第二代移民流落到台湾的那种苍凉。那种苍凉不是生活上,而是展现在精神与归宿上,我看到那时代最大的悲伤。

《风柜来的人》我喜欢,因为那是侯孝贤一部跳跃式的电影,也是他成为一名大导演的重要分野。杨德昌看完《风柜来的人》之后,打电话给我,说,那部片子很屌,可惜音乐不太对,他要帮忙做音乐。有一天,见他拿一卡带,说,音乐都在里面,一放,竟是维瓦尔第(Vivaldi)的《四季》。

03
———
台湾
新电影
旗手
———

柯一正
遥想那段相濡以沫
的美好时光

柯一正✕杨德昌

《青梅竹马》演员建筑师
《麻将》演员纶纶父亲

采访日期▶2012年7月9日
地点▶蓝月电影有限公司

当年，
每一个人都处于创作的巅峰，
见面谈的都是我现在要做什么。
任何一个导演，
只要打电话来说他剧本弄好了，
我们就会聚在一起，
一桌十二个人，
有导演、编剧、制片，
其中以导演为多，
大伙儿坐下来看他的剧本，
看完后直接给意见。
你只要请喝一杯咖啡，
大家就来了，
非常无私，
且乐意共同做一件事，
气氛非常好。

柯一正,1946年出生,台湾嘉义县人,世界新闻专科学校电影编导科毕业、美国加州哥伦比亚大学电影硕士。台湾著名电影人、电视及广告人、舞台剧导演兼演员。1981年,以《迷林》获第四届金穗奖十六厘米长片佳作。同年,和杨德昌、宋存寿等导演参加由张艾嘉制作的台视《十一个女人》系列剧集,执导其中《快乐的单身女郎》、《去年夏天》两部作品。曾执导《温泉家乡》(1995)、《万人情妇》(2000)、《逆女》(2001)等电视剧。广告代表作为李立群主演之柯尼卡软片电视广告"拍谁像谁,谁拍谁谁都得像谁"篇。

电影作品包括《光阴的故事》(1982)、《带剑的小孩》(1983)、《我爱玛莉》(1984)、《我们都是这样长大的》(1986)、《我们的天空》(1986)、《娃娃》(1991)、《蓝月》(1997)等。1992年跨足舞台剧,与李永丰、罗北安等人创立纸风车剧团和绿光剧团,编导《月菊》、《求证》等作品。现任纸风车文教基金会董事长。

柯一正与杨德昌认识得早,早在拍摄《十一个女人》电视单元剧期间,两人就结下了情谊。早年,他俩常骑着一台伟士牌机车四处野游,谈论的话题不外乎是各自想要拍什么,抑或又看到了什么新鲜厉害的创作。有几个月的时间,柯一正甚至入住杨德昌位于济南路上的旧宅,共享一块白板,写下各自想要拍摄的题材,再彼此讨论,提供建议。

在柯一正执导的《我爱玛莉》片中,杨德昌曾短暂出场,在某一场戏里客串了一个小职员。而柯一正则是在《青梅竹马》出任建筑师一角,其后又在《麻将》里头饰演纶纶的父亲。说到表演,他说,其实对演戏不大有兴致,因记忆力差,台词老记不住,一错再错,甚为恼人。可不知怎的,提起20世纪80年代那段影人相濡以沫的灿烂时光,他的记忆力却好得惊人,轻易就能下达光阴的沟壑,垂钓起一二细节,既概述事件,又能提炼出其细微体察与观点。

他特别提及当年《牯岭街少年杀人事件》在意大利贝沙洛影展放映时的一桩轶事——贝沙洛

整个城镇的人都爱看电影,就连走进一间鞋店,店员都会提到他看了哪一部台湾来的电影。《牯岭街》参展的是三个小时的版本,映演时,全场鸦雀无声,播映完毕后,观众起立鼓掌五分钟,反应相当热络。其中某场映后座谈,几位导演和编剧皆应邀出席,有一个意大利人举手发问:"能不能谈一下台湾现今省籍问题的状况?"他们一听,当场傻了,唯有吴念真跳出来,滔滔不绝地讲了三分钟,柯一正形容,他的讲述俨然像篇文章,完整而严密,给了观众一个很好的解答。而他这才发现,原来意大利也有许多人关注台湾的状况。

柯一正说起那个美好年代,以及他深感钦佩的创作者兼战友,多半时候面露微笑,可以感觉到此刻的他非常放松,正漂浮在时光上头,荡漾着,回溯着。与其说被打捞上来的是记忆,不如说,那是经过了时光的漫长洗刷而犹能幸存下来的,趋近于永恒的信仰。

柯一正于《麻将》片中客串纶纶父亲一角,其家中陈设极富美式风格。

学校教你规矩，是让你去破坏它

────── 你是从何时开始接触电影的？从小就喜欢电影吗？

柯一正（以下简称柯）────── 小时候，我父亲爱看电影，只要他看电影，就会带着我去。印象最深刻的是《阿里巴巴与四十大盗》，当时我才四岁，看完就在家里学阿里巴巴骑马。父亲本来要带我去看《单车失窃记》（*Bicycle Thieves*, 1948），结果没有上片，就看了另外一部，等到这部片上映时，父亲已经去世了。一直到我后来念世新，才把这部电影借出来看，那时没有录影带，还是借片子到试片室去看。

就读世新期间，我们还办了"聚影会"，并自行印制图章，在票券上盖上片名和日期，公开售票，一个周末可以卖六场。放映场地是在台映试片间，共计四十个座位，六场下来，有两百多人次。我们那时是大客户，戏院老板还要我们别这么嚣张，公然在门口卖票（笑）。

────── 当时你们都放些什么电影？

柯────── 有个同学家里就是龟山东影片厂的，囤了大量日本片，我们就找了很多日本老片。不少同学会买票给父母亲，请他们来看，在那年代，许多上一辈人受的是日本教育，所以生意蛮好的。我们就把赚来的钱拿去拍片。

────── 你毕业自世界新闻专科学校电影编导科，张毅、余为彦、舒国治等人都是就读此一科系，当年你们在学校就认识了吗？

柯────── 认识。当时《影响》杂志由张毅接办，我们从他那边又接下来承办，交接时认识的。张毅大我一两届，不过我比他的年纪要长，因为我先是念了其他两所学校，后来才转考电影。

────── 你那时是做编辑的工作吗？《影响》杂志对于那一代的文艺青年来说，是很重要的养分。

柯————那时候一团乱，我现在也忘了。这份杂志确实有一定影响力，因为当时有关电影的书太少了。舒国治甚至直接印原文书来卖（笑）。

日前，在"台湾新电影·三十而立"的论坛上，有一场杨惠珊和李烈的对谈，张毅也在场，席间聊到，当年张毅和李烈都疯狂跷课，成日泡在西门町看电影。你在世新就读期间，有安分上课吗？

柯————我大概都乖乖上课，没办法跑，因为我晚上在工作，课堂是我休息的地方，所以出席率比其他人都高。我常趴在桌上，还能回答老师的问题（笑）。

学校规划的电影课程大抵有哪些内容？

柯————世新那时是专科学校，要念三年，课程大致上是一半理论、一半制作。对我们而言，制作比较重要。电影理论主要源自法国，无论留美还是留日的老师，都以教授法国电影理论为主，因是二手资料，传达那些理念时不甚清楚。世新倒是蛮重视拍摄，所以在实际作业上收获最大。我们从一年级就开始拍片，因为大部分同学不是真心想念电影，我就把他们的底片拿来，一个人拍，拍完让所有人挂名。如果有同学比较感兴趣，我们就一起做，大概十分之一的人有兴趣就不错了。我还自己买摄影机、放映机，设备都比学校好。

你何时决定出国留学？美国加州哥伦比亚大学电影硕士的课程规划又是如何？

柯————就读世新期间，我就在石油公司上班，算是正式职员，公司里有一电脑中心，采轮班制，我负责的是晚上的班。正好我一个小学同学调到这个单位，他是第一届电算系毕业的，投了两百封信到美国申请学校，只回来两封，我问他是哪两所学校，也跟着投投看，申请上了就去念了。原先是申请上美国俄克拉荷马大学，攻读新闻学院所设的电影科系，念了后发现不对，因制作的几乎都是电视新闻影片，后来马上退掉所有课程，改修艺术学院的课。半年后，我转申请上加州哥伦比亚大学电影硕士。我很喜欢那所学校，因为就在好莱坞，老师都是在好莱坞工作的业内人士，对拍片的要求很实际。一年四个学期，总计要念六个学期，我花了一年半修完全部学分。加上前面浪费掉的半年，前后在美国待了两年多。

哥大的课程很棒，以剪接课为例，学校会拿现成的东西给你，比如买下一部影集的footage，剧本也一并给你，你要剪成一部片。在那里，学生可以发挥最大的创意，可以不必按照剧本，甚至将故事完全改变。学校教你所有的规矩，是让你去破坏它，让你去寻找可以破坏的方法。

我交了两个片子当论文，交上去后，主任问我要不要留下来工作，我说，我买了一个礼拜后的机票回台湾地区，因为我在美国完全待不住。在美国时，我也是一边打工一边念书。打工很特别，是租下一间汽车旅馆来经营，当时很多华人在那边买汽车旅馆和超市，有人因人手不足没法经营，我们就承租下来。租金每月三千美元，可是一个月的收入高达六千美元以上，当年汇率是1∶40，比在台湾都好赚。否则拍电影实在太贵了，拍个片子动辄就要花上五千、一万美元。而且因是经营管理工作，才比较有时间拍片。

《十一个女人》，以影像说故事

当年有好几位新锐导演都是自美国学成归来，侯导提到杨导时，常说他长年住在美国，回到台湾地区后，看待社会与世情有了一种不同的"眼光"。留学回来后你觉得看待台湾的"眼光"有什么不一样吗？

柯————会，因为那个时候变化很大，我在世新就读期间，正逢蒋公去世，我一得到消息，就拿了八厘米摄影机跑出去拍。在街头，看到很多人报纸拿起来一看，眼泪就掉下来。

我在1978年年底去美国，正值台湾当局和美国"断交"前夕，1981年回来后，错过了台湾曾盛极一时的民歌潮，也发现台湾有很多东西不一样了。经过这次断交，很多人把心真正放在台湾。以前很多外省籍的人不买房子，一心想把财产带回去，直到"断交"，觉得"反攻"无望了，就把存款投入置产。所以断交那一年，房地产下跌，隔一年后，开始成倍上涨，局势整个不一样了。

我不在的那两年变化相当大，一回来，恰好碰到人心改变了，很想在这块土地上做些什么。同时，正好"中影"几部大片垮掉，包括斥资五千万台币拍摄的《大湖英烈》，换算成现在的币值，差不多是两亿，算是相当可观的投资。于是,"中影"开始寻求小资本的投资,想用新的想法去做些不一样的东西,我们正好赶上了这个机会。

回台后,你从事的第一份工作是什么?

柯————《十一个女人》。当时是张艾嘉和宋存寿找上我的。

《十一个女人》是由张艾嘉策划的电视单元剧,于1981年推出,你执导了其中两出,包括《快乐的单身女郎》、《去年夏天》,除此,宋存寿、杨德昌等人亦参与拍摄。当初他们怎么会找上你?

柯————当初几乎是赔钱在做这出电视单元剧,目的是希望电视电影化;同时,找些新锐导演去注入一些新的观念,所以我们都是用电影手法在拍片。张艾嘉请宋存寿帮忙找导演,总共找了十一位导演,有个人拍到一半退出,我就接下去做,才拍了两部。我那时因为有一部作品参加金穗奖,宋存寿导演担任评审,后来才会找我去拍。杨德昌也参与了,他的《浮萍》已经很有味道了,但就跟他的电影一样,拍得太长,后来分成上下两集播出。

《十一个女人》播出后,在社会上造成的反响如何?

柯————我知道的是,吸收了一批新的观众,很多知识分子会收看,包括平常不看台湾电视剧的律师和医生。《十一个女人》是电影和文学合作的尝试,找了很多小说家,每位导演择选一位小说家,由他们提供小说原著和想法,至于编剧,仍是由导演亲自担纲居多。

这出电视剧场跟同时代的台湾电视剧最大的差别是什么?

柯————很不一样的地方在于,全部走向影像化,一般电视剧都是靠对白在讲故事,我们则倾向以影像来处理。比如说,在《快乐的单身女郎》里头,有一场在隧道里面的戏,我借由摆在地面上的灯光,将男女主角的身影投到墙上,男生变得很高很高,女生则较低矮,只拍影子,没有看到人,画外音是两人的对谈。杨德昌的《浮萍》也是,人在季节里的懒散,以及九份一带生活的况味,皆是透过影像传达。不一定每个人都能接受,但能够接受的人,会觉得很兴奋,像读对了文章或找到了知音。

你跟杨导结识就是因为一起做《十一个女人》吗?据说后来很快就熟识了?

柯————对。当时我们借了一家餐厅"乡颂屋"里面的空间当办公室,外头则可以喝咖啡。这一群人都爱喝咖啡,杨德昌干脆投资那个老板,每个月投资多少钱,他就可以无限量畅饮。一直到那出戏拍完,我们每个礼拜有三四天会在那边聚会,除了参与《十一个女人》的导演群,罗大佑和一些民歌手也常在那里。那时候非常精彩,音乐人和电影人聚集在一起,激发了很多能量。
我们几乎都在一起讨论故事。像《海滩的一天》,德伟寄错信的桥段,就是源自我父亲的感情事件。我曾住在杨德昌那边好一阵子,他有一块白板,划分成两半,一边是他的故事,一边是我的故事,我们想到什么就写上去,再互相讨论。那几个月他写了十八个,我写了三个,我三个都拍掉了,他只拍了《海滩的一天》。他第二部本来要拍的是关于高才生的故事,讲述智慧犯罪,后来他去美国看了部谋杀电影,回来就说不拍了,因为人家比他厉害。
杨德昌中文讲得不流利,可是他很会写,写给我的信可以长达五六页,非常丰富。有时,他去美国,看了部很屌的电影,回来讲给我们听,一讲讲了四个小时。问他电影到底多长,他说,两个小时。他会讲到每一个细节(笑)。
杨德昌很多构想都是来自朋友之间的故事,或是他真实生活的状况。对于台湾各种层面的人的生活,他都想要去了解,且真的会去找人来谈或跟对方交往。光是拍《指望》,他每天就约一个女生到乡颂屋,坐在那边聊天,不管怎么聊,

柯一正与吴念真私交甚笃,两人结识于台湾新电影时期,20世纪90年代起,更相继投入舞台剧编导。

他总是会问:"第一次来的时候,你是什么感觉?"因为他自身缺乏这样的经验,借由别人不同的反应,才能从中找出他要的感觉。

当年,每个人都处于创作巅峰

当时正值台湾新电影萌发前夕,除了像侯导这类自本土发迹的导演外,另有一批所谓的海归派,包括你、杨德昌、陶德辰、万仁、曾壮祥等人,虽然训练背景不同,但并未形成对立,反而积极地互通有无。能否聊一聊那段时光?

柯————那天我去看《光阴的故事》数位修复版重新调光,杨德昌、张毅、陶德辰一同参与了这个拍摄计划;《海滩的一天》也是好几位电影人亲自下场客串;在侯孝贤的《悲情城市》里头,也可以看到其他导演和作家的身影。大家都会很高兴地互相支援。

当年,每一个人都处于创作的巅峰,见面谈的都是我现在要做什么。任何一个导演,只要打电话来说他剧本弄好了,我们就会聚在一起,一桌十二个人,有导演、编剧、制片,其中以导演为多,大伙儿坐下来看他的剧本,看完后直接给意见。你只要请喝一杯咖啡,大家就来了,非常无私,且乐意共同做一件事,气氛非常好。后来发现,小我们十岁的人已经没办法那么做了。我曾参与《阿福的礼物》(1984)这部片的演出,这是"中影"出资的一部三段式电影,在办公室里面,我眼见一个导演跟另一导演借Video要去勘景,那人却说:"我的东西为什么要借你?"我当下很震惊,因为在我们那一代,不需要你开口,我就已经拿出来要借你了。

后来你参与了《光阴的故事》拍摄计划,当初是谁跟你接洽的?对这个计划有无抱持什么样的期待?

柯————一开始是小野来找我的。起初的构想很荒谬,是因为"中影"办了恐龙展,明总起意要以此拍部电影,后来决定找几位新导演一起来拍,故事涵盖童年、青少年、大学生到进入社会等不同人生阶段,想要借此回顾我们的成长历程。向"中影"上级提案时,只有张毅最会讲故事,其他三个导演根本不会讲故事,都要吴念真或小野代为讲述。

因为原定的拍摄构想来自于恐龙，所以每一段都要有个代表性的动物。陶德辰的《小龙头》就是恐龙，杨德昌的《指望》其实是猫，我拍的那段《跳蛙》是蛙，张毅《报上名来》则是出现了狗。对杨德昌来说，一个要进入青春期的少女，以猫来示意，这他也同意，但拍到后来，他就觉得根本不需要了。

一开始陶德辰初步写了四段故事纲要，后来你决定重写，完成《跳蛙》这个故事，剧本创作起源是什么？许多人都说《跳蛙》是四段里头批判意识较为强烈的，隐隐将"钓鱼台事件"以及当初台湾所处的国际情势纳入大时代背景中。

柯————我总觉跳蛙生下来就有使命感，必须跳得更高、更远，便决定以此借喻。事实上，我只是把青少年时期对这个社会的印象放到片中，所以主角李国修走一走便进入教室，或走到父亲的办公室，几乎不特别去区分，所有东西是串接在一起的、拼图式的，不管是对异性的好奇，还是其他人对"钓鱼台事件"、八国联军的反应等等。将这些元素放在《跳蛙》这部短片里头，显得既写实又抽象。

事实上，片中暗喻八国联军竞逐那一场戏所诱发的情绪，迄今仍旧存在，因为我们的自卑必须借此得到满足。像"三一九乡村儿童艺术工程"，到各地演儿童剧，在《纸风车幻想曲》这个节目中，有一个台上与台下互动的游戏，叫"追风赛狗场"，以观众的手当跑道，让各国的充气小狗下去比赛，结果，每一场赢的都是台湾黑狗，现场总是一片欢声雷动！

其他三位导演拍摄时，你也会前往观摩助阵吗？

柯————会。即使不是自己在拍，我们其他几位导演仍会到场，在一旁观察、学习，彼此支援。

你得用专业来对抗

据说《光阴的故事》开拍头一天，就和"中影"的摄影师闹翻了，能否说说实际情形？

柯————几乎就是快要吵架了。以前的底片跟现在不一样，感光度大概都是100度、200度，后来才进展到500度、1000度；若是1000度，单是烛光，拍摄也没问题，但以前如果不打强光就几乎无法显现。可是杨德昌很喜欢做实验，譬如他弄了盏台灯，找了几个导演当模特儿坐在那里试拍，摄影师就觉得拍不下去，他一直问杨德昌："你这个在表现什么？"我们都知道他在看这个光度在不同的距离可以得到什么样的效果，摄影师却一直反抗。所以杨德昌的拍片过程几乎像在吵架似的，中间还一度停工。

有一场戏，石安妮一早起来，走到镜子前端详自己，画面上看来好似裸体，但拍摄时会围条浴巾。我们要求片子是1.85∶1的宽银幕，摄影机呈现出来的却是4∶3，画面上怎么看浴巾都会跑出来，他们回复说，在戏院放映时，会放片门进去。后来杨德昌气到拍不下去。我叫他留在现场，不要生气，我赶紧跑到"中影"办公室找明老总和制片经理，双方坐下来商谈。公司的理由是，以后如果转成录影带，4∶3比较好，因为当时录影带的规格是4∶3。我举谭家明的《爱杀》（1981）为例，这部片算是惊悚片类型的一种创新表现，摄影机运动和色彩非常大胆，但我看片时发现，摄影机往后推时，轨道跑出来了。一部悬疑片竟让观众看到轨道！但那也不是摄影师的错，而是戏院片门放错了，放的时候没有把影片调在中间，所以下面跑出来了，以致这部片的摄影未能获奖。"中影"一听，同意改回原本的比例，杨德昌才愿意拍下去。

我脾气好，而且觉得应该可以沟通。比方我要拍一场在餐厅的戏，十个人围着一张圆桌，灯光师就说："房间太窄了，我没办法打光。"我反问："你难道没有撑竿吗？""中影"有那种设备，灯可以架在上面。他就是要考你，你不会的话就被他唬了，这种戏就不用拍了，或者随便打一平面光了事。最大的问题是，"中影"这些吃公家饭的人几乎都没有进步，很多人停留在最早期的打光概念。我们一直很好奇，为什么每次都要在摄影机旁边放一个光源，他们说，这样比较有层次，但对我们来说，这光就把所有层次给扼杀了。以前底片感光度差，这种光最安全，然而，如果单是打一个平面光，立体感就不见了，亮部和暗部的反差变小，气氛会变差。很多类似的问题，一直到我们坚持这么做，他们才愿意改变。你得用专业来对抗。

反而是几个摄影助理比较用心，像杨渭汉[1]、张展[2]，他们在过程中不断学习，

---

[1] 杨渭汉，毕业于世新大学，曾任职于"中影"制片厂摄影组，为台湾资深摄影师。曾以《策马入林》（1984）一片与李屏宾同获第三十届亚太影展最佳摄影奖，并以《青梅竹马》（1985）、《无言的山丘》（1992）、《月光下，我记得》（2005）等片多次入围金马奖最佳摄影奖。《一一》（2000）亦为杨渭汉担任摄影指导之作品。

[2] 张展，1950年生，1978年考入"中影"，担任灯光组工作人员，1980年转任摄影组，开启其摄影生涯。《恐怖分子》（1986）为其首部担任摄影师之作品，并曾以《怨女》（1988）入围亚太影展最佳摄影奖，以《海水正蓝》（1988）、《独立时代》（1994）入围金马奖最佳摄影奖。2010年，以《当爱来的时候》获第四十七届金马奖最佳摄影奖。现任台北艺术大学电影创作学系专任助理教授。

变成很好的摄影师，一下子就把老的那一派淘汰掉，因为后来大家都选那些摄影助理当摄影师。

《海滩的一天》也因选用摄影师的问题闹了很大的风波，后来"中影"内部的摄影师张惠恭和杜可风一起挂名摄影指导，几年后，杨导又找他拍了《牯岭街少年杀人事件》。其实你也跟张惠恭合作过《我爱玛莉》和《娃娃》，除此，李佑宁、曾壮祥等新电影时期的导演亦曾与他合作，为何想找他担任摄影师？

柯————其实老摄影师不是不好，像林赞庭❸、林鸿钟❹，他们从日据时代就开始做摄影师，观念不一定新，但其专业与敬业精神着实令人钦佩。即使是一早五点的通告，他们五点不到就已经到位，精神抖擞地准备开工，就算前一天是半夜三点才收工也一样。但其中有些摄影师确实摆明在混。张惠恭的辈分正好是在那些年轻助理和老摄影师中间，他脾气很好，很愿意沟通，且会积极协助导演达成技术层面上想要的效果。大家合作过后，就蛮乐意找他。

就你们过去合作的经验，可否举例谈谈他在摄影上所做的尝试与努力？

柯————过去，日本烟草公司曾出资协助电影资料馆修复很多影片，完成后，计划举办一场影展，烟草公司有意置入性行销，遂请我拍一部三分钟的短片，当作每场放映的片头。故事讲述的是：因旧片常有断片，放映师会剪掉几格再接起来继续放，有个孩子就去捡拾那些断片，储存了满满一个盒子，后来，他将这些断片串起来，做成宛如风铃的吊饰，并依据这些从不同电影拼接而来的画面，讲故事给小朋友听。

这部短片我找了张惠恭担任摄影，片长三分钟，五六十个镜头，当时作业时间很赶，若找拍广告的摄影师，无法在短时间内完成。影片内容呈现的是从黄昏到入夜这一段时间，全是夜景，很难拍。我们从白天就开始作业，先拍室内戏，透光的地方全部遮覆，重新打光，打成晚上的层次。到了黄昏，继续赶拍，没拍完的部分就等到翌日清晨再拍。入夜后则拍一场露天放映的戏。张惠恭的动作非常快速，而且很能达成我希望的效果，尤其是在表现夜间的光的层次方面。

拍《海滩的一天》时，有一场很重要的戏是在海边，彼时正值黄昏，众人在找药瓶子,杨德昌想要捕捉magic hour(魔术时刻),那只有十几分钟,必须抢拍,而且曝光要准确,才能表现出黄、橘、红到紫的层次变化。拍那一场戏时,杨德昌说要铺设轨道,杜可风大概是想开个玩笑,就走到海里面,问说轨道铺在这里如何,杨德昌后来翻脸了,改由张惠恭接拍。张惠恭其实都做得到,只是你要给他机会,给他时间,因为magic hour不见得拍得到,若云层太厚,太阳反射不够,可能就没有了。

极其细腻的人物刻画

拍完《光阴的故事》后,新艺城就积极争取跟你合作,拍摄了《带剑的小孩》。港资的新艺城在当时盛极一时,并邀请张艾嘉、虞戡平共同主持台湾分公司,同年亦与"中影"合拍《海滩的一天》。且这两部片皆由张艾嘉亲自出任女主角。能否谈谈新艺城在当时的地位以及与其合作的情形?

柯————新艺城原是虞戡平担任总监,后由张艾嘉接任。他们在喜剧上算是走对路了,我从美国回台湾地区时,新艺城制作发行的作品已经在台湾开始卖座了。他们的创作力非常旺盛,很多导演也投入表演,且彼此互相支援。新艺城基本上是以商业作为主要考量,会去计算片子的笑点,较偏向好莱坞的制作方式。我拍《带剑的小孩》时,约略花了一千五百万,所以他们也没有干涉,就让我照自己的意思拍。

张艾嘉受邀加入后,想延续《十一个女人》的操作方式,延揽新导演加入,票房上虽不见得亮眼,但也交出了一些成绩单。譬如杨德昌《海滩的一天》,就是因为"中影"、新艺城跨公司合制,才有后来的成绩。如果没有杨德昌,台

❸ 林赞庭,1930年生,台中丰原人。1949年入"农业教育电影公司",担任助理技术员。1954年,"农教"改组为"中影"时,升任台中制片厂技术员。曾以《寂寞的十七岁》(1967)荣获金马奖最佳彩色摄影奖及最佳摄制技术特别奖,其后相继以《爱的天地》(1973)、《女朋友》(1975)、《梅花》(1975)获金马奖最佳彩色影片摄影奖,并以《雪花片片》(1974)获亚太影展最佳摄影奖。其余作品包括《今天不回家》(1969)、《家在台北》(1970)、《再见阿郎》(1970)、《皇天后土》(1980)等,迄1982年自"中影"制片厂退休为止,共计拍摄百余部电影。1981年起,担任台湾地区电影摄影协会理事、常务监事、理事长等职。著有《台湾电影摄影技术发展概述1945—1970》(2003)一书。

❹ 林鸿钟,1934年生。1958年经由摄影师华慧英引荐进入"中影"担任摄影助理。1967年,拍摄周旭江为"中影"执导的《双归燕》,正式升任"中影"摄影师,此后陆续与张曾泽、廖祥雄、杨苏、陈耀圻、王童、曾壮祥、万仁、柯一正、李佑宁等导演合作,拍摄作品近百部。与林赞庭合作摄影之《梅花》(1975)获第十二届金马奖最佳彩色影片摄影奖;单独掌机拍摄之《笕桥英烈传》(1977)获第十四届金马奖最佳彩色影片摄影奖、《苦恋》(1982)获第十九届金马奖最佳摄影奖。自1958年进入"中影"后,从最基层做起,曾先后任职助理、技术员、摄影技师、摄影技术组长、副厂长、厂长,迄1997年2月自制片厂厂长任上退休,并受聘为制片厂顾问至2002年3月。

湾电影会再落后很多年，因为很多导演是受到他的刺激。

后来你出任《青梅竹马》建设公司主管一角，当初杨导怎么会找上你？他曾经提到，《海滩的一天》参与演出的多是职业演员，但他个人对于非职业演员所展现的魅力也甚为着迷，到了《青梅竹马》，出于想要挑战自己及电影工业体制，便选择和非职业演员合作，一想到的对象就是侯导和你。

柯————大概是对我们两个比较熟悉吧。他要我去演那个角色，我就答应了，也没有先看过剧本。

在拍《青梅竹马》之前，你就曾在万仁《油麻菜籽》里头演出父亲一角，当初怎么会从幕后走到幕前？

柯————因为万仁和我在美国就读同一学校，他的毕业作品我去演，他也来演我的毕业作品。记得我好像是演一个魔鬼。《油麻菜籽》开拍前一个月，万仁仍找不到演员，遂问我愿不愿意支援，我说，只要老板同意我就演。
其实我不太爱演戏，也从没想过要演戏，这对我来说是个负担，因为我的记忆力很差。最惨的是拍《海滩的一天》，其实我有戏，后来整场剪掉了。那场戏是，佳莉从乡下跑到台北来找男朋友那晚，我跟她男朋友在打牌。当时，我带着柯宇纶到片场，那时他才五岁，轮到我讲台词时，频频出错，柯宇纶在一旁，竟将我的整串台词全部念出来。现在比较好一点，因为我一定会把所有角色的台词全部录下来，让自己比较容易记住台词。

《青梅竹马》这部片表面上呈现的是男女情事，但其实背后有一个大时代背景，尤其当时台湾正处于急剧的经济转型，本片英文片名就叫 *Taipei Story*，可见"台北"无疑是另一关键角色。你在片中饰演建筑师，而杨德昌本身对于建筑很着迷，当初在跟你聊这个角色时，他是怎么形容的？

柯————他从来不跟我讨论角色。除了剧本，他还会有所谓的人物刻画，像《海滩的一天》，他写下来的人物刻画比剧本还要厚。以佳莉的父亲为例，他是个医生，受日本文化熏陶，指甲一定剪得很整齐，手细细的，摸起来像女

蔡琴在《青梅竹马》里饰演阿贞,经济独立的她一直怀抱着美国梦。

人的手,没有做过粗活。

《青梅竹马》片中吴念真饰演的那个角色,开计程车,老是戴一只黑手套,没有人知道为什么要戴手套,这在人物刻画里面才会提及:因为他以前是投变化球的,关节会受伤,开计程车时冷气口在右侧,会痛风,所以右手得戴上手套。又或者,他一直跟我说,阿贞的父亲是一个很自私的人,阿隆又是一个见义勇为的人,所以即便阿贞叫阿隆不要借钱给她父亲,他仍是卖掉了阳明山的房子,打算为她父亲纾困。有一场戏是众人在吃饭聊天,她父亲讲一讲,调羹不小心拨到地上去了,就拿起阿贞的调羹用,自己不会下去捡,由此可见此人性情。这些都是枝微末节的人物刻画。

在《牯岭街少年杀人事件》里头,他本来也要我演一个修理脚踏车的,好像是片中柯宇纶的父亲,连那种角色他都写得非常仔细,他是一个黑手,但是爱听交响乐,诸如此类。杨德昌对于角色的描绘可以细腻到这种程度,但是面对我,他几乎都没讲什么。

会不会是他觉得你应该都知道了呢?

柯————有可能。同一个故事,他会跟很多人讲很多遍。一开始,我问他《青梅竹马》要拍什么,他说:拍侯孝贤在路上走,侯孝贤要进电梯,在楼上,

柯一正于《青梅竹马》片中饰演建筑公司主管一角,生活贫乏单调,与阿贞有着暧昧情愫。

电梯门开，侯孝贤没有出来，电梯门关，电梯门再开，再关，再开，他出来。讲完，完全不知道他要拍什么。其实他讲的就是一个意境。后来可能没有这样拍，变成侯孝贤进了房间后，把灯打开，关掉，打开，关掉。意味着，他对下一个动作一直犹豫，不想进行下去，在生命里面，已经停顿了，不知道下一步是什么。片中很多类似的设计。但杨德昌不会讲这种内在心境，单是描述画面，所以他不跟我解释会比较好一点，我自己来诠释。

杨德昌有太多想法，都在整个演出的背面。《青梅竹马》有一场戏我觉得很精彩，阿隆想要卖房子，以前有个球友后来在房仲业，便委托他处理，两人在空屋里丢球，突然间，那人球一丢出，问道："阿贞呢？"观众只听到"乓"一声，画面也没跳阿隆那边，对方做了一个致歉的动作。答案很清楚，阿隆一定是愣了一下，一失神就失手了，以致球飞出去，打破了玻璃。杨德昌完全没有运用表演，单是那一声音，对我来讲，远比表演要精彩。

中性的表演与留白之美

片子开始不久，你和阿贞走在办公大楼的回廊间，两人在谈天，你对着眼前一幢幢大楼发出喟叹："你看这些房子，我愈来愈分不出它们了。是我设计的，不是我设计的，看起来都一样。有我，没有我，好像愈来愈不重要了。"这是一段非常引人遐想的话语，建筑师本身是城市景观的擘画者、创造者，然而，自身却又陷落在缺乏性格、设计几乎大同小异的建筑群落之中，不由得流露出迷惘的神态。这一场戏一开始，由一个远景带入，只见你和阿贞两个小小的人影走在宏大的高楼当中，被当代建筑所框限。你当初是怎么诠释这一场戏的？

柯　　　　　杨德昌的东西可以采取很中性的表演，因为很多意念和情绪已经在对白里面了，镜头的设计也会考量到这部分，所以你不必带着过多的情绪，做出很强烈的表演，就可以传达出来了。当然有些戏不一定是这样子，但他的很多戏其实是愈中性愈好。譬如有一场我在电话亭打电话的戏，只是处于一种沉重的气氛里面，其实也不需要怎么表演，我演完那一场后，杨德昌比了一个大拇指，我不知道他是什么意思，也不觉得自己演得很好。

在表演指导方面，像《海滩的一天》，佳莉家里有个佣人，杨德昌会指导那个佣人拿个东西过来，随手放下后就走掉，那是一个中远景的画面，看戏时，我

杨德昌电影中充满了景框式构图,细密的百叶窗使人隐蔽的同时,又仿佛将其切割成无数等份,并借此区隔了同一画面中的两人。

们会惊叹于这个角色的灵活表现，就像她真的每天都在那边做那些事一样。但是，绝对不是靠表情。

詹宏志曾在《台湾新电影的来路与去路：一个报导与三个评论》这篇文章中提到，台湾新电影对于戏剧的概念开始有所转变，以前都很强调冲突场面，认可那种外放的、戏剧化的表演；到了台湾新电影，"戏"的概念改变了，表演方法自然也改变了，逐渐懂得掌握内敛、留白之美，追求更生活化的演技。

柯————以前很多制片都认为那是"戏肉"，当夫妻吵架或父子冲突时，这桥段就是戏肉，你要把对白写出来，演员才能演。《海滩的一天》有一场戏是，佳森的父亲叫他娶一个医生的女儿，他不愿听从，父亲便把他叫去，对传统的制片而言，戏肉在这里，可是杨德昌却跳出去了——这时，母亲将佳莉带出门，两人在暮色下走了好一段路，待回来时，镜头从外头推移进来，只见佳森跪在那边，地上一个碎掉的玻璃杯。故事已经讲完了。他们吵什么，再怎么写都是那一套，看到这一幕，你对于方才发生的事已了然于心。

以华语片而言，杨德昌算是留白相当多的一个导演。好比《青梅竹马》片末那一场戏，一辆救护车停在那里，警察在帮医护人员点烟，之后就跳走了。观众问：阿隆到底死了没？对我来说，电影已经讲得很清楚了，人如果没死，救护车早就开走了。而且当时因为警察给人民的形象太差，正推行警察帮老百姓点烟的活动，杨德昌就把这个放到影片里头。

杨导长期和剧场出身的演员合作，如金士杰、李立群、顾宝明等。而你自1992年起开始跨足舞台剧，创立纸风车剧团和绿光剧团，就你个人的看法与经验，觉得剧场演员的优势是什么？这些剧场出身的演员投入大银幕演出，对于台湾电影带来什么新刺激？

柯————一开始其实舞台剧演员演电影很不习惯，因为节奏是不一样的。舞台剧演员在电影里面，你老觉得他在思考，可是有些东西其实不用思考就过去了。我们常要观众从后面追，因为影像会暂留，观众看到那边的时候会自行连接前面看到的内容。电影演员和舞台剧演员有时候节奏不一样，我会觉得有点格格不入。像杨德昌在拍的时候，有时会故意把两个演员拆开来拍，比方，

《青梅竹马》是侯孝贤唯一领衔主演的电影。片中,阿隆自美国返回台湾地区后,与情人阿贞彼此隔阂,揭示两人关系已现危机。

改由副导去跟这个演员对戏,如此才能创造出他想要的节奏,进入剪接时,也才有办法控制那个节奏;否则,如果放在一起,就没法剪了,节奏变成演员在控制。

此外,杨德昌的戏常从一个人的背后,拍他走路的样子。倘若你叫一个舞台剧演员背对着镜头走,他一边走,手还要在背面一边做戏,直到他演过很多电影后才不会这样做。我现在慢慢发觉这些舞台剧演员在电影中的表现愈来愈好,相信是节奏改变了,表演方式也做了修正。舞台剧演员优异之处在于一些深层情绪的表达比较内敛。

新电影,从熟悉的生活取材

1984年,一群对电影未来发展有所期待与抱负的影人结合起来,以"始祖鸟"为代号,希冀借由集体讨论交换心得,目标包括争取更多观众、打入国际影坛、发行同仁刊物等。参加第一次聚会的"始祖鸟"成员除了你之外,还包括侯孝贤、陈坤厚、王童、杨德昌、张毅、万仁、曾壮祥、王铭灿❺,你还记得那次聚会的情景吗?后来是否有些比较积极的作为?

柯————我不大记得了。"始祖鸟"那个时候应该就是最好的气氛,彼此共享,互相参与。对我来说,那就是一件很快乐的事情。我家当时住在联合报大楼后面,金马奖颁奖典礼几乎都在孙中山纪念馆举办,我从来不参加。现场颁奖一结束,一群穿着礼服的人就到我家去,包括台湾和香港的导演,全部躺在大地板上,礼服一律打开,松开领结,群体开骂,可以听到很多人对电影直接的看法,那个画面很有趣(笑)。

1987年,五十四位电影人和文化工作者共同签署《台湾电影宣言》,针对电影政策、大众传媒和评论体系提出呼吁,就你个人的看法,在当时的台湾电影环境里头,最不平、最希望争取改善的是哪个部分?

柯————其实后来大家也开始反省,很多当初我们认为是对的不见得就是正确的判断。比如是不是要恢复明星制?你会发现,用一个非线上、非大牌的演员,记者访问后,稿子写了,但被主编以不重要为由拿掉,以致连这种免费的宣传都做不到。我们也试图从实际面想一些可能的解决办法,譬如怎样去挖掘一些好的演员,使其成为一线演员。像杨惠珊,原先拍了大量社会写实片,后来拍《玉卿嫂》、《我这样过了一生》,整个改头换面,彻底领悟到表演是另外一回事。我们很需要这样的演员,能够投入,愿意和导演一起去创造角色。我们当时讨论的多是这些,希望再创造一个新的气氛出来,至于那个宣言,我倒不觉得一定那么重要,重要的是这一群人都还想创作。

你有没有自觉自己在拍"新"电影?

柯————我不觉得。像《光阴的故事》做宣传时,就宣称是"'中华民国'二十年来首部公开放映的艺术电影"❻,我说,这是要让我们四个导演去得罪所有资深导演吗?我们并不想向上一辈挑战,但"宣传部"坚持这口号一定有效。后来果然被骂了,但也还好,就这样过去了,票房还算不错,有小赚,且至少引人注意了。

你自己会怎么看"台湾新电影"？你觉得"台湾新电影"存在过吗？那段时期所代表的意义是什么？

柯　　　　我觉得最不一样的地方是,对社会投入更多的关注,真正把人的生活层面和故事结合在一起。很多人认为如此一来就走入乡土,我绝对不认为是那样,因为你会看到各种层面的体裁,像杨德昌必定是偏向城市的。张毅《我这样过了一生》和万仁《油麻菜籽》,两部片都谈女性,然而,一是很台湾的女性,一是很外省的女性,大家其实是齐头并进的,从熟悉的生活里面去挖掘一些人物的经历,努力用不哗众取宠的方式去表现,但仍具备其戏剧性。

早年的琼瑶电影,秦祥林碰到林青霞,高兴地喊道："小太妹！"林青霞回他："小太保！"观众就笑了。他们说,最多理发厅小姐和女工上戏院,只要主角坐在那边切牛排,大家便好生羡慕。当年电影主题曲很风行,其中左宏元作的曲子最多。以《我是一片云》(1977)为例,上片前一个月就开始打歌,到了戏院,先放"国歌",群体起立,一坐下,片头出来,就开始唱《我是一片云》,全场大合唱！众人毫不含糊,集体高歌,"国歌"大家都还不唱！你不会唱,当场会觉得很自卑。那也是一种看电影的气氛,虽幼稚,却是快乐的。

以前那样就可以卖了,但我们面对的已经不是那个时代了,而且也不想做那样的东西。有些人不一定喜欢看我们拍的片子,可是对我们来说,那是真正生活过的一些现象。像《油麻菜籽》,女儿考取大学,母亲并不高兴,反而说："猪没肥,肥到狗。"可是这确实是真的,那是一个男女不平等的社会。相较之下,会觉得父亲那个角色特别温馨。有一场在明星咖啡馆的戏,万仁问我要请女儿吃什么,我说,意大利面,他即刻答应。为什么？因为我们马上联想到《单车失窃记》,车子掉了,找不到,他们跑了一天,脚都累了,父亲便带儿子去吃意大利面。我们会有共通的情感记忆,一讲,都没有第二个意见。包括父亲偷偷塞钱给女儿,这都是些细节,但真正经历过那个穷苦年代的人就会明白。那一代的人很勇敢,我们就在呈现那个生活观,那是一种很好的资产。

❺　小野,《一个运动的开始》,台北：时报,1986,第139页。
❻　《光阴的故事》电影海报文案："'中华民国'二十年来首部公开放映的艺术电影——《光阴的故事》,看蓝圣文天真活泼的童年生活,石安妮的少女情怀,李国修的大学生爱情,张艾嘉、李立群的婚姻生活,有笑、有料,今年最轰动的文艺喜剧片。"

04

亲密
战友&
友人

余为彦
相信就能
看得见

余为彦✕杨德昌

《牯岭街少年杀人事件》制片、美术指导及演员警总主任
《独立时代》制片、《麻将》制片及美术、《一一》制片

采访日期▶2012年5月17日、10月8日
地点▶台北松烟小山堂餐厅

《牯岭街》这部片的拍摄过程实在是辛苦，
但我一直觉得，
原来相信的力量是这么强。
当你快要到地狱时，
真的不要害怕，
再加快脚步往那里面走，
反过来就是个天堂。
可是这个世界上大概只有百分之五的人够胆识。
魏德圣也是从我们工作室出来的，
他一直说是效法我和杨导，
在我看来，
他简直是无法无天，
前无古人，
后无来者。
他是完全验证所谓"相信就能看得见"的人。

余为彦，1952年生。毕业于世界新闻专科电影编导科。台湾电影导演、制片。导演作品《童党万岁》(1989) 曾获金马奖最佳影片提名，《月光少年》(1993) 获威尼斯影展国际影评人周最佳影片及亚太影展最佳编剧。在电影圈是少数导演还兼做制片的，具有导演的霸气以及制片的柔软身段与精明。后期担任杨德昌导演制片，共同织画出《牯岭街少年杀人事件》、《独立时代》、《麻将》、《一一》等多部令人津津乐道的电影。现为TMSK餐厅总经理、a-hha新影响数位动画公司总经理。

余为彦是杨德昌最亲密的战友，从《牯岭街少年杀人事件》到《一一》，他俩在不甚宽裕的制作条件下，携手完成了一部部作品。余为彦身上有一股作为制片人与管理阶级的霸气，然而细诉起往事，却又别有一番纤细与柔情。

毕业于世界新闻专科电影编导科的他，自小喜欢电影，进世新前便拿起家里的八厘米摄影机拍东西。进世新后，被长他一届的张毅注意到，便会找他一起干些事儿。

当年余为彦是在哥哥余为政的引介下认识杨德昌的，随后他们一起筹拍《1905年的冬天》。作为制片，最担心的，无非是钱，偏偏《1905年的冬天》给余为彦上了重要的一课——拍电影，钱不是最重要的。当初，他用极少的钱，在日本足足拍摄了一个月。

提及《牯岭街少年杀人事件》面临筹资的窘迫时，余为彦用了"desperate"这个字眼，说是铤而走险也好，狗急跳墙也罢，《牯岭街》成了他人生中的孤注一掷，成功地为杨德昌奠定下享誉中外的名声。本片不仅在2011年金马影展执委会所举办的"影史百大华语电影"评选中夺得第二名，2012年8月，英国《视与听》(Sight & Sound)杂志公布影史十大影片选拔结果❶，《牯岭街》更名列前茅，为此次票选中台湾电影排名最高者。

后来，余为彦转往上海经营餐厅，他发现，有些道理放诸四海皆准。有一回，外场涌入大量宾客，内场人员正好因闹意见，走了一批，现场仅存六七人。他说，换做常人，肯定心慌不已，但那无助于事，于是，他力持冷静，望着主

余为彦于《一一》中客串一角,饰演在酒馆里头高歌一曲的客人。

厨同其余几人严密分工,席间彼此无语,有时单凭一个眼神,就能掌握对方需求。"那个流水线很漂亮,自然产生一个力量,比十二人的团队还强!"余为彦说。

访谈时,聊到杨导向来喜用年轻人,从演员到剧组工作人员,常是经验匮乏的新人,我问余为彦,身为制片,会否觉得这样的做法增添了不便?他一派泰然,说,不会呀,因为我向来也是这样做事。

后来,采访杜笃之时,听他说,他首度独当一面担任录音师的作品乃是《1905年的冬天》,当初敢用他这么一个菜鸟录音师,正是该片监制余为彦所做的决定。本片进入后期制作后,余为彦和侯德健亦投身其中,他们有意做一个很不一样的声音工程,三人每天在那弄得兴高采烈的,做了许多新尝试。

《1905年的冬天》创造了许多人的第一次——余为政初次执导演筒、余为彦初次担任制片、杨德昌初次写电影剧本、杜笃之初次担任录音师、陈博文初次独立剪辑,就连彼时尚未拍过电影的杜可风,都差点被找来当摄影师。

问及成为杨导长期合作的伙伴,最关键的原因是什么,余为彦只简单说了"共识"二字,我想,这背后所蕴含的,或许是彼此血液内,共同流淌着的求新态度与无惧精神吧。

❶ 自1952年起,英国《视与听》(Sight & Sound) 杂志每十年举办一次影史十大影片选拔,此为世界上历史最悠久且最知名之影史票选活动。

拍电影，钱不是最重要的

——— 你从小就喜欢看电影吗？当时多看些什么样的电影？

余为彦（以下简称余）——— 我还记得小时候看的第一部电影是《圣袍千秋》(The Robe, 1953)，那时还给大人抱在手上。我在香港出生，来台湾时已经四岁了。儿时住在基隆，小学一二年级，知道某些片要来放映，总急着先睹为快。有一回，中午放了学就冲到戏院门口，还记得当时想看《貂蝉》(1958)，满满的人，根本不可能买得到票。一旁有人搭话："你想看啊？来，你把钱给我，我带你从后面买。"他绕了三个弯，转眼不见了，我便哭着回家。事实上，我知道晚上爸妈就要带我们去看，但我偏赶着下午特别要去看。

我和杨导曾聊过，其实在那个年代，影响我们最大的，一是漫画，一是电影，这是我们深为着迷的娱乐。忆及我童年时候的电影经验，真的都好清楚噢，非常清楚。有时走过基隆的延平戏院，下面有气窗，我就探头下去，那样都能看。更小的时候，抓着人家的衣袖就进去了。那时看的电影真多，后来回想，我居然对日本片一律不挑，排行首位的，当然仍属大型娱乐片，特别是忍术电影。除此，香港电懋影业公司❷出品的国语片对我们而言也很重要。

——— 回忆起20世纪60年代，杨导说就三件事最重要：一、热门音乐排行榜；二、日本漫画；三、看电影，尤其是香港的国语片。除了刚提到的电影，漫画的部分呢？小时候都看了些什么？

余——— 小时候主要是看日本漫画，我们叫"厚书"，一本一本厚厚的漫画。一般家庭都很难买，我们家对小孩比较宠些，尤其我哥有一点生病，常在家，大人就会买。另外，每周四会发行《漫画周刊》，其中有十二页弥封起来的《诸葛四郎》，大家拿到的第一个动作就是把它削开。其实我很早就觉得《诸葛四郎》画得不好，可是为什么一直要看？后来我发现，原来讲故事最重要，画得怎么样倒是其次。为什么大家如此疯迷？因为每一集都留下了悬疑，你必须追踪下去，否则会浑身难耐！

——— 当年你和杨导是怎么认识的？

余─── 我哥哥余为政先后攻读美国哥伦比亚学院电影系、旧金山艺术学院动画创作研究所,他和杨导在美国就认识,两人因为志同道合,便成为好友。杨导曾到南加大修习电影,念了一学期,老师说,你什么都可以做,最好不要做电影,他一气之下,就不念了。我会认识杨导是经由哥哥的介绍,他对杨导很夸奖,倒不是说电影,而是在美术方面的灵敏。我和哥哥都喜欢画画,哥哥对他的评语是,在当时,他的画是可以拿去卖钱的!

1980年,杨导应余为政先生之邀,回台撰写《1905年的冬天》剧本,你是那时候第一次见到他吗?初次印象如何?

余─── 1980年11月,他回到台湾,到我家来,我和舒国治第一次看见他,他眯着眼睛,笑嘻嘻的,跟我想象中的形象不太一样。原先听为政描述,听起来有点像是武林高手的感觉,怎料本人却像个大男孩。他一说起话,我跟舒国治两人诧异了一下,因为他的表达能力不是那么流利。聊起电影,他说,想拍一个女人去海边寻找失踪的人,我跟舒先生说:"啥?怎么会想出这样的东西啊?"这就是我对他的第一印象(笑)。

《1905年的冬天》于1980年末、1981年初完成前置,1981年2月随即在日本开拍。你本身则担任本片监制,能否聊聊那一次的制片经验?

余─── 原先我是希望拍一出惊悚剧,片名叫《禅杀》,讲述一票来自世界各地的年轻人,来到日本禅院,结果却一个个被杀害。没想到为政和杨导两人一到日本,便说这题材很难拍,建议改拍中国留学生到日本的故事,我当时被他们气得别无选择。

《1905年的冬天》于1981年二三月份开拍,拍得非常仓促,但我证明了一件事:拍电影,钱不是最重要的!我们用非常少的钱,可以在日本拍一个月!凭什么对制片这么有信心和把握?为什么杨德昌一定要找我?为什么日本导演林海象觉得我们的合作前所未见?我一直在想,我有那么好吗?制片最怕的东西是钱,因为怕不够,怕超支,我这个制片刚好相反,我认为要拍电影,关键不在于钱,有多的钱就摆在那边,没有钱照样可以拍。我有这样的心理建设。

❷ 电懋影业公司乃由新加坡和香港著名电影制片人陆运涛于1956年所筹组,50年代中后期,香港独立制片公司衰落,形成邵氏和电懋两大公司对峙的局面。陆运涛主持电懋期间,曾邀请张爱玲撰写近十个剧本。1964年6月,陆运涛去了台湾,参加在台北举行的第十一届亚洲影展。影展闭幕后,与会代表到台中县雾峰乡参观台北故宫国宝,途中飞机失事身亡,震撼港台两地。此后电懋影业由其妹夫朱国良继承,1965年,朱国良将电懋改组为"国泰机构(香港)有限公司",但电影相关的业务仅剩戏院和发行。

关于制片，我归纳了四个重点：第一个是资金（budget）；第二个是职位分工（job description），我认为这叫"权"；第三个是时间，其实就是schedule；第四个则是人。简称"钱、权、期、人"，其中，人应该摆在首位。

1989年8月8日，杨导成立了个人工作室——"杨德昌电影公司"，随后改名为"原子电影"。当初是在什么机缘下，决定自行成立工作室？

余————1988年，我开始筹备我第一部执导的电影《童党万岁》，拍摄期间，杨导非常关心，常来探班，1989年，看了毛片后，他真的是非常欣赏，甚至主动跟剪接师陈博文说，他希望参与一点剪接，我说，没问题，最好你们通通帮我剪好。那时候他就一直觉得我们应该成立一间电影工作室，因他过去多是帮"中影"拍，我则是替香港的电影公司拍，后来便想自己做主。

当年，詹宏志与侯孝贤、杨德昌、吴念真、张华坤等人筹组"电影合作社"，第一部筹拍的片是《悲情城市》，原定第二部要开拍《牯岭街少年杀人事件》，后来因《悲情城市》筹备期旷日费时，杨导便决定另寻出路。詹宏志与你们也有颇深的渊源，拍摄《1905年的冬天》时，他即担任监制，此后，相继担任《牯岭街》监制与《独立时代》策划，能否谈谈你们与他的渊源？

余————当初是透过舒国治的引介认识了詹宏志，后来我们决定筹拍《1905年的冬天》，尽管当时我们并不是那么相熟，但他对电影是有热情的，便自掏腰包，拿了五十万出来，直到现在，我都感怀于心。

詹宏志一直以来都是杨导很重要的咨询对象，在《牯岭街》的筹资和行销宣传上，詹宏志确实使了很大的力。《独立时代》拍摄中途，一度停拍，后来我和杨导就去向他请教一些事情，基本上，他主要是就大方向上给些建议，并不是那么实质地参与。

据说《牯岭街》在筹资上历经了不少波折，最早是"中影"和华松❸合资，后来华松临时撤资，导致资金上面临了很大的缺口，可以聊聊这一段筹资过程吗？

余————刚开始筹拍《牯岭街》时，詹宏志帮了很大的忙。起初由华松和

左起：余为彦、杨德昌、蔡琴。

"中影"合作投资，华松后来撤资，"中影"仍维持投资百分之二十五。当时"中影"是江奉琪担任总经理，我和詹宏志一起去"中影"提案，谈宣传事宜，只见詹宏志拿了两张便条纸，把一些行销构想写在上头，那时，我心想，就这两张便条纸呀？到了"中影"，江奉琪和徐立功在内，十多个管理阶层的人坐在那儿听简报，结果詹宏志一开口，旋即完完全全将他们说服了。

尽管《牯岭街》拍摄预算不断追加，但我觉得华松临时撤资并不见得是预算超支的缘故，恐怕还是因为当时正逢金融危机，股票惨跌，导致他们决定撤销这个投资案。

犹记得《牯岭街》开拍一个月钱就没有了，紧接着我们要下屏东，工作人员和临时演员超过百人，吃住所费不赀。我身上一毛钱都没有，制片经理吴庄问我，明天通告是不是先撤，我不知哪来的信心，说："撤什么？不要撤了！现在还早啊。"其实已经过三点半了，到了四点多，人家才真的拿了钱过来，而且还是你预期不到的人。拿钱来的是飞碟唱片创始人彭国华，我们很感激，所以后来《牯岭街》电影原声带就交给飞碟唱片发行。当年原声带一推出，光是第一个礼拜就卖出十几万张，蔚为轰动。此外，现任飞碟电台副总经理的覃云生当年也自掏腰包，协助筹资，帮了很大的忙。

《牯岭街》是1990年8月8日开拍，直到翌年3月，拍摄期长达八个月，其间因为资金和陈设的问题，曾休息一个多月。这期间，日本导演林海象有一个"亚洲出击"计划，希望邀永濑正敏主演，便找我一同参与幕后工作，我因为接了这

❸ 华松投资(电影)公司董事长为陈炯松，曾出品王童《稻草人》(1987)、黄玉珊《落山风》(1988)、何平及李道明《阴间响马吹鼓吹》(1988)、何平《感恩岁月》(1990)等片。

1990年8月8日，《牯岭街少年杀人事件》于淡江中学开镜。

个案子,从中可以拿到一点钱来周转,在当时确实也发挥了不小的助益。
出乎意料的,当我到日本谈"亚洲出击"计划的时候,有人主动来找我谈《牯岭街》的发行事宜,开价四十万美金。彼时,杨导也从台湾传真给我,说,是不是就答应台湾片商开的条件,紧接着拍下去了,我要他先别着急,跟他说了日方有人愿意出高价买下发行权。待我回台后,又陆续有人来谈,后来,有个日本人直接杀来台湾,我、杨德昌、覃云生三人跟他碰了面,最终以六十万美金卖出日本的发行权,顺利解决了资金上的问题。
这部片的拍摄过程实在是辛苦,但我一直觉得,原来相信的力量是这么强。当你快要到地狱时,真的不要害怕,再加快脚步往那里面走,反过来就是个天堂。可是这个世界上大概只有百分之五的人够胆识。魏德圣❹也是从我们工作室出来的,他一直说是效法我和杨导,在我看来,他简直是无法无天,前无古人,后无来者。他是完全验证所谓"相信就能看得见"的人。
真正成功的人,都是凭借着信念,即便眼前是一条黑暗的道路,亦完全不带任何怀疑地走下去。台语有句俚语叫"天公疼好人",房子烧掉了,只要还有房子,再去贷款,再烧,把你父母亲的房子都烧了,可是你仍未放弃,老天爷便说:"这时候,我必须给你了。"他不会不给你,端看你够不够这个种。

道具就在你身边

在记载了《牯岭街》拍摄点滴的《杨德昌电影笔记》一书扉页上,写着:"献给我的父亲及他那一辈,他们吃了许多苦头,使我们免于吃苦。""白色恐怖"时期,杨导的父亲曾入狱,你的父亲也曾入狱,《牯岭街》描述的正是那个时期的台湾。对于那个时代,你有什么记忆?当时你父亲的情况又是如何?

余————我父亲是做生意的,在香港期间曾经回过大陆,但其实根本跟政治无关。我们全部大陆的亲戚都在台湾,及至1956年,我们才举家迁徙来台,当时我父亲考虑到他曾去过大陆,心想不大好,来台时,还稍微改了名字。我们是湖南人,祖先来自江西,来台时连籍贯也一并改为江西。
当时气氛很恐怖的,随时随地都有间谍,很多人会告密。我父亲后来还是决定主动跟相关机关报备,对方说:"你很老实,还不错,那就先进来思想改造。"一进去就是五年。所以我从四五岁起就没看到他了,一直以为父亲在台北上

---

❹ 魏德圣曾于杨德昌电影公司工作一段时间,先是担任日本导演林海象《海鬼灯》一片的场务,后来当了《麻将》助导,由于拍摄期程很长,原先担任副导的人离开了,他便一夜之间升格为副导。那段时间他压力很大,几乎每天都挨骂。然而,杨导却也让他从此坚定了信念,确定电影是美好的,是他要坚持的工作。

余为彦于《牯岭街少年杀人事件》片中饰演警总主任，在某个雨夜里，前往小四家逮捕小四父亲，加以监禁，并反复讯问、逼写自白书。

班，每逢周六，我母亲和叔叔会带我上台北，那是我最快乐的日子，可以到台北新声戏院看电影，还可以吃蛋卷冰淇淋，看着父亲好像在一个好大的机构做事，根本不知道他被关了。

鸿鸿在文章里提到，在《牯岭街》编剧阶段，他经常上图书馆翻找旧报纸，耙梳"茅武事件"始末，回顾当年重大社会事件；然而，学到最多的，却是你和杨导成天挂在嘴上的，属于你们那个年代的黑话。

余————我们那个年代是有一些小太保话，跟你们现在讲的这些话不太一样，大部分应该是从眷村出来的。一上初中，就像《牯岭街》那回事了，裤子要穿得很窄，AB裤要穿起来，有点小小英雄主义。太保文化在我们那个年代是一种潮流，不潮的人就是老老实实戴副眼镜，你要有一点潮，跟太保的文化是沾边的，不一定去打架杀人，可是会懂得你的小穿着，然后会讲一些小黑话。剧组里有一些小我们十来岁的，听到一些，后来青出于蓝，讲得更好，还有些我都没听过的。

《牯岭街》正式开拍前，杨导花了将近一年的时间做演员培训，同时跟他们解释和那个年代有关的许多事情。你有参与这一块吗？

余————主要是张震、柯宇纶、王启赞、杨静怡这些重要演员，杨导找了一些他在艺术学院的学生来做表演训练。我比较少参与这一部分。倒是我记得《一一》的演员训练是杨顺清❺在带，最后一堂课我去上了一下，那一天来了二十多个人，除了演员，有的家长也来了。我带着他们做表演最重要的一个练习——把自己忘掉，成为另外一个人。小朋友开心极了，有父母在一旁看到，事后跑来跟我说："余哥，你太厉害了，这样子我每年都不必花钱带他们去迪斯尼乐园了！"说这是表演课也可以，其实就是一种冥想，放松情绪，转移成另一种感觉，表演最难的是这一块。

后来你也参与《牯岭街》的摄制，担任本片制片及美术指导，为了重建20世纪60年代的场景，除了以金瓜石的日式房舍作为主场景外，还特别开拔到屏东取景，在陈

❺ 杨顺清，毕业于台湾艺术学院戏剧系。曾任《牯岭街少年杀人事件》编剧、副导、表演指导、陈设、剧照与山东一角，以及《一一》选角指导、影视记录执行。电影处女作《扣扳机》(2002) 曾入围韩国釜山国际影展"新潮流"单元、日本东京国际影展"亚洲电影奖"；《台北二一》(2003) 获亚太影展最佳影片、金马影展观众票选最佳"国片"。

设和道具上,想必费了一番工夫,能否请你聊聊当时的情况?

余————《牯岭街》的班底包括杨德昌过去的副导赖铭堂❻,以及杨顺清等一批年轻学生,面对此一阵仗,他们完全是害怕的,说,这个时代只有杨导或余哥经历过。说起来,我当时才七八岁,能有多了不起的经历?我说,不要用这个概念,倘若这么想,拍古装片岂不更没有经历了?

我建议,首先,必须寻找资料;其次,因为大家很害怕那些道具,我便跟他们催眠,主张道具就在你的身边,不会在天涯海角。这句话在《牯岭街》拍摄期间居然成了一个非常奇妙的验证。

记得去金瓜石陈设小四家时,杨顺清说,藤椅、沙发什么都没有,我说,道具就在你身边,你们就在金瓜石和九份一带找一找。从开始找的那一天起,几乎每天都挖到宝,一车一车运来,这不只可陈设一个家,五个家都没问题。那边以前有一些公家的地方,有些道具可租可借,甚或很多是人家不要的,拿来修一修、弄一弄,便可上场了。那就是那个年代的东西。

杨导家里用的是两颗煤球接起来的煤球炉,同样要求片中得是这种款式,一开始,说是"中影"片厂里头就有,直到开拍前夕,一拿来,发现是街头在卖番薯的,不是家用的煤球炉,杨导疯掉了,其他人也疯了。他脾气一来,大家真的都傻在那边。隔天就要拍了,我看这情势,拍拍胸脯说:"不要急,明早开工,你一定看得到这个。"

我想找谁都没用,坚信道具就在你身边,于是找了一个初次拍电影的剧务,他开个小车,我们先往九份,到杂货店去找,有货,却是一颗煤球的,不管再怎么找,都只有一颗的。后来,听说山上有家中药铺可能有,我就爬上去,一看,好漂亮,但还是一颗的,杨导就是要两颗煤球组接起来的煤球炉。我心想,这下糟了,彼时太阳已经下山了,结果卖中药的说,山下有一户人家,家里面是在做煤球的。我就赶快冲下山,找到那户人家,敲了门,说我们是拍电影,来找煤球,老板娘一听,说:"那是我们很早以前做的,现在已经没有做了。"后来她老公听到,叫我们上楼看看,一上楼,只见户外平台都是苗圃,种些花草,他说,里头可能埋着。我放眼望去,看见某处裸露出一个角,冲过去,三两下挖开,挖到了两颗煤球接起来的煤球炉。哇!那种开心噢!带回去后,刷一刷青苔就可用了,第二天,杨导一来,火都生好了(笑)。

另有一回,杨导感动极了,对此念念不忘。有一场在建中训导处的戏,杨导指定要在当时他上课的教室拍,但那间已经改为教职员办公室了,故只给我们一个工作天拍摄。我看到建中有一些老桌子,心想借来用用应该就没问题了。前一天,我们也在建中拍,傍晚六七点收工,随后去检查隔天一早要拍的场景,一进去,只看到八张桌子,其余空无一物,墙上、桌上都是空的。杨导当下没发脾气,就看着他亲自拿胶布粘贴一些电灯的开关,避免穿帮,此时,也只能做一些这类最微小的事。离开时,他说:"为彦,没有办法,明天我们就这样子拍吧。"这时候,我没有说出"你放心",然而,回家后便一直在想,道具绝对就在你身边。

隔天一早八点钟的班,我六点钟就到了,想办法找到工友,我说,你们一定有老仓库,他说,有啊,里头脏死了。我让他带我去看,仓库的门一打开,满是灰尘、蜘蛛网,我一看,得意地哈哈大笑,要美工组和道具组赶紧来,一箱一箱抬,印刷机、地球仪等所有你能想到的办公用品都在里面,连有些同学的作业本都在!杨导一到现场,傻了,本来都已经不想拍了。我们搬来的东西里头,好像有一篮是建中军乐队的帽子,杨导还说,那是他设计的。

类似这样的经验我不太会忘记,我在想,这背后的力量到底是什么?后来,年纪大了,才明白,原来这世上最大的力量来自于你的信念。

拍这部片的时候,当年牯岭街旧书街的场景已不复见,所以旧书摊也是在屏东重新搭建的,能否聊一聊这部分的陈设状况?

余　　　　屏东场景邻近空军眷村,有一块类似圆环的空间,杨导一看,觉得地理环境很像,就把书摊设在那边。那时候我们有分工,有人负责陈设,有人负责找书。导演原本说书摊要九个,我想,九个可能不够,就搭了十三个,但前一天剧组人员不晓得干吗去了,醉的醉,倒的倒,有的根本起不来。当场我就火了,一个人去做陈设。以前碰到这种状况,我是叫得动制片组,但制片组会不服气,心想明明是导演组的事,为什么都落到制片组头上,我会跟他们说,不要跟我计较这个,做就对了。然而,这一天,连制片组的人都有状况,我便自己拿了个钉锤到现场去钉,把我的手都钉坏了,后来有人看不过去,纷纷赶来。原先找来的那些书当然是不够,我跟萧艾❼说,做假的,拿硬纸盒来写上字,远远看倒还过得去。那一天也就这么过关了。

---

❻　赖铭堂为杨德昌早年得力助手,曾任《青梅竹马》副导、《恐怖分子》副导,以及《牯岭街少年杀人事件》编剧。

❼　萧艾,1964年生,毕业于台湾艺术学院戏剧系,主修表演,为赖声川自美国返回台湾地区后所教的第一批学生。80年代起,活跃于舞台剧、电视剧及电影。曾任《牯岭街少年杀人事件》助导及老板娘一角。

《牯岭街少年杀人事件》剧组人员在屏东重新搭建旧书摊的拍摄场景。

最大的力量来自于相信

拍完《牯岭街》后,杨导紧接着筹备《独立时代》,希望在最经济的财务条件之下,去证实创意及演艺实力所能产生的爆发力,但拍摄过程似乎不如预期中来得顺利。

余————杨导最大的灾难是拍《独立时代》,他花了三千万,只拍了一半,中间一度喊停,重新整顿,前期我在忙别的事情,没有参与,待我中途接手时,只剩下五百万了,拍摄期也只剩一个多月,但我们用五百万就拍了后面一半。最初,杨导是希望能够做些不一样的尝试,特地从美国找了好莱坞的录音师,也重金礼聘香港著名摄影师黄岳泰❽来台,因工作期程展延,美国录音师来了后仍未开工,而黄岳泰因接下来尚有其他工作,也不得不返港,后来是找了《恐怖分子》的摄影师张展接手摄影的工作。到头来,发现台湾本地的技术人员其实都相当专业,并不是说外国月亮就比较圆。往后,杨导愈来愈这么相信,对他来讲,没有陈博文、没有杜笃之,他都不要拍片了。

————这部片的出品人是孙大伟,当初他怎么会投资杨导拍片?

余————孙大伟因为跟杨导很熟,就想自己拿点小钱来玩一玩。

————那《麻将》大概拍了多少钱?

余————拍《麻将》时,我的户头里面只有七百万,很多了,就拍了,后来大概拍了八九百万。

《一一》是由日方出资,据说当初日本波丽佳音(Pony Canyon)发起"Y2K计划",邀请杨导、关锦鹏、岩井俊二等三位导演各拍一段短片,后来因日方提供的资金颇为充裕,便以这笔钱拍成了长片《一一》。你长期跟日本电影圈交流,除了早先《1905年的冬天》远赴日本拍摄外,后来也跟日本导演林海象屡次合作,摄制《我们的血是黑的》、《海鬼灯》等片,《一一》则是到了东京取景,能否聊聊跟日方的合作经验?

1991年,《牯岭街少年杀人事件》获第四届东京影展评审团特别大奖。左起:杨德昌、张震、杨静怡、余为彦、张国柱。

余————《一一》是由Omega公司出资拍摄,Pony Canyon出面协调制片事宜,所以他们那边有一个执行制片久保田修跟我配合,日本人很讲求计划,每天拍完后,他们一定抓着我继续开会,我说:"拜托你们,现在已经半夜三点半了。"早上七点钟的通告,对方仍然执意要开一两个钟头的会。但是他们开会确实很谨慎,我们就是太聪明了,觉得哪有那么多好啰唆的,譬如杨导要去拍火车站的月台,那是没有办法申请的,所以得偷拍,日方的副导事前就做了妥善规划,叮嘱我:"余先生,你站这边,万一A状况发生,我们要往这边走。"由此可见他们的做事态度。

————这部片目前版权的所属状况如何?

余————版权隶属日本Omega公司,我们没有股份,纯粹就是替他们拍的片。那时"中影"出了很高的价钱,想要买下版权,到现在都还有人想花钱买下来上片,但是他们似乎无所谓的样子。

————杨导曾提及,发行是台湾电影最糟糕的一环,有很多不合理的规定,而《一一》当年在台湾始终未能上映,是杨导有意抵制,抑或有其他原因?

❽ 黄岳泰,香港资深摄影师,生长于电影世家,其父黄捷是五六十年代香港著名的电影摄影师,曾拍过《如来神掌》、《黄飞鸿》等电影。黄岳泰于1976年展开摄影生涯,迄今完成之摄影作品超过百部。曾与吴宇森、许鞍华、徐克、陈可辛等名导合作,并以《夜惊魂》(1982)、《宋家皇朝》(1997)、《不夜城》(1998)、《紫雨风暴》(1999)、《幽灵人间》(2001)、《恋之风景》(2003)、《投名状》(2007)、《画皮》(2008)、《十月围城》(2009)等片九度荣获香港电影金像奖最佳摄影奖。

杨德昌与《独立时代》的演员群。左起：陈湘琪、杨德昌、倪淑君、王柏森。

《独立时代》入围1994第四十七届坎城影展竞赛单元，工作人员赴坎城参展。前排右起：蔡琴、杨德昌、孙大伟；后排右起：王也民、倪淑君、陈以文、陈湘琪、王维明。

《麻将》工作照。

余————因为版权根本不在我们身上,是否在台湾上映仍是取决于日方,我们只有建议权,当年,《一一》曾在不少国家发行,日本的投资方已经回收了,或许便不那么在意台湾的市场。

你个人又是怎么看台湾的发行体制?

余————发行这件事是硬碰硬的,像当年《月光少年》我也是自己发行,那时"国片"市场惨淡,能卖个两百万就已经很好了,所以注定要赔钱。愿赌服输,没办法。从前,发行商最大,他们会说:"你是来帮我效劳的!""你不要拍那么长好不好?""你那个片名要改啦!"这些情形我们都碰过。

现在的发行应该是更合理、更有机会,但是存在一个问题,今天你要做导演,很有可能的情况是,你是这部片的出资方,到了发行,仍得由你自行操盘。这意味着,从头到尾你都是老板,是以导演个人为主拍的戏,而非电影公司先有了一个题材,再委托导演去拍,所以输赢自己要扛。魏德圣就是这样的例子。

你后来转战餐饮业,就品牌经营管理上,亦相当重视包装与行销,这些年的工作经验,有没有什么是电影行销可以借鉴的?

余————我们目前的集团,除了经营餐饮,另有a-hha新影响数位动画公司,现正投入张毅的动画长片《黑屁股》的制作。我自己的心得是,到底电影的圈子比较狭窄,后来有机会接触到这个圈子以外的职场,总会带来一些不同的体验。然而,最大的体会其实是,所有行业并没有什么不一样,最大的力量来自于相信,亦即必须怀抱信心。但每个人都说自己有信心,我一听,就觉得没有了,信心用嘴巴讲的怎么会有呢?

事实上,开餐厅和拍电影好像噢!都需要陈设、装潢。我们上海的餐厅取名"透明思考",我曾开玩笑说,什么叫"透明思考"?我们的服务员把客人都当成"透明"的,只是站在一旁"思考",那时候遇到这种状况,也气得要死。每一道菜,从研发开始,都得亲自监督。琉璃工房最厉害的一招就是:不懒惰,要不停止地练习。我们那时有个小小的中央厨房,每天都得端出一道新菜,管它好吃不好吃。张毅买下全世界明星主厨的食谱,要厨师完全按照他们的食谱做,不准更改,每天要做世界不同名厨的各类烹饪,做好后全部摆在桌上,相同的肉要看哪一道最好吃。我们就这样用"永字八法"的方式来训练学习。

不管从事何种创作，首要的工作应是先找出benchmark（基准），作为你心目中的最高标，比方，现在要出一本关于餐厅的漫画，就会以日本漫画《深夜食堂》当benchmark，当然不要跟它一样，但它已经成功了，就要设法找出其有趣之处。像我带小朋友也是，不要一下子就要创作嘛，一到电脑前就开始天马行空乱画，没有经过真正的思考，往往不会有什么好的结果。我认为，第一个要务是，先把"我"拿掉，这是最困难的一招。就跟表演一样，"我"就是"他人"，先将你喜欢的他人拿来作为参照，找到你认为的benchmark，从中提炼出富有逻辑的思考。多数时候，当你一思及要开始创作，难免会紧张，这时，一旦设法将自我拿掉，反而有益于创作。

以前在电影界工作时，我比较没有这么去思考，而且在电影界时，自己太骄傲了！骨子里的骄傲真的是很要不得，认为有哪一个电影界的人像我一样，制片出身，能搞创作，没有一样不会，编剧、美术、导演、制片，无所不能，这是犯了最大的忌讳。你以为杨德昌、张毅是真的骄傲？他们应该是有点骄傲，但后来觉得自己才是那该死的傲慢。

我拍什么电影都一脚踢！当年拍《月光少年》时，没有电脑剪接，就算没有我也要做。要做同步录音，没有Nagra的录音设备，我就去买一个DAT录音座和一支十五万的麦克风，开始数位录音，而且那时录完了，还不想转成光学声带，我认为少一道手续，应可减免音质的受损率，弄得搞光学的人头都晕了。《月光少年》里面有动画，那时没有电脑，怎么融合动画和真人？我说，管你的，就算是手画我也要做！反正所有的观念都是异想天开，一心觉得就是可以做！我这种要命的个性噢！后来，我真的是从张毅和杨德昌身上学到了一课，他俩绝对不会如此冒失。

我现在也能够体会了，人要懂得借力，杨德昌为什么要找学生来参与编剧？阎鸿亚、杨顺清当时没有任何电影长片的编剧经验，但杨德昌会带，他知道他们身上一定有一些东西是他可以借力的。

《追风》，未竟的动画之梦

《一一》完成后，杨导致力于动画长片《追风》的制作，其间你们也都还一起工作吗？

余————2001年,杨德昌成立了Miluku.com,做一些Flash,想要借此累积经验和成果,为动画长片《追风》做准备。那些年,我只要回台北就会去他那边,他来上海,也都会来找我。

为了《追风》,我还跟他去日本,拜访宫崎骏的吉卜力工作室和Madhouse❾,都是一线级的动画公司,主要目的是想了解,我们作为创意的源头,能否找到日本还不错的执行者,双方结合,完成这部长片作品。我们去宫崎骏那边,先碰到的是他的制片铃木敏夫,那一天的对白实在是太妙了!他说:"导演,你干吗要弄动画啊?你是不可以弄动画的,因为你的电影都没有分镜。"接着又说:"你这回做动画,到底是要做日本风格还是美国迪斯尼风格?"不等杨导回话,我就说:"我们只有一种风格,叫Edward Yang风格!"所以杨导回到台北的第一件事情,就是做了一个十分钟的《追风》片段,单一场戏,一镜到底,谁说动画一定得分镜?

我本身不是动画的发烧友,对我来讲,主要是故事精不精彩。倒是有一些题材我真的觉得台湾应该用动画来做,创作永远是反向思考,谁说动画一定得拍魔幻的题材?我认为台湾的动画应该要走纯朴的文学路线,我多么想回到比我出生时时更早的年代,1949年左右,讲述大陆的人搬来台湾的故事,这里头最具代表性的文学作品应属王文兴的《家变》,若能用很棒的动画来做《家变》真是超屌的!

2007年,杨导获颁第四十四届金马奖终身成就奖,你上台代为领奖,允诺将协同张毅、杨惠姗完成杨导遗作《追风》,后来是否有任何进展?

余————目前要完成《追风》有一点困难,这部片版权虽是属于杨导,但投资者在前期确实投入了不少研发费用,我不太愿意去碰这个比较棘手的问题,不过真的要碰也没问题,因为原始版权确实在杨导身上。我们原来其实有一个案子——《长江动物园》——要找杨导拍,他过世的时候,画稿都曝光了。对我们来讲,完成杨导的心愿就是完成一部动画,但不一定是《追风》。

能否聊聊《追风》这个故事?

余————《追风》故事背景设定为明朝,讲述一个十三岁的少年,虽会轻

---

❾ Madhouse,日本知名动画制作公司,1972年创立,创作内容多元,动画长片作品包括川尻善昭《妖兽都市》(1987)、《兽兵卫忍风帖》(1993);今敏《千年女优》(2001)、《东京教父》(2003)、《盗梦侦探》(2006);细田守《跳跃吧!时空少女》(2006)、《夏日大作战》(2009)、《狼的孩子雨和雪》(2012)等。

功，却不晓得自己会武功。本片最重要的企图是要让《清明上河图》动起来，所以《追风》样片带有一些《清明上河图》的感觉，这是杨导满脑子在想的，他希望让国画有光影，即便是画里的宫廷，灯都要能够亮起来。

你最后一次见到杨导是什么时候？

余————2006年，他那时还到上海，我们也去过美国。2007年他在世的最后阶段，我没去，张毅特别去了，还用Video拍了一段片子，可是那段片子不知道怎么搞的，找不到了。

杨德昌亲手绘制的《追风》画稿。

2005年,杨德昌受邀担任第五十八届坎城影展短片竞赛评审团主席,彭铠立偕同出席,两人于大会厅堂前留影。

2007年,杨德昌获颁第四十四届金马奖终身成就纪念奖,由侯孝贤、张震共同颁发,余为彦代表受奖。

—— 你是在第一时间就知道杨导逝世的消息吗?

余————对。而且杨导过世那一天,正好是我太太生日,她跟铠立恰好是同一天生日,我太太的小儿子跟杨导的儿子又恰好是同一天生日。在我生命中,跟"杨"这一个姓氏特别有关联,我太太姓杨,电影圈最交好的则是杨惠珊、杨德昌。

—— 当时知道这消息的反应是什么?

余————我其实还好。他真的很强,那时候他回台北,就是不放弃,仍去动手术,最后他还是选择到美国去看病,但其实台湾医疗环境不会那么差。不晓得,这是宿命吧。

05

亲密战友 & 友人

舒国治
他本身就是最强的阵容

舒国治✕杨德昌

《牯岭街少年杀人事件》演员片厂摄影师
《麻将》公关及文宣、《一一》演员舒歌兼公关及文宣

采访日期 ▶ 2012年6月14日
地点 ▶ 冶堂

杨德昌很喜欢专注地工作，
构思电影的事情。
他的所作所为，
是很有革命性的，
他可以把台湾电影界的陋习重重地一脚踩下去，
不准它们往上滋长，
这是很了不起的。
而且他愿意自我牺牲，
拼下去，
也敢于去批评。
所有人都需要一个很优质的周边、很优质的小环境，
那就会弄得更游刃有余，
更可能左右逢源，
这得仰赖很多才气和运气。

舒国治,1952年生于台北,原籍浙江,是60年代在西洋电影与摇滚乐熏陶下成长的半城半乡少年。70年代初,原习电影,后注心思于文学,曾以短篇小说《村人遇难记》备受文坛瞩目。1983年至1990年,浪迹美国,此后所写,多及旅行,自谓是少年贪玩、叛逆的不加压抑之延伸。著有《水城台北》、《理想的下午》、《门外汉的京都》、《流浪集》、《台北小吃札记》、《穷中谈吃》、《台湾重游》、《读金庸偶得》等。

盛夏的午后，与舒国治约在他常出没的茶馆，这茶馆隐身于永康街的静巷，院子里涵养着各式植栽，那天，下了一场骤雨，水淋淋的，使得眼前所见之绿意更显丰润饱满。我们抵达未久，舒国治打伞自外头走来，步履矫健，清癯的身影中透着自成一格的风雅。

舒国治大学时代就读世界新闻专科电影编导科，乃余为彦同窗，因此之故，当年杨德昌返台后，他俩头一回见到他，自此缔结下了一段绵长的缘分。舒国治一生好游逸，不喜拘束，因与电影圈多少有些因缘，遂偶尔被找去客串一角。80年代，舒国治浪迹美国七年，于90年末返回台湾地区，一回来，余为彦便说，他们正在屏东拍戏，邀他一块去玩，他便南下去住了几天，在《牯岭街少年杀人事件》某几场戏里充当路人，远远的镜头中，压根难以辨识。后来，他倒是被正式派了个角色——片厂摄影师，这下总算露脸了。往后，舒国治又相继在余为彦执导的《月光少年》片中饰演一个植物人，在《一一》中饰NJ同事舒歌，并于侯孝贤《最好的时光》第二段"自由梦"里出演一位老爷子。他说，他不大会演戏，也不想成为一个擅演戏的人，既然人家来找，若不碍事，便去客串一下无妨。

舒国治和杨德昌同为战后出生的孩子，双亲皆因战乱来台，自小生于斯长于斯的他，眼见台北从一个还盛了点水的盆子，渐渐的，将这盆子里仅存的一泓浅水给倒了个干净。

在《水城台北》一文中，舒国治写道："台北市，伟大的记忆之城。日夕游梭其中，然所见终是瞬息不在的。它行色匆匆，不作停留。某一当口你驻足凝视，似有收见，俄而回望，却是景状阑珊了。它只提供记忆。"

舒国治于台北有所眷恋，遂感到有一股责任，意欲将当年台北仍是半乡半城的风味，透过笔给勾勒出来。生长于台北的杨德昌又何尝不是？他拍《牯岭街》，除了是对自身成长岁月的一番追溯，更是企盼从中挖掘线索，找出过去与当代的关联，教我们看清这个时代，而不仅仅是出于抒情的怀旧。

舒国治曾说，这社会最大的问题在于，很多东西大家不断地设法拥有，譬如职业、身份、名望。通常拥有愈多的人，愈贴近权势核心，他的青年时代也就提前结束了。而杨德昌的电影，多谈的是成长，这成长多半是透过一种悲凄的幻灭而达成的，成人世界里参不透的世故与权力竞逐，在在成为了致命的打击。

在这座太过杂沓的城市里，我们继续行走，继续参悟，总能寻得生存的姿态。

舒国治于《一一》饰演舒歌,在婆婆的告别式上献上一朵红玫瑰表达敬意。

在时代的转变中,学习着打开视野

当年,你据说是联考考英文科时睡过头,压根没去考,后来按分数填志愿而进入世界新专电影科就读,请你先聊聊自幼看电影的经验。

舒国治(以下简称舒)———— 会念到那样的校系多半都是不读书的,或是高中时期犹过度懵懂,不会趁此发愤把书读好,跨上一个好的台阶,进入比较像样的学校或学科。我们会念到电影就是不读书,不意味着后来看不懂书,而是在那时尚未有能耐踏上那个台阶。小时候,没有什么娱乐,电影综合了各层面,已然是各种娱乐中最为饱满的;且和人的知识不大相干,小孩并不见得要看懂电影,而是会从电影中发扬其想象力,见那人在树林间飞来荡去,谓之泰山,在帆船上抓了根粗绳跳来跃去的则是海盗,各式人物形象于眼前开展,那是我们做小孩最好抒发想象的一种经验。

很多三四十年代的经典电影,在60年代的台湾有机会重新上片,所以我们可以看到很多电影史上的名片。那时台湾离"亚洲四小龙"的称号还很远,普罗大众尚未察觉工商即将开始一点一点地启动,在这么一个静态社会中,小孩子就这样慢慢地成长。不只杨德昌会描述社会的变革,现在很多人陆陆续续回头看,也对不同时代提出透彻的分析。

你虽没有真正走上电影一途,不过倒是偶尔在余为彦、杨德昌、侯孝贤的电影里现身,客串一角。你和余为彦是当年世新电影科的同学,张毅则是长你们一届的学长,与电影圈的因缘,是从这里开始的吗?

舒———— 哪怕没有这样的来由,也可能会碰上这种事。他们要找认识的人来担任一个会动的道具,全世界做小制作的电影本来就都有这个可能,第一,没花什么钱;第二,大家朋友一场,可能有人还有兴趣,不会埋怨那么多,既然如此,抓过来就用吧。未必是你可以演,或者你具有一个什么特别形象。

你曾在《联合文学》专栏上连载,开起"舒氏电影院",推荐近十五年中港台可见老电影佳片三百部。70年代,和余为彦等人,还带动在台映试片间看经典片的风潮,也曾商借其他地点,放些台湾院线看不到的片子。能否聊聊那段时光?

舒⸺⸺对，因为那个时候没有什么影展，要看老的片子，必须把老的拷贝找出来。有些电影以前在台湾上过片，下片了以后，这些拷贝就留在台湾，假如要再上片，得重新申请一次准演执照，一般来讲，片子放过以后，数年内都可以二轮、三轮地放，过了这期限后，要再申请另外的执照，倘若付了这笔钱，没有公映是划不来的，故这些片子便无法再上片，但仍留在某些地方，成为了库存，我们就把这些片子找出来，再找几十个人共同分摊试片的费用，这是当年文艺青年认为的一个好方法。但后来有了MTV、录影带、Laserdisc，再后来又有VCD、DVD，当然那样的看片管道就消失了。

当初你跟杨导是怎么结识的？

舒⸺⸺因为余为彦的哥哥余为政，他和杨德昌在美国就认识，觉得他这个人很安静，热爱电影，能画一点素描、漫画，乐意观察周遭事物，对于古典音乐有着精辟分析，在照相方面亦颇有见解，便寻思他应当回来做电影。有一天，杨德昌自己决心把工作给辞了，回到台湾来，投入《1905年的冬天》编剧工作。他的工作跟电机、电子有一点关系，所以有着理工科的思维。当时，时代在转变，他们的上一代，很多地方还是以农业为重，尚未机械化，可是又有一些地方已经往城市化发展了，人在这种情境下，学习着打开视野，也是时代能够赋予他有这些感受或素养。

《1905年的冬天》算是个起头，这片子虽算是拍完，但可能他们觉得不很完备，或是有机会卖座，最后并未公映。杨德昌回来以后，很快的，一些跟电影有关的人慢慢就互相都认识了。后来，张艾嘉要做一出电视电影，计划将萧飒等作家所写的十一篇作品改编成电视剧《十一个女人》，杨德昌也受邀参与了该拍摄计划。他都按照自己想要的方法来拍，所以《浮萍》这个剧本写了很多次，那时还不是用电脑，每次修改就得去打字行打字，前后改了六七次，他的那部片子最长，后来分成了上下两集播映。不过这个片子我并没有看过。

《十一个女人》之后，"中影"改革，有机会让几个年轻人拍片，弄了个《光阴的故事》，他的那一段《指望》是其中最为出色的，紧接着，很多人就注意到了这位新导演。因为《光阴的故事》卖座不错，证明这些年轻的主事者好像可以开始按这个模式，继续找些年轻人来拍片。

——— 你去过杨导位于济南路上的老宅吗？过去许多电影人曾聚集在那，谈天说地话电影，都说是一段难忘的美好时光。

舒——— 杨德昌也算是公教子弟，他父亲在"中央印制厂"做事，我们很多朋友的家长刚好都是做这方面的工作。1980年底，杨德昌回台湾后，虽说他的父母亲都已经移民到了美国，住在西雅图，但这老公家宿舍还能够用上一段时间，到了后来才整个交回去。往后，经公家机关处理，房子落到了私人的手上，目前尚未改建，仍是矮房子，但铁皮屋化了，看不出来从前是日本房子，现在成了网咖。新电影时期，我已经离开台湾了，故没能参与到。

《牯岭街》的风俗面拍得最好

——— 杨导独钟60年代，在他看来，那是人类对自己最有信心的年代。那个年代的文艺氛围教许多人向往，战争过去十多年，空气中似乎弥漫着蠢蠢欲动的自我解放气息，你对于那个时代的感受是什么？当时的台北赋予了创作者什么样的滋养？

舒——— 60年代，第一，离开战争有一点点时候了，最苦难、最没有颜色的那种穷困渐渐消退了，准备迎接工商的繁荣化，50年代末60年代初，观光饭店开始兴建，如国宾、统一、华国等饭店；同时，人们需要娱乐的心情很强烈，电影院数量繁多，且电影市场还包含华侨地区，所以片子要是成功，连那些地方也能卖，以《龙门客栈》为例，这部片是1967年卖座第一名的片子，翌年，到了香港映演，也创下了破纪录的票房。正因为上述因素，助长了原来从大陆出来的一些文化人和新的艺文青年熔为一炉，对于艺文的振兴大家都很有见解，像艺专的校长张隆延便应创办《剧场》杂志的年轻人之邀，帮他们题字，写下"剧场"那两个有点隶书味道的字。又如顾献梁，这等人皆相当知晓西方文化艺术，当时发起了很多讨论和座谈。而画家在60年代则最为大胆，最知道自己要干什么。

本来文艺气氛在台湾就蛮有根基的，本地的这些士绅们原来在日本的文化熏陶下，对于文学、音乐、绘画原就有相当高水平的鉴赏，但那时就是电影太庸俗，较之六七十年代有些方面反而涣散了，所以到了80年代才会有另外的人出来，一洗前面的迂腐，在困难中，仍坚决同步录音，相信如此才可掌握戏的精髓,否则只有空洞化的事后配音,这种作为一旦实践,就可将前面那些年代的陋习一举洗刷掉。至于台湾新电影能不能再有所突破创新,有的人认为必须有商业电影的基础,假如不能使之普遍化,终究维系不了太久。

《牯岭街》拍的就是60年代,你嗜好逛旧书店,过去,牯岭街的旧书肆曾风靡一时,及至70年代移至光华商场后逐渐凋零。从前,那是怎么样的荣景?

舒————60年代是牯岭街旧书街最重要的十年,70年代初才迁到光华商场。60年代中期,我是初中生,一直到我念高中都会去逛,所以很熟悉。杀人事件发生之处是牯岭街前段一点,中后段的书摊比较多,比较前段就是现在还有一点邮币店的地带。

你在《牯岭街》片中客串演出片厂摄影师一角,当初怎么会给派上这个角色?

舒————《牯岭街》开拍前,原是要拍《想起了你》,后来杨德昌发现他其实更想拍《牯岭街》,那部片就先搁下,后来可能就转成了《独立时代》。《牯岭街》的筹备时间拉得长了一点,我在1990年12月回到台湾地区,那时已经去美国七年,一回来,余为彦就说我们正在屏东,拍的时间很长,叫我到屏东玩一下。他们在一个旅馆里头租了很多个房间,工作人员都在那边住,我也去住了好几天。有时,大伙都很累,原先可能在床上打打扑克牌、讲讲话,最后都躺平了,乱躺一通。中间有些戏在拍,我就被拉去演一下,譬如,公共汽车上需要乘客,我就去坐一下;脚踏车要在路上骑来骑去,就叫我去骑一下,由于是个大远景,所以看不出来。后来也饰演了片厂摄影师,剧中的片厂是用"中影"片厂的棚子来拍,但拍的是以前位于建中旁的"国联"片厂。

你的祖籍浙江,1946年,父亲偕妻小离开上海,来台谋生,数年后,你出生于台北,故对于《牯岭街》片中的第一代外省移民处境应颇有体会?

舒————杨德昌的父亲服务于"中央印制厂",跟着"国府"来台,我父亲也是从大陆来的,他是个体户,来得早一点。1949年,大批人士来台,当时若不来,便走不掉了。《牯岭街》的背景是60年代初,有一点50年代末的风味,在这个时期，任何不容于当时执政者的，有时便用非常手段来遏止，这个非常手段有时会陷人于冤屈，执政当局对于有疑虑的分子加以审查或监禁，称之为"白色恐怖"，"白色恐怖"存在的时段，某些人的道德都可能产生变化，像有人借由"白色恐怖"去陷害他的朋友，排除异己。

你自己怎么看这部电影？

舒————我看过两三个版本，最近这一次是去年马丁·斯科塞斯成立的世界电影基金会推出的数位修复版，这是最长的版本，和短版的推陈有点不一样，非得看这个长的版本，有些东西就比较讲得通。我觉得《牯岭街》的风俗面拍得最好，很多东西我们都不记得了，像是联考，大家必须收听广播，获知上榜的名单，隔了这么久，我都不知道杨德昌还记得。

将故事托身在台北这座城市

台湾新电影时期的作品中，杨导始终聚焦于城市空间，电影中所映射出来的城市，趋于冷调，在构图上充满了线条与框架，对于自幼成长于台北的你而言，怎么看其作品所再现出来的台北？

舒————有些电影，稻田被拍了进来，但剧情里头有的不见得需要稻田，有很多导演以其想当然的景观穿插在影片里面，却不必然是剧情所需。杨导比较集中在他想要做的东西，不会有太多杂念，当然他也不是太接近什么田园风光、小溪水牛的人，但不意味着他对此反感。另外，他也不大玩，比较用功，有时间，多半是在做事，不大会东看看、西玩玩，也有些人喜欢拍这类风光，但那些人也不一定就真正很喜欢田园村野山水。一般来讲，做导演不大是这一套的，导演是一种很特别的行业，而导演这种人种，是很特别的，他的生活也是在他的场景中，就我的粗略观察，我相信希区柯克（Hitchcock）也都是在场景中，假如有外景，他的外景要将之场景化、舞台化，哪怕这个景是风景，可是在这风景中要有剧情，假如全部是在海上，这个海是真的假的不重要，我不管海，只管这些人要干吗，它是戏嘛，犯不着去闻海水的味道，给我专心弄这个戏就好，不必透露海的别的资讯。

杨德昌从美国回来，再重新看台北，有一些东西在视觉上看起来很特别，像是这种水泥钢筋盖的半大不小的公寓，如四楼公寓，这很台北；楼梯间会喷一些字，像"搬家"、"清马桶"等，可能他觉得这是我们这个城市很特别之处。在《恐怖分子》里头，在这种防火巷还有条子去抓歹徒，若从报纸上看到这类新闻，或许会有一种隐隐的不安，感觉这城市快要爆炸似的。

2010年，推出《恐怖分子》数位修复版，已经那么多年过去，再看，还觉得蛮有点不同的，而且里头有些人现在老了点。那时杨导会为有些艺文圈的人士安排一个角色，有时候人都看不大清楚，可能是出于他的某一种写实观吧，在台湾有这样的人构成了他影片中的这个世界；另外，因为也就在手边，不需要特别去找专门的演员，他就拉过去，有些不大是演员，他也要拉过来演一下。

《独立时代》和《麻将》这两部片呈现的90年代的台北，更是疯狂而失控，那时候的台北沉浸于一种什么样的气氛当中？

舒————《麻将》是几个有一点不良的年轻人，在他们的小范围中，弄出了这么样一件事情来，又经过一个外国来的女孩子，投射出一点这些年轻人在这个城市中的作为。他之所以做《独立时代》和《麻将》这两个片子，不能说是要针对台北这个城市里头的变化，大概还是以人为主体。那个时候大家还没有什么台北的思维，是到了后来，愈来愈多人有了"台北"的念头出来，我也是里头的半个始作俑者（笑）。从40年代末迄今，长久下来，也算是有一种台北的文化，但台北不是世界古城，很多东西也跟人家讲的不一样。

像费里尼要去拍罗马，假如台湾有一个大导演要拍台北，也许没有必要，杨德

《麻将》于曾红极一时的Hard Rock Cafe以及信义路上的金石堂书店取景。

昌也应该不是这样，他就是要就他的故事来拍，刚好那个故事托身在台北这个空间里。全世界各个大城市的导演，假如不拍过去历史的片子，便在自己的城市拍，长久拍下来，好像也产生了一个意义，但不能说要歌颂这座城市，或是为这座城市的历史做一记录。假如杨德昌一直拍这样的片子，拍了十几部、二十部，将每一个阶段不同的台北兜出来，那可能可以说是为这座城市留下了一个影像上的记录。但他拍的数量太少，久久才拍一部，虽说拍的都是台北，但并不是要以许多方法去呈现各时期的台北。

——《麻将》片中，红鱼、香港、小活佛那几个浪荡少年蜗居的处所正是你的旧公寓？

舒————对，那时我刚租了一间公寓，他就来看一看，看了后，说，你这些一箱一箱的书先别拆了，堆到边边去，我们大概会用到部分空间。因为这样最省嘛。后来我想说很可能他会补贴一点房租，是补助了一点，便让他们拍，那个公寓破破旧旧的，刚好也适合片中所需的场景。这间公寓租了一年后，我又搬到另一间公寓去。

——帮杨导做过电影文宣、公关的人都说，他事必躬亲，加上对媒体并不信任，要胜任这职务实非易事。你后来却挂名《麻将》、《一一》这两部片的公关及文宣，实际上你有做了些什么吗？

《麻将》片中，红鱼等人蜗居的旧公寓是彼时舒国治甫租下的寓所。

舒国治于《一一》片中饰演舒歌一角，为NJ同事。

舒————《麻将》拍完后，准备去参加柏林影展，去之前，得在很紧迫的时间内翻出英文字幕。英国影评人Tony Rayns人好像在韩国，杨导就问他能否到台北待个几天，帮忙翻译字幕，他说没问题，杨导那时自己好像有事情，离开台湾了，Tony Rayns会一些中文，但得有人再解释片子里头的对白给他听，好用比较精简的语句转换成英文，否则中文直接译成英文的话，怕句子太长。我便负责解释中文，有时还得辅佐一点英文加以说明，两人就一起把这字幕弄好。后来去柏林影展，出了一团人，我也被杨导拉着一起去，杜笃之、陈博文这些工作人员也都去了。我跟杨导的工作团队去过两个国际影展，一个是《牯岭街》去了东京影展，另一个就是《麻将》这部片子去柏林影展。

我在《一一》客串了一角，但当初他都不是明讲，因为一演要演很久，我不是演员，不大会演戏，也不想变成会演戏，心想，好吧，只要不给他添麻烦，就去演吧。一开始不知道要搞多久，结果，当然就搞了非常久（笑）。我们很闲就算了，总之被拉去片场，便在那边等。有天一早起来，上了游览车，开到东海大学去演一段戏；另有一场在圆山饭店的戏，比较大场面，陶传正等人都来客串。事实上，在拍摄现场，我也不是很清楚剧情梗概，我们不会去问，不好意思问，也不想问，随他要怎么弄。

至于公关和文宣，虽是那样写，但我没干什么事儿，因为这部片没有公映嘛，也没事可干。可能挂这样的名，好付一点我的片酬，也有可能是加上这一行字之后阵容显得比较强大，但他自己本身就是最强的阵容了。

一般都说，《一一》是杨德昌集大成之作，且蜕去了往昔的躁厉之气，臻于温润饱满。你还记得是在什么情况下看到这部片的吗？

舒————《一一》基本上没有什么公映，我们去看的时候，是工作人员拍完后去看效果，晚上十一点钟，大伙儿在大世纪戏院，等到其他场次映演结束后，把这个片子拿来放，看一下效果。

愿意牺牲，敢于批评

年轻时候，好做梦，也喜于接触电影、摇滚、文学，一路走来，你始终没丢开电影或文学，但也同时很关注人类的生活。有人说，杨德昌一辈子都在他的电影里。他自己也说："只要是人，电影是最好的生活经验，就像《一一》里有句话，小胖引用他舅舅的话说：'电影发明了以后，我们的生命延长了三倍。'我的感觉就像这样。"[1]就你跟他的相处经验，他对于电影的热望真是到了如此地步？

舒————杨德昌很喜欢专注地工作，构思电影的事情，这也是很好的生活，可是有的时候，你要硬把它做出来，中途有时有难度，还要去改它，或者去革命、跟人吵架，然后终于达成了；也有另外一种做法，有多少资源用多少，若远远望去，见路很难爬，便决定不爬了。他是一个和他前半段的人生养成很有关联的人，所以作为一个初中生、高中生，单单考联考，他就已经有很多不满、伤痛的感受，这些感受有的可以发作成为从事创作时的咏叹。

以我的朋友来看，很少人羡慕他的生活，不能说不认同他的生活方式，没有人这么说，大家虽会赞美他的工作，却不会去赞美他的生活。但我相信一定有人，他的工作受到赞美，他的生活也受到众人羡慕，我觉得那就更上一层楼了。我相信杨导不会反对去生活，只是他花太多工夫在他热衷的电影上。而他的所作所为，是很有革命性的，他可以把台湾电影界的陋习重重地一脚踩下去，不准它们往上滋长，这是很了不起的。

对于台湾电影环境的改革，他确实是站得蛮前面的。

舒————而且他愿意自我牺牲，拼下去，也敢于去批评。所有人都需要一个很优质的周边、很优质的小环境，那就会弄得更游刃有余，更可能左右逢源，这得仰赖很多才气和运气。

电影是个很辛苦的行业，像《牯岭街》为了几十万也得要调头寸，那时候用的钱很少，这片子能够用那么少的钱拍起来实在不容易，哪有人用几十万美金可以拍成一部大片？拍这部片，动用了那么多的人手，大家甘于用很少的钱，只为共同完成一件事。当然，像军方愿意批准，出借资源协助拍摄，这是很难得的，坦克车一开出来，便感觉好像很有气势。

无论是《青梅竹马》、《海滩的一天》、《恐怖分子》、《独立时代》，还是《麻将》，基本上角色都是处于一社会转型的显著进程中，人是被镶嵌在社会结构里的，命运也因此受到牵连。对你来说，时代反倒没那么重要，在某次受访中，你曾提及："我从来都在时代之外，甚至说我很漠视我的时代，因为我不知道怎么参与我身处和成长的周遭。"你在看杨德昌的作品时，会怎么解读其角色与时代背景之间的关系？

舒————一般来讲，人不免是环境的动物，在时代的笼罩下，他才会变成那个他。然而时代会塑造很多符合一般社会标准与期盼的人，你假如是一个特别的人物，才会不被它弄成那样。在台湾，大家就是要去买房子，可有的人不这么认为。虽说我不是那么同意时代，可也是因为有了我那个时代，我才会是如今这样。我那个时代那么穷，所以我可以坐硬板凳，对我来说，沙发反而很不舒服，且占的位置又宽大，我很希望空阔一点，此外，我那个时代没有冷气，所以我是可以在家里流汗的。

❶　　白睿文（Michael Berry），《光影言语：当代华语片导演访谈录》，台北：麦田，2007，第256页。

06
专业技术人员

杜笃之
创作长路上，相互倚赖的合作伙伴
杜笃之×杨德昌

《光阴的故事》、《海滩的一天》、《青梅竹马》、《恐怖分子》、《牯岭街少年杀人事件》、《独立时代》、《麻将》、《一一》录音

采访日期▶2012年7月11日
地点▶声色盒子有限公司

《海滩的一天》配完音以后，
有一回在香港放映，
杨德昌跟我说，
连徐克等人都私下在讨论，
说，台湾现在现场录音做得不错。
殊不知，
其实全是事后配音，
他们没能看出其中的破绽。
另有一次，
有一英国导演来台湾地区选角，
对方认识杨德昌，想看《恐怖分子》，
看完后，
他当场跟杨德昌说："你们现在同步录音做得很好！"
杨德昌就把我叫去，
说是我做的，
而且全是事后配音，
那位英国导演都不相信！

杜笃之,1955年生,台湾知名电影录音师、音效师,曾以《少年吔,安啦!》(1992)、《戏梦人生》(1993)、《好男好女》(1995)、《千喜曼波》(2001)、《松鼠自杀事件》(2006)、《最遥远的距离》(2007)、《艋舺》(2010)、《赛德克·巴莱》(2011)等片多次获金马奖最佳录音、最佳音效。2001年,获颁第五十四届坎城影展高等技术大奖。2004年,成立"声色盒子",承接电影现场录音、后期声音制作、光学声带制作等业务,并荣获第八届"国家文艺奖";同年11月,法国南特影展为之举办个人回顾展。曾与杨德昌、侯孝贤、蔡明亮、王家卫等知名导演多次合作。

享誉国际的音效大师杜笃之自1972年入行迄今，整整四十年。

他是唯一一个从《指望》到《一一》，全程与杨德昌合作了七又四分之一部电影的人，也是除了余为彦之外，唯一一个可以在杨德昌濒临盛怒边缘之际，镇得住他的人。

当初约访的时候，杜笃之答应得爽快，他说，"只要跟杨导有关的，大部分要我回复，我都会尽量回复。"或许是出于敬重，或许是出于友爱，毕竟这是杨导身后，少数能为他做的事了。

说起杨导的性情，杜笃之笑言，"他在现场常会发脾气，只有我和余哥两个人可以镇压。我在，这些年轻小朋友就比较放心一点，好日子多一些；我不在，他们就被钉得很惨。"一旦见着杨导快要爆炸了，便会将他拉到一旁，谈谈天，缓缓他的怒火。

他俩从《指望》就开始合作，《一一》之后，他还陆陆续续帮未竟的动画片《追风》做了不少声效，两人相知相惜二十余载，且从未吵过架，连杜笃之都直呼"这很难"。

"只有我跟他发过脾气。"杜笃之坦承。

"你也会发脾气？"与杜笃之的近距离接触，让人觉得他是个温文的人，一时难以想象他动怒的模样。

"我脾气也不好，我是白羊座的，会发脾气的。有时，现场看他做了什么，若看不惯，便会跟他发脾气。他会知道的。某次，我发了脾气，两天没理他，一句话都没跟他讲，各做各的。"直到有一天，要转景，杨导便跑到他车子旁边来，问说："坐你的车好不好？"杜笃之回答得很干脆："好啊！上来啊！"一场冷战这才终于化解。说起这段往事，杜笃之笑得开怀，并不忘自嘲如此行径好像小孩似的。

"我其实还蛮自豪的，因为他只要有声音相

杜笃之手上所抱的乃是当年侯孝贤送他的第一套现场同步录音设备。

关的事情就会来找我。"事实上，不只是杨导信赖杜笃之，杜笃之对杨导，何尝不是怀抱同等的信任与倚赖？早年，杜笃之勇于尝新，总是主动开发各种不同的可能性，每回，一有新的尝试，便请杨导来看，即便不是他拍的片，亦会向他请益。对杜笃之而言，杨导始终是一个很重要的咨询对象。

2000年，杨德昌以《一一》勇夺第五十三届坎城影展最佳导演奖。翌年，受邀担任坎城影展评审，会议中，论及技术奖时，杨德昌思及好友杜笃之，认为他在资源如此有限的情况下，凭借自身的兴趣与坚持，力求做到最好，为无数影片赋予了生动的声音表情，实为可贵。经此一说，全场几乎没有异议，最终杜笃之以《千喜曼波》、《你那边几点》夺得第五十四届坎城影展高等技术大奖。2004年，杜笃之独资成立"声色盒子"，培养自己的团队，有了更自由弹性的创作空间；同年，第八届"国家文艺奖"首度将电影类纳入奖励范畴，杜笃之遂成为首位获颁此一奖项的电影工作者。

采访当天上午，正逢明骥先生的告别式。当年，因杜笃之父亲的好友与明骥相熟，便将他介绍至"中影"，彼时明骥任"中影"制片厂厂长，厂长室就在录音室旁边，所以几乎每天都会碰面。那时杜笃之才十八岁，尚未当兵，顺应潮流，留起了时髦的长发，明骥见此，每每要他去剪头发。在他心目中，明骥就像爸爸一样，拉拔着他们，共创新电影那段最好的时光。

杜笃之一路走来，致力于声音技术的精进与创新之余，亦怀着一颗宽宏的心，训练人才，提携后进，犹如当年明骥不忘栽培后生一般。

杜笃之于《牯岭街少年杀人事件》片中客串飞官的朋友一角。

《1905年的冬天》，吹响独立的号角

──────── 你在1972年进入"中影"，当初是透过父亲好友引介进去的？

杜笃之(以下简称杜)──────── 1949年，我父亲跟着"国民政府"军队来台，因其军中友人华光典担任电视节目制作人，隶属政战系统，与同是政战体系出身的明骥相识，他听说我很想做这方面的工作，遂帮我引荐，进了"中影"录音部门。

──────── 那时"中影"录音部门的人员编制和设备器材大概是什么样的状况？

杜──────── 我进"中影"之前，录音部门已经十几年没有新人加入了。该部门有五六人，层级由下而上分别是：助理、技术员、副技师、技师。我当了六年的录音助理，及至《1905年的冬天》，便开始做录音师，不过也不见得此后每部片都当录音师，有时还是得当助理。

以现在的眼光来看，早期其实谈不上什么设备，基本上非常简单，不只台湾如此，就我后来所知，香港亦然。当时台湾电影市场很发达，时值台语片尾声，文艺片和武打片正盛行，然而录音室却很少，台北只有三间录音室可以做电影的声音，设备普遍都很简单，音轨大概只有两轨、三轨，现则已跃进为四十八轨、五十六轨。且彼时音画同步的方式非常原始，若影片放了，录音机跟着它走，中间NG或录坏了，就得全部停下来，倒回去，从头再同步一次，而且每次都还有一点点误差。

──────── 1973年，明骥有意招募新人，遂开办第一期"电影技术训练班"，你当时也参加技训班？

杜──────── 明骥那时担任厂长，总经理是梅长龄❶。明骥有心招募一批新人，积极办理训练班，旨在培训技术人员。主要就是"中影"的老师傅来授课，分摄影组、录音组、剪接组等，我们就去上录音组，其实我已经是"中影"内部的员工了，但明总叫我一定要去参加训练班。

当年资讯不发达，所有知识都得要进了录音这个行业才知道。我比较优势的地方在于原先就对音响有兴趣，尚未进录音室之前，已然摸索了很多录音方面的

知识，就连录音室的硬体坏了都可自行修理。唯一的问题是，尽管我知道录音是什么，却不知道电影录音的窍门为何。

1981年，你担任《1905年的冬天》录音及音效设计，杨德昌为本片编剧，你们是从这时结识的吗？

杜————对，初次知道有这一号人物是因为《1905年的冬天》，那时我经常听到制片余为彦讲到杨导，知道他很厉害，个子很高大，但迟迟没机会碰面。

这是你首度独当一面担任录音师的作品，请你谈谈这一次的工作经验。

杜————那时我已经进电影圈七八年了，这部片也是我首次独立担任录音师。当时没有现场录音，声音全都是后制，交给我的时候是默片，得要把所有的声音慢慢建立起来，但我印象中他们录了一些现场的声音给我。

对我来说，《1905年的冬天》是一次非常丰富的经验，终于可以自行决定想要做的事情，之前做助理，累积了很多知识，但面对真正想要改变的事情时却无能为力。到了这部片，我们尝试着制造一些距离感、空间感，录对白时，我得放远、中、近三个麦克风，若画面跳远景，就开远的麦克风，跳近景，就开近的麦克风，这样听起来声音便有远有近。

有一场戏是在树林里走路，我就去外双溪的山上装了两麻袋的落叶，铺在录音室地板上，让人在上面走路，制造出踩到树叶、树枝断掉等所有声音细节，那是一次很成功的尝试。这是以前做不到的，过去做踩到树叶或在草地上走路，习惯是将录音带扯开，放在地上，用脚去踩，会听到一点沙沙沙的声音，有时则是将报纸撕碎，拍击碎报纸，听起来声音也有些类似，但很难做到拟真又自然的声效。

本片导演是余为政，进入后期，余为彦便来帮忙，敢用我这菜鸟录音师也是余

❶ 梅长龄，1924年生于河南。1949年随"国府"来台，就读"政工干校"研究班第二期，毕业后曾任职于军部，担任政治指导员。1962年，转任"中制"副厂长，拍摄军旅片，此为其电影事业的开端。1965年奉命代理制片厂厂长，成为梅长龄人生重要转折点，正式升任厂长后，大胆起用当时债台高筑的李翰祥，执导《扬子江风云》(1969)，创下当时台湾影片的卖座最高纪录，为"中制"奠下拍摄剧情片的基础。1972年，梅长龄调任"中影"总经理，运用在"中制"的经验及"中影"优良的制作环境，任内制作完成三十多部影片，包括一系列叫好又叫座的作品如《英烈千秋》(1974)、《八百壮士》(1976)、《梅花》(1976)、《汪洋中的一条船》(1978)等。1979年，转任"中视"总经理。1982年病逝，享年58岁。

为彦决定的。余为彦和侯德健❷负责本片后制,他们想要做一个很不一样的声音工程,所以相当支持我做这些事情,我们三人就每天很高兴地在那边弄这些东西,开始在声音上做了许多新的尝试。由于新的尝试很麻烦,我们不敢找当时线上的配音员,怕被修理,就找了一些非线上的配音员,较能配合我们想要做的事情。

杨德昌在片中也有轧上一角,因而注意到我这个年轻人很认真地想要做些东西。不过当时我们尚未见过面,只是知道彼此,直到《光阴的故事》,上级派我做这个案子,两人才正式展开合作。

提倡演员自行配音

1982年从《光阴的故事》开始,以小野、吴念真为首的制片企划部已经暗自筹谋着改革的动向了,但是底下的片厂似乎没有意识到这项变革?

杜————这中间有点代沟,新导演和旧片厂在制度上或观念上有些冲突,新导演有意做些改变,但对这些老师傅来说,会觉得年轻人不懂;我们年轻一代就没有这个包袱,反而跃跃欲试,很快跨越了磨合期,便在一起工作了。

当你与新导演站在同一阵线,尝试做些变革时,师傅们的反应又是如何?

杜————的确会碰到一些阻力,但这个阻力对我来说并未造成障碍,因我很清楚知道这样做比较好,就很主动做些改变与尝试。每一次的尝试,我都会请杨导来看,即便不是他拍的片,同样会跟他聊录音方面的想法,做好之后也会给他看。他是我一个很重要的咨询对象。以前杨导住济南路时,我们常去他家聚会。

在录音方面,老一辈录音师有哪些值得借鉴之处?

杜————还是有,因为电影有很多基础技术,如音画如何同步?若无法同步,要如何解决?这些技术是在"中影"做助理那段时间培养出来的。有了这些技术作为根底,才有能力执行新的想法。

杜笃之对台湾录音工作之发展贡献卓越，1988年以《怨女》获得第一届中时晚报电影奖商业映演类特别奖。

早期配音工作，多是找专业配音员到录音室来配音，若配不好就得喊停。在声音表演这部分，主要是由谁来判定停机与否？

杜——导演可以喊停，说要重来，制片偶尔也会来，但多半不会干涉，主要仍是导演主导。那时还有一个职务叫领班，亦即现今所谓的配音指导、对白指导，大部分是导演和领班负责管控，录音师只是坐在那边操作。但是当我当录音师时，一旦觉得不好，我就停录，搞得那些配音员对我非常反感，一度听到是我录音就不来了，逼得我得另外去找人来录。后来我便提倡演员自行配音，即便一再NG，演员亦自知是为了戏好。

就整体表演而言，其实声音表演也是很重要的一环，你个人在判断配音员或演员配得如何时，判定的准则有哪些？

杜——这有阶段性。刚开始，准确可能是最重要的，必须考量到嘴形有无对上；一段时间后，你自己也会提升、会转换，开始会讲究情感准不准确，若是情感准确，对得不准的地方可以想办法帮他解决。跟导演彼此间得有默契，双方需要讨论，有时就先把这一次录的留着，再配一次，看看会否更好。以前是录音带，一旦重录就洗掉了，若要保留，成本便会增加，不像现在数位

❷ 侯德健，1956年生，台湾知名作曲家。70年代，校园民歌在台湾风行，曾写就《捉泥鳅》、《归去来兮》等作品。由其作词的《龙的传人》写于1978年，后经李建复演唱，成为著名爱国歌曲。1983年写下《酒干倘卖无》，因搭配电影《搭错车》(1983)而红遍大街小巷。于《1905年的冬天》一片中担任旁白编撰。

档案成本非常低。后来，我们开始会留存录音档，留一个、留两个、留五个，如此一来，就必须记住第一个版本是哪一句比较好、第二个版本又是哪一段比较好，在剪接机上再重新剪接，把好的全部拼凑起来。

你开始尝试用非专业配音员参与配音是什么时候？

杜————其实我一开始就面临这些问题，因力求改变，所以当初《1905年的冬天》事后配音时，我们就找了另外一帮人来配音。《光阴的故事》则大部分是演员亲自上阵，有些配角台词很少，那时"中影"已经有文化城了，有的游客上游览车前，会坐在录音室门口聊天，我们就找阿伯阿嬷进来帮忙讲句话（笑）。

这样的尝试在当时应该算是蛮大的突破。

杜————对，在那个时候的确是，被批评得很厉害。当时对于演员对白的要求是字正腔圆，情感要很显著，哭就要那样哭，笑就要那样笑，没有什么中间值，都很极端。一旦嗓子哑了，今天就不能配。对我来说，那不是问题，嗓子哑了也可以配音啊！我比较关切的是情感的传达。

《光阴的故事》开始用演员或非正规配音员，对于往后带来了什么样的影响？

杜————的确是有影响，比方说，那时没有人听过林青霞和甄珍的声音，这两位是当年最红的演员，但两人的声音都一样，因为都是同一个人配的，这很荒谬。有一次，我睡觉前是配这部电影，醒来后是配另外一部电影，竟不自觉地把这两部电影的故事接起来了，因是同一个人配音的，录着录着，我都糊涂了（笑）。林青霞第一部自行配音的电影是陈耀圻《无情荒地有情天》(1978)，大家终于听到林青霞的声音，其实还挺不习惯。想想看，以前看琼瑶电影时，林青霞是什么声音？甄珍又是什么声音？那声音如此甜美，与本人的声音委实有些差距。

演员不一定声音甜美才会演戏，主要是情感的传递。导演在拍摄的当下，觉得戏演得很好，其实有很大一部分是听到了声音，被声音感动了，不见得完全是被容貌、表情和动作感动。但感动你的最重要元素却没有带回来，只带了表情回来,这个表情还得要另外一个人重新再赋予声音,其间的误差和落差是非常大的。

现场录音、后制声音剪接的启蒙

过去做事后配音的阶段,你会到现场去吗?

杜————偶尔会,因为要去搜集一些声音的资料,杨导有时会叫我去。像《恐怖分子》,有一场戏是游安顺从窗户一跃而下,准备脱逃,未久,警察前来攻坚,开枪扫射,打破了玻璃窗,那一场的玻璃碎裂声是现场录音的,因为我们没有那么多玻璃破的声音资料。一到现场录,什么声音都觉得好听,因为很像、很真实,虽然我是拿一台卡式录音机录的,而且那时其实也没有真正开枪,是拿弹弓打的。电影里,就是用当时在现场录下的声音做出来的。

何时开始尝试现场同步录音?

杜————早期我们对录音的知识还不是很够,录到的东西其实不是那么好,最早是从《Z字特攻队》(*Z Men*, 1982)❸开始,这部片是澳洲的电影公司来台取景,跟"中影"合作,机会难得,我就被派去协助录音组工作。拍了两个月,每天跟录音师朝夕相处,他教我很多东西,主要是现场录音的技术。但是关于后制声音剪接其实还是呈现一片空白,我知道这一块可以做很多事情,却不知道怎么做,所以当初做了几部十六厘米的片子,就是自己做声音剪接,想要看看如何能够做得更好。

因十六厘米的放映机手一拎就可以走了,所以就带着放映机,到每一家制片公司去放给那些老板看,说,你看这声音的品质、这种真实度,只要多花一点钱,便可以做到这种程度,几经游说,跟他们分析成本与效益,仍是推不动。除了成本,对演员的信赖度也是一个考量,譬如,那时就有老板问,柯俊雄怎么办?他说的一口"台湾国语",扮演的却是《八百壮士》里头的张自忠将军这类形象,如何用原音去表现?因我们长期没有做同步录音,造就出来的演员,声音表情是不好的,所以资方会不放心。如果早期就开始同步录音,当初最红的演员可能就不是柯俊雄,也许是另一个声音表现出色的人成为红星。

❸ 1982年,"中影"与澳洲麦考伦影片公司联合摄制《Z字特攻队》,由Tim Burstall执导,山姆·内尔(Sam Neil)、克里斯·海渥(Chris Haywood)、梅尔·吉普逊(Mel Gibson)、张艾嘉、柯俊雄、欧弟等人主演。

但是那时候我也在拍广告，便已展开同步录音了，当时有一个娇生洗发精的广告，演员的口白录得很清楚，在技术方面的表现上曾受到某种程度的重视。因广告公司有钱，不只录音设备较好，那时摄影机一开机就轰轰作响，声音很大，为了拍那个广告，还特地从香港租了一套不会发出噪音的摄影机。

那时摄影机噪音很大，在拍摄现场，还得拿大棉被盖着，以便降低干扰。

杜————拿大棉被都盖不住噢！以致早期的演员养成了一个习惯，试戏时就乱演，简单走位、比画一下，待要开拍，听到摄影机轰轰作响，才开始很用力地演出。后来，我们拍《悲情城市》时，摄影机没声音，演员还在乱演，不知道已经开拍了。

后制声音剪接的技术与步骤是又晚了几年才习得的？

杜————1988年，王正方来台拍《第一次约会》，带来了一个美国录音师，我也去现场协助。那时，澳洲录音师用的设备非常简单，其实有一点简陋，美国好莱坞这一位录音师所用的设备就非常完整。后制时，他也带了一个美国来的华裔剪接师，我就看他们剪，剪接时，通常是剪画面，我便去找王正方谈这个事情，问他声音后制能否留在台湾做，教我怎么做，我可以免费帮他做。他在美国拍过电影，所以知道现场录音的声音要做到什么程度才是可以的，对我们来说，这事情没法判断，做得再好，都觉好像还可以更好，做得再差，也觉得好像就是这样了。再者，方法、步骤我们都不知道。

那位剪接师在美国是剪画面的，不太负责声音剪接，虽非他负责，但至少知道怎么做，所以可以教我。他告诉我大概的步骤，包括如何记录、整理、管理这些素材，寻找剪下来的剩余东西，这都有方法的。我很感谢他教了我这一整套方法，所以我们做声音剪接的步骤和方法，其实跟好莱坞是完全一样的。

那时有十本，他先给我一本做做看，如果可以，便留下来给我做，如果不行，还是得带回美国做，毕竟素材一剪下去，很多就剪碎了。他留下一本，心想依好莱坞的进度，这一本大概要做很久，没想到隔两天我就做好了，他很讶异我竟这么快就能完成。看完，发现没什么问题，他就全部留下来给我做。那是我第一次剪接声音，做完后，便对整体轮廓很清楚了。紧接着，《悲情城市》开拍，所以这部片的现场录音和后制声音剪接都是我做的。早期做声音剪接时，针对同一个问题，我都会尝试用各种不同的方法去解决，做多了，便知道哪个方法比较有效。

其实全是事后配音

《海滩的一天》也是事后配音，当时对于声音这一环似乎就已经有很高的要求了？

杜————《海滩的一天》配完音以后，有一回在香港放映，杨德昌跟我说，连徐克等人都私下在讨论，说，台湾现在现场录音做得不错。殊不知，其实全是事后配音，他们没能看出其中的破绽。另有一次，有一英国导演来台湾地区选角，对方认识杨德昌，想看《恐怖分子》，看完后，他当场跟杨德昌说："你们现在同步录音做得很好！"杨德昌就把我叫去，说是我做的，而且全是事后配音，那位英国导演都不相信！

据说在《青梅竹马》的音效上也费心经营出许多细节，然而，当年在台湾放映时，受限于播映环境，许多都呈现不出来。

杜————对，早期放映设备很差，我们自己都要预估在电影院能听到几成，现在好多了，但大概也只有六七成，如果电影院设备很好，我们便会由衷感谢。

《恐怖分子》在事后配音上臻至完美，常被误认为同步录音，前两年，《恐怖分子》做了数位修复，在声音上做了哪些调整或补强吗？

杜————哇，很惨！为了这事，碰到"中影"的人我还开骂。数位修复很花钱、很花人力，因资源有限，一旦被修复过后，就不会有人再去修复了。《恐怖分子》修复完后，不断强调做了哪些改善，且有一声明："音画不同步是不能被修复的。"我看那片子看到真是头顶冒烟，因为差了快两秒钟。这怎么可能！我和杨导，两个那么龟毛的人，怎么可能让这种事情发生呢！

修复过程中，曾经找你去咨询过吗？

杜——————没有找我，修复完并没有找我去看。直到有一天，我帮"中影"做了件事，他们送我一张碟片，才看到这个东西，回家后，满心欢喜放来看，竟然是这种结果！气到不行！我们这些原创者都还在，也不找我们去看一下，就这么出版了，还告诉观众，这是不可被修复的。

"中影"制片厂长曹源峰接受媒体专访时，曾对老片的声音修复提出下列说明："去年《恐怖分子》曾经就有观众反映，嘴形、对白声音对不准。片中缪骞人是广东话嘴形讲'国语'，她跟金士杰是以广东话、'国语'交叉对戏，所以当时配音有个概念是'开口有话、闭口没话'，我们修复是遵循这原则走，所以话语中间的部分会对不准，这是先天的障碍。我们现在存留的母带，声音很多都是'一轨混音带'，也就是像《光阴的故事》的对白和音乐音轨是混在一起，无法分开的。因此，当配乐在走，同时角色在说话，对白刚开始要去对嘴形，音乐是不能去裁剪的，否则很容易发现节奏有变化，所以可能会依演员开口闭口的时间点前后稍微挪动，试着balance；或者，只能朝'变速'的方式，譬如以中间为准，前后段变长或缩短配合演员开闭口的时间。归根究底，希望音质好，所以用原始磁性声带做母源，可是全台湾此类磁性声带播放机也只剩'中影'有了，它的状况整体都不是很好，我们最近在想办法维修改善；因为若是以非杜比时代的光学声轨来修复，我想品质更是要大打折扣了。"❹对此你有什么看法？

杜——————我不认同，这些都不应构成理由，且不该就这么将之视为修复完成的作品，否则简直是糟蹋了这部电影。而且他们说不能被修复的东西，对我来说，一天就可以弄得非常完美，显见他们在技术上出了问题。
影片放久了，旧了，借由修复可还原成原貌，但他们并没有弄得跟原来一样。他们说是以原始磁带做母源，所以应该不会有新的杂音产生，重点是，要将磁带和影像两者再对回去，让音画可以同步，但在修复过程中，没能做好，导致音画不同步。至于缪骞人，本来就是重新配音，嘴形自然会对不上，但并不表示其他部分的声音和影像都对不上。当年我们能对上的都会尽量对上。

在数位修复上，声音这一部分能够加强的有什么？

杜————台湾曾邀请了两位好莱坞和欧洲做数位修复的专家来，举办了一场演讲，我去听了，画面上的修复可以比较明显，但声音上能做的事情其实非常少。

如果当时有一些没有做好的声音，你会赞成在修复时再去做补强吗？

杜————我其实不赞成，因为当时没有做好，是反映了那个片子的真实度，以及当时各种复杂情况下最终做出的决定，若是放了新的元素，那就不叫修复，而是再创了。

好像翅膀都有了，可以飞了

1989年，拍《悲情城市》时，即已开始同步录音，能否聊聊那一次的经验？

杜————《悲情城市》的状态比现在学生制片的条件还差，我只有两支麦克风和一台录音机，其余什么都没有，连个像样的boom杆都没有，只有一支是晒衣架改装的。片中，陈松勇的家在大湖，那大宅院四周都是马路，每次要拍戏，就得在四个路口挡道，让车子无法靠近，在屋里收音时才能得到比较安静的声音。后来发现这样还不够，又挡了第二圈，范围更大了，需要更多人力才能胜任，那时没有对讲机，为了指挥众人，我们拿了大红旗，举旗时，前一个人得告诉下一个人，待口令一一传下去，车全挡住了，可能已经两分钟过去了，这时，里头才能开拍。一旦开拍未久就NG呢？道路若挡太久，人家会不耐烦，所以我们得要判断是要放行还是赶快再拍一个。

拍完《悲情城市》后，侯导送了你一套现场同步录音设备，后来将之取名为"快餐车"，这是台湾第一套正规的现场同步录音设备，拍《牯岭街》时，你首度启用了这套设备。相较于《悲情城市》，《牯岭街》在同步录音上做了哪些突破？

杜————"快餐车"是《牯岭街》开镜那天一早我才拿到的，组装、测试完毕后，便开始幻想要怎么去使用它。使用这套设备时，就好像翅膀都有了，可以飞了，所有事情都是标准的，没有遗憾，所以《牯岭街》的声音其实是很漂

❹ 参见《放映周报》第367期放映头条《戏外人生，幕后里的幕后：「中影公司」制片厂厂长曹源峰专访》。

亮的，虽然当时的后制条件不像现在这么好。

《牯岭街》有些演员的对白是事后重新配音的，在整合同步录音和事后配音这一部分，比较大的挑战在于哪些方面？

杜————一方面是空间感的处理，必须将在录音室重配的声音模拟成现场声音的空间感。另一方面，牵涉到讲话的方式，比方说，在片场是用这样的音量说话，进了录音室后，因录音室非常安静，不自觉地，音量就降低了许多，所以我们得带领演员进入当时的状况。因为早期是事后配音，要录对白，都得跟演员沟通，这方面的经验还够。有时用聊天的方式，让他把话讲出来；有时就直接在他面前饰演另一角，让他对着我演戏；有时会放音乐、放其他电影的声音给他听。比方，倘若要配一个歇斯底里的惊声尖叫，却叫不出来时，印象中，《法柜奇兵》(Raiders of the Lost Ark, 1981) 有一幕是印第安那·琼斯 (Indiana Jones) 狂奔惊叫，听到那叫声，我便叫得出来，于是就会放这声音供演员参考；又或者，假如那一场戏是在忠孝东路拍摄的，我就放忠孝东路的声音给演员听。

配音时，很关键的一点是嘴形有无对上，这部分有无什么诀窍？

杜————当时不像现在这么发达，可以用电脑快速前进、后退，所以我们采用的方式是让影片一直循环播映，配音的人就一直讲，如果可以了，再用剪接的方式剪上去。后来，我发展出更有效的方法，让嘴形可以对得上——放现场录音的版本给他听，就像唱双簧，听到什么，就照着同样的速度再讲一次。即便讲的时候可能没对上画面，但只要速度与原来一致，就可以透过剪接剪到原来的位置。而且不看画面的时候，讲话也比较自在。

杨导有两次是亲自配音的，包括《牯岭街》的Honey以及《麻将》的红鱼父亲一角，他配音时的情形如何？在声音表演上，又有什么样的要求？

杜————我替他捏把冷汗，但他其实配得很好，他自己知道要配成什么样子。我跟他太熟了，每次听都觉得怪怪的 (笑)。他也得照原来演员讲话的节

摄于《牯岭街少年杀人事件》拍摄现场,杜笃之与杨德昌合作无间,相知相惜二十余载。

摄于《牯岭街少年杀人事件》拍摄现场。

奏，因为嘴形要对上，只是让声音表演更符合他的要求。Honey这角色是由林鸿铭所饰，杨导希望Honey的声音带有在江湖上混过的口气，但林鸿铭说话太客气了，文绉绉的。

杨导本人享受配音的过程吗？

杜————我觉得他还蛮喜欢的。他会要我们帮他判断这样配行不行，不过他也会听，好不好其实他自己是知道的。

与现场噪音相抗衡

《牯岭街》的背景设定在50年代末60年代初，为了还原当时的时代感，你也采集了些老声音？

杜————的确是搜集到了一些。那时金瓜石仍有人住，只要看这户人家是没有装电表的，里头随便你去搜刮，当时住在这一带的都是高级知识分子，可以找到留声机、缝纫机等物事。我找到一叠唱片，是压成五吋的小张唱片，附赠中英文对照的册子，那是十几年前的有声出版，内容有美国副总统约翰逊（Lyndon Baines Johnson, 1908—1973）访问台湾地区、美国总统肯尼迪（John Fitzgerald Kennedy, 1917—1963）就职演说的录音，都是很珍贵的史料，现在我还保留着。另外，那时曾到电台尝试找些耳熟能详的广播剧，拷贝了一些广播剧、铁板快书、相声。我还找到一个转播现场综艺节目表演的录音，比方，有个人会转述："他倒立了，他的脚上顶着什么，这是一项特技。"那个年代娱乐很少，光听这个就好像身历其境了，很有趣。至于《牯岭街》里那一声声"包子、馒头"，则是我们的灯光师李龙禹先生❺叫喊的，他是山东人。

有一回钮承泽曾提到，《艋舺》片中的"包子、馒头"，同样出自李龙禹先生之口，这一卖足足卖了二十年（笑）。

要胜任录音师一职，必须具备分析声音的能力，能够辨识出背景里有什么声音、由哪些元素组成，进而思索如何利用工具改造之。能否从和杨导合作的几部片中，举一两个成功"改造"的例子？

❺ 李龙禹，自1964年起投入电影制作，担任灯光指导，工作资历近五十年，作品包括《牯岭街少年杀人事件》（1991）、《独立时代》（1994）、《麻将》（1996）、《一一》（2000）、《不散》（2003）、《天边一朵云》（2005）、《海角七号》（2008）、《脸》（2009）、《听说》（2009）、《不能没有你》（2009）等。2009年荣获第四十六届金马奖年度台湾杰出电影工作者。

杜　　　　有一个很经典的案例。《牯岭街》里，二姊与小四约在教堂，但她到了教堂，却不见弟弟。那个场景很漂亮，然而它在"立法院"旁，位于中山南路，车水马龙。由于取景没有拍到马路，任何嘈杂都是困扰，再者那场戏需要安静的氛围，当下，我便跟杨导商量该如何是好。后来采行的方法是：安排一个图书馆管理员在那收书，另一个人来还书，双方在那交谈，我把这两个人的声音录得很清楚，较外头的噪音大得多，因此，若将这两个人的声音关得很小，外界的声音就更小了。这两人是这场景中唯一会出声的，一旦把他们说话的声音关得很小，再加一点空间的残响，就会制造出一种这个环境很安静的错觉，因为他们就连说话这么小声，都能在这空间中造成残响，表示这边是很安静的。

这一场戏的录音效果很成功，所以每次我去演讲，谈现场录音和声音设计，都会以这个案例为例。这个构想的来源是，以前杨导常喜欢拿塔可夫斯基（Andrei Tarkovsky, 1932—1986）的电影给我看，我收工都是半夜了，回到家后，看片时，声音总是开得小小的，有一天，放假在家，又把录影带拿出来看，同时把音响开大，一听，才知道原来有这么多声音的细节是我没听到的，便开始很注意这个导演的作品中对于声音的处理。有一场戏我印象很深刻：一群修道士走在城堡的地下室，画面一片阒黑，只听见一些细碎的脚步声，也不晓得是什么状况，忽然，有一人踢倒了某样东西，啪一声，回音就出来了，那一刹那，顿时感受到该空间如此宁静！若非这样的安排，观众不得而知。这声音是设计出来的，自此才知道电影的声音是这么复杂！以前我只知道技术，跟杨导认识后，讨论、看片、累积经验，创作的空间就愈来愈大。

其实，后来我跟杨导的合作关系，就不只扮演一个录音师的角色，其他有什么我能做的，都会跳下去帮忙。《牯岭街》有一场下雨的戏，原先找来负责降人工雨的公司，现场必须用到一个很大的加压马达，引擎声很吵，根本无法录音。后来我们就自己弄，我跟杨导开车去找水电批发商，买了一堆大大小小的水桶以及深水马达，同时必须计算一根消防管可以喷多大范围，如此才能估量我们所需的降雨范围共需几根消防管。当天，全部工作人员人手一只小水桶，一旦大水桶的水喷完，就得即刻将小水桶的水倒入，再赶忙去装水。

他们给我取了一个绰号，叫"杜盖先"，因为那时很流行"马盖先"（笑）。这牵扯到对物理、电学的了解，以及对周围环境的理解。杨导同是理工背景出身，我们在一起就很有得聊，常聊物理或机械原理。

拍摄现场难免有噪音干扰的问题,譬如《一一》的主场景——NJ的宅邸,因位于辛亥路上,车流量大,据说收音上其实也费了一番工夫?

杜————对,那是一个噪音非常大的场景。我们曾经劝导演换一个安静点的地方,但他就是喜欢那个场景的格局,从电梯出来后,可以同时看到两户的状态。既然确定在那拍,我们便事先讨论声音该如何处理,对白虽可录得很清楚,但身上有很多细微的动作的声音就听不到了,若是事后重做,可能会丧失当时现场该有的气氛。几经讨论,我们决定在靠近马路那一侧,全部用两层玻璃密封起来,做隔音,上头虽安装了冷气,但其实那是假的,里面都已经被我们封起来了,只是罩了个壳上去。然而,这么做的话,若外头要架一盏灯,就不能从这房子出去,得从另一间房子爬墙过去,才能改变灯的角度和亮度,工程浩大,但效果很好。

NJ宅邸紧邻建国高架道路,车流量大,导致收音困难。

杜笃之在《一一》片场收音实况。

有一场戏是婷婷要跟祖母告白，我们很早就知道这场戏的对白会很小声。尽管祖母的房间是整个屋子最安静的一间，位于屋子中央，但是婷婷的声音本来就小，加上那场戏她又得更小声地说话，对于录音是很大的挑战。那天，光线、陈设、演员梳化早早便弄好了，但是外头还很吵，我就偷偷问导演，能否晚点再拍，等车流少一点，于是就一直等到深夜两点才开机，因此得到了非常好的声音。

杨导生前仍致力于动画长片《追风》的创作，你有参与吗？

杜————后来他做动画，我帮他做了好多东西，哪怕是做实验的东西，也帮他把5.1声道都做出来，像船在河上相撞、夜间唱戏等声效。有一些是他要的，有一些纯粹是实验，加起来应该有三十分钟以上的内容。我们还曾经带演员去阳明山，找个公园，录下他们的对白，也把讲对白时的表情先拍下来，给动画师作为参考，希望讲话的节奏能够照着这个。

用很少的资源，做出跟国际一样的品质

台湾因电影工业体制不完善，资源有限，所以从现场录音到后制，全套都得自己来，不过也因此锻炼了更精湛的技艺。相较于仅专擅其中一项，你觉得优势在哪里？

杜————好莱坞的普遍状况是，做现场的人只管现场，做后期的人只管后期，但我觉得这样不好。他们的作业方式有一个盲点：现场的人会抱怨，他录的很多东西后制的人不知道，导致没能用上；后制的人则会抱怨，现场很多东西没录到。两者之间存在一些横向沟通的障碍。
1999年，杜可风自编自导的处女作《三条人》请我帮忙做后制，他当时人在好莱坞，无法前来台湾，我就去好莱坞跟他开会。我尚未抵达前，杜可风就跟他的录音师提到台湾有这么一号人物，对方听说我是从头做到尾，其实是很羡慕的。我觉得像我们这样很好啊，工业虽然没有那么大，但能够掌控的事情更准确，且在资源很少的状况下，用很少的钱就可以做出跟人家一样的品质，这是我们很重要的竞争力。台湾电影当年在国际上跟人家平起平坐，我们的制作费用可能是人家的十分之一、二十分之一,甚至百分之一而已!

从《海上花》(1998)后,你好像就很少到现场了,是吗?这对于后制处理上会不会造成影响?

杜————从那之后就开始减少,但真正没有去现场是从《一一》以后,有时是为了代班才去,主力都在做声音的后制。那时候,我已经训练出三个录音师,如汤湘竹❻、郭礼杞❼,回来的东西都没有问题。虽没有那么完整的训练制度,但他们长期跟着我,帮我吊麦克风,看我怎么做,我会跟导演保证交给他们绝对没有问题。现在不用保证了,老早就没问题了。

当年的录音机只有两个channel(声道),现在的录音机则有八个channel,每一支麦克风都可以独立收音,因此,后来训练录音师的录音方法跟过去已经不一样了。当年,我们必须很讲究,比方六个人同时在讲话,哪一个人说的话才是主要的、其他人是闲聊,你得要能够判断。若要录得好,主要的那条线得一直很清晰,其他声音则当作背景音,所以要跟演员有一个默契,有时,我们都要猜,这个人讲到什么时候,待会儿可能会有人插嘴,我就把麦克风偷偷先开一半,他一插嘴便全开,如此声音就接上了。现场不能把每个麦克风都打开,否则环境的噪音会愈来愈大,故得有所选择。

你平时如何采集、保存、归档声音资料?目前声音资料库的建制状况如何?

杜————早期我是自己收录,靠脑筋记忆,因为东西不多,后来就得有目录,要不然记不了。以前有一种放CD的大型圆盘,有点像点唱机,我买了一台可以存放一百张CD的,心想,应该很足够了。没多久,满了,我又去买了一台可以放两百张的,结果又满了,后来我又去买了四百张的,心想这下总该够了吧。最终,用了两台四百张的才足够存放那些音效。

当年我刚开始用电脑剪接的时候,最大容量4G,要价四万元,储存资料是非常

❻ 汤湘竹,1964年生,台湾艺术专科学校戏剧科毕业。曾任天荷广告公司制片,之后追随杜笃之钻研同步录音技术,从事电影录音工作迄今,录音作品有:《甜蜜蜜》(1996)、《心动》(1999)、《你那边几点》(2001)、《双瞳》(2002)、《不散》(2003)等。曾以《最遥远的距离》(2007)、《赛德克·巴莱》(2011)获金马奖最佳音效。参与录音工作之余,亦投入纪录片拍摄,作品有"回家三部曲"——《海有多深》(2000)、《山有多高》(2002)、《路有多长》(2009),以及《寻找蒋经国》(2007)。

❼ 郭礼杞,"声色盒子"成员之一。曾以《松鼠自杀事件》(2006)、《最遥远的距离》(2007)获金马奖最佳音效,并获2006金马奖福尔摩莎个人奖;2008年以公视人生剧展《跳格子》获金钟奖音效奖。

昂贵的。现在硬碟愈来愈便宜了，就把超过八万笔的声音资料都转成数位档，方便在电脑上检索。声音档案的分类方式部分参考国外卖声音资料的公司，再加上一些我们自己的想法。比方，与屋子相关的环境声，会分成室内、室外等各种不同音效；与海边相关的声音档案，则又依距离海边远近、海域大小、砾滩或沙滩作为划分，如此一来将有利于搜寻。

早期是单声道，一支麦克风录一个channel，后来有了立体声的麦克风，便开始搜集立体声的声音资料，用以应付杜比的需求，进阶到5.1声道之后，就开始买5.1声道的麦克风，录回来的声音是360度的。

影响最深的两个人——杨德昌、侯孝贤

许多资深电影工作者常提及台湾新电影时期的革命情感，对你来说，那是怎么样的一段岁月？

杜────我常说，那是最好的时光。今天去参加明老总的告别式，碰到好多人。我们常怀念那段时间，每一个人每天都很有劲，谈的都是电影。那时都是用电影来纪年，比方，我记得我小孩出生时，是拍《竹剑少年》（1983）的时候。

一直以来，杨导都是我最密切的合作伙伴，跟侯导主要在一起合作是从《悲情城市》开始。《悲情城市》之前，很多新导演都找我，侯导却没有找我，因他觉得如果他也来找我的话，那些老录音师就更没有人用了。侯导内心有一种厚道。我很喜欢帮侯导做事，以前看他，就是那种古灵精怪的模样，充满了鬼点子，非常灵活，很聪明。他前期的片子，我们都会去现场帮忙搜集资料，后来我们尝试做一些改变，他也都很支持。

跟张毅的合作也蛮有趣的，记得我帮张毅做《我这样过了一生》（1985），有一场炒菜的戏，我就真的在录音室里面生火炒菜。那时候厂长室就在录音室旁边，弄得厂长室都是烟雾，厂长还跑出来，高喊："发生了什么事？"张毅看我们这么认真在帮他做东西，当下很高兴，订了一堆披萨来给我们吃，二十几年前，台湾没有人在吃披萨的，那是我这辈子第一次吃到披萨！（笑）

台湾新电影得以发迹，明骥先生功不可没，当年他开办电影技术人员训练班，后又找了小野、吴念真等人进入制片企划部,并延揽多位新锐导演,愿意给予年轻一辈发挥的空间。

杜————他开办的技术人员训练班,影响非常大,现在不少第一线的电影技术人员都是当年跟技训班有一些关系的;此外,他也造就了非常多好的导演和编剧,形成了一个创作的风气。我的判断是,他有企图要把这件事情做好,包括改建文化城。文化城以前很破烂,加上外头已经有很多片厂了,根本没有人要来拍片,他就借钱把文化城改建一番,后来为这个单位赚了很多钱,且很多人又回来拍片,全盛时期,一条街道上同时有好几组人马在拍,临时演员这边演完,又跑去那边演。

杨导和侯导是影响你最深的两个人,他们各自对你的影响主要展现在哪些方面?

杜————两人拍片方式截然不同。很多技术方面或对声音的认知是来自杨导的影响,侯导让我学到最多的则是待人处世的方法,比方,跟一个人合作,就要完全信赖他,朋友要做长远的,而不是看眼前的利益。当年,他资助我一套现场同步录音设备的时候,叮嘱我,拿这套设备去经营录音方面的兴趣,但一定要训练人才,没有钱的人,你要帮他。所以学生片来做声音,我们都是收取半价,尽管不赚钱,但都还是尽量协助。

2009年出版的《声色盒子》一书翔实记载了杜笃之近四十年创作生涯。新书发布会上,与杜笃之长期合作的侯孝贤亦出席站台。

07 / 专业技术人员

廖庆松

每一部片子里
都有他的影子

廖庆松✕杨德昌

《光阴的故事》、《海滩的一天》、
《恐怖分子》剪接

采访日期▶2012年8月20日
地点▶三三电影制作有限公司

《海滩的一天》是我一辈子剪得最用力的一部片子，
我的注意力像是镭射一般，
扫描着每一格，
仿佛跟着女主角张艾嘉、胡茵梦在呼吸。
这部片剪完非常的顺，
问题是有一种"慢"在里面，
那个慢就是我的注意力，
因我的注意力所凝结而成的慢。
但全片的调子是统一的，
因着这幽慢的节奏，
反而有一种浪漫的神采。

廖庆松,1950年生于台北。人称"廖桑",有"台湾新电影的保姆"之美誉,为台湾电影界的著名剪接师,同时兼具电影导演、制片、监制等多重身份。1973年考取第一期"中影"电影技术人员训练班,翌年进入"中影"制片厂,任职剪辑。80年代,廖庆松替台湾新电影时期的多位导演剪接影片,如杨德昌《海滩的一天》(1983)、万仁《超级市民》(1985)、侯孝贤《悲情城市》(1989)等。2002年获颁第三十九届金马奖年度最佳台湾电影工作者;2006年获颁第十届"国家文艺奖"。参与剪接的电影包括《小毕的故事》(1983)、《风柜来的人》(1983)、《童年往事》(1985)、《恐怖分子》(1986)、《恋恋风尘》(1986)、《多桑》(1994)、《海上花》(1998)、《美丽时光》(2002)、《蓝色大门》(2002)、《练习曲》(2006)等。

有"台湾新电影的保姆"之称的廖庆松，人称"廖桑"，自1974年入行迄今将届四十载，仍活跃于业界并于学院里授课。此回访问约在三三电影公司，该处位于幽僻的万芳社区，那天一早，我们下了公车，按着手上抄写的地址，循门牌往静巷里去。虽已是夏天的尾声了，蝉鸣犹不绝于耳，响彻林间，在季节更迭前，奋力卖弄最后的神气。找着地址后，按了门铃，廖桑前来应门，招呼我们入内。

当年，廖桑进入"中影"担任剪接助理，不到几年的光景便升任剪接师，自1982年台湾新电影崛起后，他几乎负责包办所有片子，以其专业与热诚陪着新导演创作。看在这些资深的老师傅眼里，难免觉得这帮年轻小伙子少不更事，无法叫人信服。这时，在厂里已有些资历的廖桑，便扬起笑脸主动向他的同事们说情："师傅，拜托啦，不要这样……"盼他们给予新导演最好的协助。

1977年，廖庆松首部独立剪辑作品《汪洋中的一条船》于第十五届金马奖入围十一项，并夺下最佳剧情片、最佳导演、最佳编剧、最佳摄影等多项大奖，偏偏错失最佳剪辑，当时他坐在台下干巴巴看着，然因年纪尚轻，倒也不致太过失落。此后又接连以《风柜来的人》(1983)、《悲情城市》(1989)、《好男好女》(1995)、《十七岁的单车》(2001)、《美丽时光》(2002)、《最好的时光》(2005)等片数度入围金马奖的廖桑，笑称自己是"处处躲不见的剪接师"，多是陪榜的份，将作品成功送上舞台后，自身便隐逸了。

廖庆松与杨德昌结识于《光阴的故事》，并相继合作《海滩的一天》、《恐怖分子》两部重要作品。他说，《海滩的一天》是他一辈子剪得最为用力的片子，几乎是屏息凝视地，扫描着每一格，好似跟随角色一同历经了心绪上的跌宕起伏。不同于拥有浪漫情调的《海滩的一天》，《恐怖分子》则是从极端现实的角度切入，显露出凛冽的人性黑暗面，而在剪接的过程中，他与杨德昌的意见有些分歧，也致使两人往后未再合作。

谈及剪接，廖桑格外强调情感的自然传达。他说，剪接必须把握住一个最简单的原则：穿透影像，将一切看得清清楚楚，洞察导演真正想要传达的意念，包括其本人生观。碰到问题时，无须急着处理，而是设法将问题问清楚，当你接连抛出几个问题后，答案其实就藏在里面了。"对我来讲，答案永远在影像、在声音、在导演的脑袋里，关键在于你有没有把它看清楚。"廖桑又补充说道，作为剪接师，理应努力去看清楚，而非急于表达自己的能力。每个人的穿透力总随着时间不断改变，看得多透彻，穿透力有多强，便注定了你所能抵达之处。

而从事剪辑工作四十载的廖桑，因着丰厚的剪辑经验与人生阅历，有了一双益发清明的眼睛，得以见人所未见，找出影片背后的灵魂，使其成为独立而完整的生命体。

我喜欢镜头一直转

你从小就喜欢看电影，进入成功高中后更是着迷，主动将电影或电视影集加以分镜，甚至写了一本电影镜头转场的小书，当时怎么会对分镜特别有兴趣？某种程度上，这已经是在解构电影了……

廖庆松（以下简称廖）——高中毕业前夕，我就开始抄镜头，用速记的方式，拿一张纸，一个镜头一个镜头画，特写就写CU（Close-up）、大特写就写BCU（Big Close-up），抄完还要用红笔再圈点一次。连傅培梅的烹饪节目我都记，综艺节目也记，所以台视有多少导歌唱节目的导播我都知道，每一个人的操作习惯我都清清楚楚。但也正因如此，我大学才会荒废掉。当时正值奥运，我将奥运开幕式、足球、田径等各项转播都翔实记载，清楚每个项目要如何取景，所以我几乎可以去负责奥运的转播了（笑）。电视导播要cue镜头，会把人分成几等份，电影则是用景来分远近。不同的摄影机运动，一直学一直看，一直做笔记，记了非常多，每天都可以记一堆。从高中毕业迄今，笔记本堆起来大概有天花板这么高。

学校图书馆里的电影理论、电视导播相关书籍全被我看完了。二十岁左右，因看了很多电影理论的书，也看电视影集，自己就开始写起电影分析，譬如开场镜头的设计等，写了一本厚厚的书册。分镜的概念主要是看书、看电视影集和电影学来的，当年电视影集还看得多一些。看的电影则以日本片居多，我住在万华，附近一带有万华戏院、大观戏院，往昆明街方向有爱国戏院，再过去就是西门町，有台湾戏院、儿童戏院等等。以前的台湾戏院就是后来的"中国戏院"，主要播映日本片，后来经营权转至"中影"手上，但如今这些戏院都不在了。

1973年，你报考了第一期"中影"电影技术人员训练班，当初决定报考的动机是什么？训练班分成摄影、剪接、冲印等不同组别，你为什么会选填剪接组？

廖——小时候，我家斜对面巷口有个小孩，爸爸是大观戏院的放映师，每天到了吃中饭时间，他会送便当去，我就陪他一块去。他爸爸在吃便当时，我就坐在二楼放映室外最后一排中间那个位置看着银幕，那时还不是宽银幕，而是标准银幕，跟我以后看剪接时坐的位置是同样的。

我大概是1969年、1970年毕业，毕业后空了一两年，1973年，看到"中影"9月即将招考一批技术人员，考上之后，10月至12月进行为期三个月的训练课程。我记得有四五个班，两百到两百五十个人去报考，只录取三十多名。我因为喜欢镜头一直转换，便决定报考剪接组。报考的人当中，涵盖来自台湾艺专（今台艺大）、中国文化学院（今文化大学）、世界新闻专科学校（今世新大学）、戏剧学校等校系的学生，竞争颇为激烈。我过去看了非常多的书，对剪接并不陌生，但考的题目确实挺难的，包括戏剧概论等。

——你还记得这三个月上了哪些课程吗？

廖————上课主要是实习，负责授课的是实际在线上操作的老师傅和一些助理，一开始，便教我们底片怎么接，没有理论课程，全部是实务经验的传授。第一期毕业后，隔年1月我就进"中影"了，及至第二期开办，我就变成辅导长，专门负责办理学员相关业务，甚至连要留谁下来，老师傅都会咨询我的意见，问我哪一个人表现较好。

——1974年初你进"中影"剪接室时，内部编制大概是什么状况？有无明显的层级？

廖————当时"中影"有两位师傅，一位是汪晋臣❶，剪过《我女若兰》（1966）、《家在台北》（1970）等片，另一位是王其洋❷，剪了《笕桥英烈传》（1977）、《辛亥双十》（1981）等片，前者是浙江籍的师傅，后者是山东籍的师傅。助理则有两位，其中一位我们都叫她王妈妈，好像是上海籍，另外一位是陈丽玉，为台湾籍，她十几岁就进来了，碰到她时，她已经三十七八岁了，后来待到四五十岁才退休。这些助理也是我的老师，等到我在"中影"升任剪接师后，他们便成为我的助理，我那时二十几岁，他们已经四十几岁了。

——担任剪接助理期间，你主要是跟哪位师傅学习？

❶ 汪晋臣，1930年出生，通信学校毕业。1956年春进入"中影"台中制片厂，先后随沈业康、陈民、张荣嘉三位剪辑师学习，曾协助剪辑《宜室宜家》（1961）、《养鸭人家》（1965）等多部影片。1965年升任为"中影"剪辑师，曾以《我女若兰》（1966）、《新娘与我》（1969）、《家在台北》（1970）三度获得金马奖最佳剪辑，并以《英烈千秋》（1974）获第二十一届亚太影展最佳剪辑。一生剪辑电影多达九十余部。

❷ 王其洋，为七八十年代"中影"重要剪接师，曾剪辑《辛亥双十》（1981）、《青梅竹马》（1985）等数十部片。曾以《笕桥英烈传》（1977）获金马奖最佳剪辑，并以《望春风》（1978）、《成功岭上》（1978）、《青少年哪吒》（1992）等片多次入围金马奖。

廖⸺除了跟老师傅，剪接助理我也跟，全包了。当助理时，什么都要做，我是剪接助理兼助理的助理（笑）。自我开始剪片后，原先的助理便来担任我的助理。台湾新电影起来后，几乎所有片子都是由我操刀，新导演都不爱找老剪接师。

70年代，"中影"盛产琼瑶电影和政宣片，在剪接上，许多都是汪晋臣和王其洋这两位剪接师操刀的，你从他们身上主要学到了些什么？

廖⸺他们事实上都很会剪。师傅仍是身教重于言教，平时都看他们剪，但他们不谈理论，都是做，只能跟着看、跟着学。每每碰到空镜，师傅就用手拉，拷贝一拉，从左肩至右手伸直四指，大约是两秒的长度，空镜的长度都不变，用手拉的话速度会比较快，否则还要用剪接机手摇着看的话会剪得慢一点。我自己后来并不会这么做，因为我觉得空镜有空镜的生命，好像不应该被规范在一个标准内。也许对于一般类型电影来说，这样够了，但如果剪的是比较文学性、社会性或富批判色彩的作品，空镜有其意涵，应是带有情绪的，就不能以单一标准作为规范。我在剪片时，空镜都是在片子里有韵律地走，走到哪里，感觉对了就停，长度倒是不一定。

以当时的状况，大约多久才能晋升剪接师？以汪晋臣为例，他是1956年进入"中影"，当时制片厂仍在台中，升上剪接师是1965年，经过了将近十年的时间。

廖⸺我进"中影"后就当剪接助理，一开始是剪《英烈千秋》（1974），跟汪晋臣一起，有空时，师傅就会拿个片子让我在那边剪，当作练习。《英烈千秋》结束后，丁善玺导演拍《八百壮士》（1977），便是我师傅汪晋臣跟我一起剪接。

事实上，当时在"中影"要晋升剪接师非常困难。我二十四岁时进"中影"，大概二十七岁升正式剪接师，剪了《汪洋中的一条船》（1978）。我觉得是明骥的政策，那时师傅都五十岁了，很快就要退休，需要年轻的新血，到了《汪洋中的一条船》，便想让年轻的剪接师剪剪看。实际上，我压力很大，李行也不见得信任我，在这之前，他的两部片票房不尽理想，《汪洋中的一条船》重新回到"中影"来拍，有意作为东山再起之作，所以特别重视，怎料，"中影"竟派了一个少不更事的小孩子帮他剪片。剪接时，他就盯着我，每天陪着我剪。

剪《汪洋中的一条船》时有碰到特别棘手的地方吗？

廖————当然有啊！因为经验不足，剪台风天淹大水那场戏，李行找了一个老剪接师陈洪民❸来帮忙，他是汪晋臣的师傅，属于更老一辈的"中影"剪接师，我进"中影"时他已经离职了，后来去当导演，拍了《乾坤三决斗》（1969）等片。对于当时年纪尚轻的我来说，也许可以剪那一场戏，但可能要剪三天，只见那师傅嘴上叼根烟，手上拉拉拉，两三个小时就剪完了。他就只帮我剪那一场戏。深感佩服之余，也很伤心，觉得自己怎么那么笨。当时的感触是，有时自觉学得很好了，但面对很多事情，仍无法做得非常准确。

他始终跟我一起剪接，每一格都看在眼里

你有"台湾新电影的保姆"之称，从开拍前的讨论，到剪接、录音、看光、上片，几乎全程陪伴，能否请你谈谈当时的情形？

廖————剧本倒没参与，但开拍后，我就会协力，譬如分镜的方式、找朋友帮忙等。那些摄影师都是我的同事，我也比较稳定了，在厂里有一点点资历，可以请那些老师傅照顾一下新人。事实上，行内有个传统，当你是很嫩的导演，刚进厂，他们会有一点欺侮新人，我就会去打点这件事，陪着新导演创作，包括后期的录音、剪接、印片，一直到出拷贝，我都陪着，能帮忙就帮忙。

1980年，"中影"内部开始变革了，但片厂里头还是比较维持传统一贯的做事思维。

廖————片厂还是处于一个很老旧的状态。因为师傅们看过太多导演，对他们来说，这些小导演没什么资历，进来就要拍片，我跟师傅比较熟，便会去说情："师傅，拜托啦，不要这样……"（笑）

❸ 陈洪民，电影剪接师、导演。1932年生于厦门，1949年前后随海军官校舰队抵台，1950年考入"农教"，与一同录取的林赞庭、洪庆云、赖成英、林焜圻等人，成为台湾第一批本土出身的电影技术人员。1963年"中影"总经理龚弘以公费派陈洪民、罗慧明到日本的东宝和东映公司受训，学习电影特技和电影美术。六个月后训练结束，陈洪民回到台湾，除继续担任剪接外，亦着手剧本创作，其后展开导演生涯。完成卖座武侠片《龙门客栈》（1967）的剪接工作之后，翌年即推出个人执导的处女作《三凤震武林》（1968）。电影剪辑作品近九十部，导演作品二十余部。

你刚刚提到开拍前会跟导演讨论分镜的方式，讨论的大方向主要是？

廖————有时导演会跟我讨论分镜的方式，我会建议他们不需如此，或是事先分好镜，但每个镜头仍是用master（长拍）下去拍。我那时常看书，虽未亲自执行，但知道有master的概念。台湾真正的master拍法都是从我们开始，当初陈坤厚导演、侯孝贤编剧的《我踏浪而来》（1980）片中，林凤娇和欧弟对话那场戏，就是两边长拍，但剪接时把我剪死了，我后来很后悔提了这项建议（笑）。

　　你第一次见到杨德昌就是《光阴的故事》剪接时吗？对他的第一印象是什么？

廖————杨导是一个看起来很阳光的男孩，穿件T恤、牛仔裤，大多时候穿球鞋，有时也穿夹脚拖，戴顶棒球帽，腰际上系着一台Sony卡带式随身听，耳机塞着，非常美国男孩子的打扮。他老是一直听他的古典音乐，偶尔手还会往天上指，仿佛高音一直往上飙，也不知道他在干吗。不过人倒是非常和善，跟人说话时，总眯着眼睛一直笑。

　　剪《指望》的时候，杨导也都一直在旁边吗？

《指望》片中，小芬发现自己初经来潮，显得惊惶失措。

廖————都在，他始终都是跟我一起剪接的，每一格都看在眼里。实际上，他跟我还蛮合得来的，剪片子都没有问题。他的做事方式是一个萝卜一个坑，我也可以跟他一样要求得很严谨。《指望》里头有一段，拍小男孩在学骑脚踏车，他原先打算真的画出分镜，我跟他说，这样拍太麻烦了，就叫他用master，所以他每一个master都拍，事后再来剪。

除了这场戏之外，其余大多是按照事先规划好的分镜去拍吗？

廖————有一些镜头都是照分镜拍，比较客观来讲，某些经验他不太足，所以我会教他那个部分大概怎么拍，当然不是指导他，只是建议他可以拍多一点，剪接时会比较好剪。譬如学脚踏车那场戏，他说要照分镜拍，问题是，剪起来就是那种味道，假如每个分镜都用master拍，剪接时再来处理，气氛才会掌控得好。

除了骑脚踏车那场戏，还有针对其他的分镜方式做讨论吗？

廖————还有拍男大学生在院子里搬砖头那场戏时用了dissolve（溶接），他不太清楚dissolve怎么做，我就告诉他这个地方我要用什么方式。比较有记忆的就是这两场。

《海滩的一天》，我一辈子剪得最用力的片子

杨导曾说，当初之所以会做dissolve、fade in、fade out，其实是因为不够有信心。到了《海滩的一天》，他就不做这些了，改为采取更直接的创作方式。他说："台湾新电影没有fade in、fade out、dissolve这些东西，这不是我们的语法，环境让我们在没有这些奢侈品的时候找到一个很直接的创作方式，这方式你必须要有信心才做得到。譬如说fade in、fade out是气氛，很简单，慢慢出来，你为什么不可以'蹦'一下出来马上有那种气氛呢？那气氛在画面中马上就有，这逼得你马上要在画面中取代气氛的东西，你的工作会更实在，更多在要呈现的东西上，而不是在技巧上。"❹ 在剪接上，你觉得这是一种新的变革吗？你自己怎么看fade in、fade out、dissolve等技法的运用？

---

❹ 黄建业，《杨德昌电影研究》，台北：远流，1995，第217页。

廖————用dissolve、fade in、fade out，比较属于创作者主观的情感描述，就像是写文章时加上很多形容词，倒不如把形容词都去掉，借由文字本身很朴素的情感来传达。以烹调作为比喻，那就像味精、调味料，是不必要的，应该让食物本身的味道来传达就好，反正这些菜煮一煮，就很入味了。Dissolve比较像是人工的手段，并不真实。

台湾新电影dissolve、fade in、fade out用得很少。年轻时，会有一种激情，想要坚持某些原则，会为了一个dissolve、fade in、fade out就翻脸，现在用什么形式都可以，你要做dissolve，做一百个我也不担心，只要觉得这么做是对的，考量的重点在于情感传达的本身够不够自然。现阶段我可能会用更宽容、更严谨的态度去看。

《海滩的一天》全片在当下的时空和回忆之间不断来去，打破了昔日线性叙事的逻辑，杨导在谈到这部片的剪接时曾说："只要你连续地供给一些information，这些information的时间就并不重要，换句话说，惯用的flash-back、flash-forward，对我来说，不过是处理information的一些方法或者是一些情节的延伸，时间是并不重要的。这个可以说是《海滩》所谓structure的一个关键。所以《海滩》的flash-back、flash-forward是很自由的。"❺请你谈谈这部片的剪接经验，以及它所带给你的刺激。

廖————剪接时就是看剧本和拷贝，我觉得我剪得太用力了，那是我一辈子剪得最用力的一部片子，我的注意力像是镭射一般，扫描着每一格。日后回想，很多片子的节奏都被我的注意力放慢了一点，因为太专注了。剪《海滩的一天》时，我仿佛跟着女主角张艾嘉、胡茵梦在呼吸，剪到忘形，要停下来时，甚至会抖一下，把自己的手都弄痛了，因为太专注、太凝聚了。而且分明是在冷气房，却剪到浑身是汗，像着魔一般。《海滩的一天》整体的感觉很吸引人，演员表演得很好、很有味道，音乐也很突出，是香港作曲家林敏怡做的。剪《海滩的一天》时，眼睛极度疲劳，不断分泌眼油，剪到眼睛不能聚焦，看出去是白茫茫一片，便跟杨德昌说："不行，我一定要睡。"躺下去，睡了半个小时，起来一看，又有焦点，继续剪，剪了一个多小时，焦点又没有了，就又继续睡。我睡醒后，不忘问身旁的杨德昌："导演，你睡得好吗？"他说："我都听你在打呼。"（笑）

这部片剪完非常的顺，问题是有一种"慢"在里面，那个慢就是我的注意力，

张艾嘉于《海滩的一天》所饰的佳莉,由娇羞可人的少女逐渐蜕变为独当一面的新时代女性。

因我的注意力所凝结而成的慢。但全片的调子是统一的,因着这幽慢的节奏,反而有一种浪漫的神采。剪这部片时真是疯狂的专注,剪接时几乎只盯着演员的眼睛,不过我后来发现剪片子不应该那么凝聚。

这部片剪完后长达两小时四十七分钟,因不符合当时戏院一般播映的片长,还一度被上级勒令剪短。

廖⸺⸺不过我剪不短,就跟杨德昌说:"阿德,好歹你是导演,你来把它剪短。"结果弄半天,他也剪不短。因为剪不短,又有时间压力,我便跑到"中影"剪接室外头,站在大树下,看着月亮,发现脸上怎么湿湿的,一摸,才知道是眼泪。我剪不短,又没人可以帮上忙,那时觉得很孤单,有一种无能

❺ 张伟雄、李焯桃编,《一一重现杨德昌》,香港:香港国际电影节协会,2008,第18页。

为力的感觉。照理，导演应该比我还狠才对，偏偏我自己也不够狠，可能那时候太爱这部片子了。我永远忘不掉这段往事。

这部片剪很久，又怕赶不上金马奖，当初送到金马奖评审手上时，拷贝都还是热的。到了最后，制片负责送拷贝过去，印好一本就送一本，中途，跟其他车辆相撞，一下车，钱丢给人家就走了，连双方理论的时间都没有。

《海滩的一天》拍了几万呎？也是事先做好分镜吗？

廖————拍了十万多呎，在那个年代，算是很多呎的。早期大概一部片就是四五万呎，《海滩的一天》多了一倍。但以成品两小时又四十七分钟的长度而言，他拍得算是省的了。分镜倒是真的分得很刚刚好，我剪的就是情境，用情境感觉控制镜头的长短。

你在挑take时，主要的考量有什么？杨导会自行筛选他想要的take吗？

廖————一般在决定要用哪一个take时，主要根据的还是演员的表情、动作，因为我觉得对象还是最重要的。剪接时，我们会一起看，两人非常和谐融洽。他考虑的主要是他要的味道，演员的表情、走位。看一个画面时，要考虑的太多，但不外乎是演员的表现，这最重要，再者就是导演对这一场戏的想象，为了找到同时符合这两项主客观条件的take，经常看片子都看到快睡着了。

我之前曾跟《恐怖分子》的摄影师张展聊过，他提到有一场戏，缪骞人和金士杰两人在树下谈话，因导演没有让演员事先排戏就直接拍了，他无法事先预知演员的走位，只能现场即时反应，所以拍第一个take时，在框景上难免会有些出入，后来又拍了第二次、第三次，他自觉摄影的表现上较好，可是最后导演还是选了take1。

廖————对呀，因为那味道比较好，这很正常。像《悲情城市》，陈怀恩每次光都还没打好，导演就喊拍了，拍完后，他又赶紧去调光。侯导拍第一个镜头时，常说，我们试一次，事实上，这时候摄影机就开了，问题是，有时录音师的麦克风还没架好，摄影师灯光也没打好，却已经开拍了。但常常第一次都很自然，大家心想是rehersal，便演得很自然；到了第二次，什么都到位了，导演喊，我们正式拍了，大家反而变得严肃了。《悲情城市》里头，我用了非常多的take1。怀恩看过片后，就来跟我碎碎念："廖桑，你怎么都用take1？光都还没打好！"那年，《悲情城市》参加威尼斯影展，评审之一是纳斯托·艾尔孟德罗斯（Néstor Almendros），他是《克拉玛对克拉玛》（*Kramer vs. Kramer,* 1979）的摄影师，讲到《悲情城市》时，他说："感觉很好啊！"他看得出来光没打好，但重点是感觉对了！（笑）

《海滩的一天》采取了比较开放式的结尾，留下了更为宽广的想象空间，这种说故事的方式在当年对许多人都带来了启发，包括侯导也是。而你自己在剪接时，也倾向采取比较开放解读的方式，能否请你谈一谈这种表现手法？

廖────── 演员演完了，但是你不希望解释变成唯一，当只有单一解释时，观众得到的结果就是很肯定的。事实上，艺术电影比较靠近生活，生活有太多的不得已、阴错阳差，假如要更靠近生活，唯一的解释或是一定要下一个定论，对影片不见得是最好的，所以常会希望留给观众一个更开阔的空间。艺术电影若要启发每个人的人生，有多一点对话的机会是比较好的。

顺着角色的情绪反应走

你曾说，《风柜来的人》是你在剪接上的转折点，这部片开拍前，侯导经朱天文介绍，看了《沈从文自传》，察觉沈从文写的虽是自传，却采取了客观的观点，侯导深受启发，遂起意采用客观的角度拍摄《风柜来的人》。你有意识到侯导的转变吗？在剪接上，这样的转变是否带来了新的刺激？

廖────── 沈从文的文章非常少形容词，少了形容词，就会看到文字的本身，比较会看到物象，加上形容词后，等于作者去加以解释。物象就是动作、线条，将色彩去除，让情感借由物象来表现，而非强说"好可怜噢"云云。《风柜来的人》就是用一种比较客观的视角，不仰赖情绪的描述。此外，还有个很重要的因素：《风柜来的人》开拍之前，我去"国家电影资料馆"看了法国电影展，将最经典的片子都看了，侯导要去澎湖拍摄前，我叮嘱他千万要去看，他也去看了，回来后，发现他影片风格陡然一变。

当时我在研究"水平思考"(lateral thinking)。爱德华·德·博诺(Edward De Bono)出版了很多关于思考的著作,引我开始思索:想事情一定要那样吗?有时,剪片剪多了会很烦,爱德华·德博诺给我最大的触发是,想事情可以从不同方向思考。他提出"黑箱思考"的概念,一边是input,另一边是output,从input到output,中间充满各种可能性,你必须提出各种假设。

法国电影与水平思考带来的刺激恰好汇聚在一块,所以《风柜来的人》就乱剪,几个少年等公车那场戏,我把NG片段剪在一起,瞎剪一气;实际上,也不是乱剪,而是年轻人当兵前夕那种烦躁的压力给了我刺激,让我有机会借由剪接去表现年轻人快速转换的思绪。侯导当时正值转型期,拍回来的东西刚好也符合这样的气氛。

我跟侯导有几个最合拍的时期,包括创作《风柜来的人》、《南国再见,南国》、《悲情城市》等片的阶段,我们俩同步在改变。跟导演说是朋友也好,是对手也罢,进入剪接阶段后,就像是彼此在较劲,比外功,也比内力,总是希望自己有所进步。在这整个过程中,侯导是刺激我的最大动力,早期他是老师,发挥了指导的作用,之后是朋友,后来则以兄弟相称。对我来说,这些新锐导演

杨德昌对于《风柜来的人》大加赞扬,认为唯有最好的古典乐《四季》得以匹配其飞扬神采。片中,四个不羁少年于海边纵情狂欢,经杨德昌重新配上《四季》后,形成了特殊的音画对位效果。(陈铭君 摄)

们既是朋友，同时也是刺激我不断成长的对象，尤其是跟他们合作后，逼得我得看一堆书，连存在主义都看，否则会忧心自己赶不上他们。

在你看来，从《风柜来的人》拍回来的这些素材中，"客观"的视角是如何被体现出来的？

廖————这部片的摄影师是陈坤厚，他是侯导早期很重要的合作伙伴，拍回来以后，他就说："小廖，不行不行，片子哪有人这样拍！一个中景拍完就不拍了！"有一场戏，几个年轻人坐在海边的小庙前，拍完中景后就收工了，连特写都不拍，摄影师当场都傻了。后来我把片子按照镜号顺起来，我、侯导、陈坤厚在"中影"的大放映间一起看，看了一两个小时，我回头对侯导说："这是你拍过的最好的片子！"这时，只见陈坤厚已经往门口走出去了。此后两人未曾再合作。

你又说，剪接《风柜来的人》时，第一次从"叙述逻辑"转为"情感逻辑"，从客观逻辑的叙述，转成观众主观感受的东西，这跟刚刚提到的客观角度似乎又不太一样。

廖————原来比较重视剧情的逻辑，后来转成以角色的主观情绪为重，亦即描述角色的时候，不再用外界客观的故事线条去看这个人，而是顺着他的情绪反应走。譬如，有一个人坐在那边发呆，镜头一跳，就跳走了，不会让他还特意走到哪边去做些什么事，以前一定会让他四下走走，那些过程都被我消掉了，而是比较直接地介入角色的情绪，而且让观众也参与进来，观众一看，觉得够了，镜头就跳了。到了《风柜来的人》，观众已经成为我的合作伙伴，在观赏电影的过程中，共同成就了电影的美感。

台湾新电影的特点之一，是对于戏剧的观念转变了。譬如《海滩的一天》里头，佳森的父亲逼他成婚，待佳莉与母亲从外头回来，只见佳森跪在地上，眼前是碎裂一地的杯子，一场可预见的风暴已经过去了，并未特别着墨父子间的火暴冲突场面。这场戏是原先就没有拍，抑或剪接时才省略掉？

廖————这部分我没有记忆了，也许像这样的桥段就是我们会剪掉的，太戏剧化的东西就被去掉。这一场戏也一样，何必看他们争吵？这样的剪接，反而更有味道，这时观众也被邀请到了电影里头来，参与了故事的演绎。

《恐怖分子》有它自己的命、自己的张力

《恐怖分子》原先剧本有很清楚的逻辑，据说是到了剪接台上，你觉得镜头可以重组，就调动了一些镜头的次序？对此，杨导的反应如何？

廖————剪《恐怖分子》时，我跟他意见上有一点分歧，后来就没有继续合作了。当初剪这部片时，同时也要剪《恋恋风尘》，两部片都要参加金马奖。一开始，我是白天剪《恐怖分子》，晚上剪《恋恋风尘》，结果剪完第一天就发现不行，《恋恋风尘》开场的银幕的画面飘得像鬼片一样，我真的看傻了，怎会变得像恐怖片？侯导也说这样下去会变成"《恐怖分子》版"的《恋恋风尘》，便让我先把《恐怖分子》剪完，再来剪《恋恋风尘》。如此一来，我就变得很有时间压力。

《恐怖分子》片头便是一场开枪的戏码，伴随着一声枪响，随后，警车赶来，这么一来，影片的调子就定住了，画面张力就出现了，如果不顺着这个调子剪，会很奇怪。所以打一开始，分镜就被我改变了，以前我都照他的分镜，但这部片真的很怪，我觉得《恐怖分子》有它自己的命、自己的张力，就开始改镜头了。剪接前四天，他一直问我为什么，毛片都按照场号排列，但真正剪接时没法那样剪，看完后，我就说："阿德啊，这一场就这样剪。"有时镜头会调成4321、4231等新的排列组合，他先是愣一下，想半天，然后就问我为什么。我说："没有啊，这样才有味道。"自己剪得很开心，到了第四天，突然傻了，心想导演怎会一直问我为什么，才察觉情况有异。后来我跟他解释，情绪就这么一路凝结下来，不可能置之不理，另起炉灶。事实上也有尝试他预设的剪法，但不好看，人物之间的情绪会连贯不起来。

看《恐怖分子》时，会觉得好像什么事都没发生，却有一很奇怪的东西在盯着走，那是因为剪接把镜头都调过次序的缘故，我在控制观众参与这部影片的角度，看是要充分参与，还是冷眼旁观。他希望观众保持一定距离，看着剧情慢慢延展，但我的做法是观众必须要盯着画面，集中注意力观赏。两者完全是不同的角度。

剪接过程中，他没有表达过他的不开心，直到最后剪预告片时，我跟他开个玩笑："阿德，什么时候你的预告片这么商业过？"他听完后，笑了笑，说他有事，要出去一下。他是中午左右出去的，到了下午三四点，小野跑来，问道："你们两个怎么了？他在办公室骂了你三个小时。"我听了一惊，根本不知道发生什么事。事后回想，当年我年纪轻，也许比较桀骜不驯，加上有时间压力，所以在某方面会很坚持，事实上，一切都是为了片子好。后来，片子完成后，侯导看了，我记得他坐在我前面，看完片后，他转头看杨德昌，戏院暗暗的，侯导的眼睛却是很亮很亮的，完全透露了对杨德昌的欣赏之情。

据小野说，当时他力劝杨导不要干涉《恐怖分子》预告片制作，交由"中影"宣传部门全权处理，后来就剪成了枪战片的感觉，因此吸引了不少观众进入戏院。你在剪预告片时有没有把握什么样的准则？

廖────── 预告片是我跟杨德昌一起剪的，剪的时候，就是把最商业的部分全部拼起来，像是开枪、争执冲突的场面，不然片子的调性很冷，所以我才会讲错话嘛！事实上，他的想法很商业，只是拍着拍着，常就不商业了。

《恐怖分子》是不是有一两场戏拿掉了？

廖────── 《恐怖分子》拍得很长，尤其是缪骞人要离家那场戏，客厅一场、卧室一场、厨房一场、阳台一场、饭厅一场，每一场都有对话，问题是，戏好像不太可能走那么长，而且看了以后，发现一直重复，我知道他有他的用意，但那一场戏我并没有剪很多，比较干净利落一点。事实上，我有点心急，唯恐剪不完，后头还有《恋恋风尘》。

之前我采访《恐怖分子》的共同编剧小野时，他说，在结构上，剪接出来的版本基本上跟剧本出入不大，唯一比较大的调动就是结尾。《恐怖分子》的开放式结尾，允许多重解读，也是最受世人称颂之处。当初结尾怎么会这样处理？

廖────── 结尾好像是剪到那边，就自然改变了。一旦前面百分之九十都已经决定了，后面自然知道怎么剪，仿佛水到渠成一般。片尾，有人死了，为了

《恐怖分子》中,周郁芬自床上惊醒,猛然一阵作呕,仿若方才发生的一连串杀人命案不过是一场梦魇。

给观众制造一种惊吓，很多地方就要倒装，或是不去描述其过程。

因《恐怖分子》着眼的是人性比较负面的部分，剪完后，我好像有被那股不祥的情感打到的感觉，以致跟这部片子会有一种很奇怪的感情，非爱，也非恨，就觉得很不舒服。数位修复完成后，我又看了一次，委实对人性深处最恶劣的一面感到不寒而栗。

杨德昌的电影向来少有配乐，多是环境音乐，少了音乐的催化作用，势必更仰赖故事本身的节奏，而这就牵涉到剪接的技艺。《海滩的一天》因主题之故，算是有比较多的音乐陪衬，《恐怖分子》就几乎没有了。对你来说，音乐与影像的互动是什么？处理不仰赖配乐的影像作品时，会不会特别具有挑战性？

廖————《恐怖分子》因为太写实了，音乐就上不去。我常常剪一剪，本来有很多音乐，剪完后，音乐就不要了，主要是还原了那个真实性。有时人家剪得很故事性，我一去剪，就还原真实，发现音乐也不需要了。这涉及到剪接的角度，像《恐怖分子》，加上音乐反而觉得多了。一旦影像本身圆满俱足，就不需要音乐，常是不足的时候，或是有意靠着音乐的情绪去转接什么时，才得要加音乐。

当初侯导想为《风柜来的人》重新配乐时，就是你推荐杨导给他的？后来，《冬冬的假期》也是杨导负责配乐的。

廖————对，是我推荐的。我不知道他会建议用维瓦尔第的《四季》，侯导很喜欢，但对我来讲，用《四季》太浪漫了，年轻时那种荒谬的感觉不见了，变得很优雅，有点小资阶级的况味。片尾，他们在卖卡带那一场戏，原来的配乐是李宗盛所作的同名歌曲《风柜来的人》，我倒觉得土一点还不错。

理性与感性缺一不可

在你看来，剪接最主要控制的是影片的调子和情感，能否简单谈谈在剪《指望》、《海滩的一天》、《恐怖分子》这三部片时，各自希望塑造什么样的调子和情感？

廖————《指望》是讲一个年轻女孩和小男孩，《海滩的一天》是张艾嘉的回忆，都有一种浪漫的情调，《恐怖分子》就是活生生的、非常写实的调子。剪《恐怖分子》时，是从很现实的角度切入，观众虽参与其中，却是隔着一个很安全的距离，冷冷地看主人翁的所作所为，那是非常残酷的。

你曾说，剪接除了倚赖感性，还得兼具理性，能否请你谈谈这一部分？

廖————做电影的背后其实都有一个极度理性的心理，像制片要赚钱，导演则是企图拍出最能传达他深层想法与美学的作品，演员必须做到最灿烂的表演，这些念头都是非常理性的。理性是基础，感性是表达的形式。我一直觉得干电影或是任何事情，最底层支撑的不只是热情，还有一个非常理性的因素存在。理性与感性，就像爸爸妈妈一样，缺一不可。一定要极度的理性、极度的感性，才会取得中间值，若是理性几分、感性几分，看起来就会歪歪扭扭的。

你曾经提到，初识杨导时，对于他的理性思考印象颇为深刻，尤其是他能以非常理性的方式去处理感情这部分。

廖————他超理性，根本就是以写程式的概念在创作，去他家，有一面墙都是白板，剧本是以flow chart示意，就是那种写程式的流程图。而且他是用英文思考，基本上，英文的思考是偏理性的，不太像中文强调的是意象，凭借简单几个字眼就能带出朦胧感性之美。

另外一点很重要的是，他非常喜欢社会事件，所以他在北艺大上课时会带着学生读报纸，讨论时事。戴立忍也是他的学生，《不能没有你》（2009）正是改编自社会事件，可见还是有传承的。

而且他是一个非常诚实的导演，每一部片子里头都有他的影子，没有生活过的日子，他不会拍；所以他拍片超慢，乃是在于尚未经历他所欲创造的情感。我们常笑他，想到最完美时反而不拍了，因为这完美只能存在想象中，拍了总是会有不完美之处。

08
/
专业
技术
人员

陈博文
让影像成为有想象空间的载体

陈博文 ✕ 杨德昌

《牯岭街少年杀人事件》、《独立时代》、
《麻将》、《一一》剪接

采访日期▶2012年8月24日
地点▶陈博文工作室

在《独立时代》里头，
阎鸿亚所饰的作家有一段很冗长的训话，
我曾建议是不是可以把那一场戏剪掉一半，
不需要讲得那么多，
杨德昌沉思了半响，
跟我说："还是要保留，因为这是我的心声。"
我也很清楚，
所有杨德昌电影里面的对白，
其实都是他要讲的。

陈博文,1953年生于台南柳营。台湾艺专广播电视科毕业。1977年开始担任导演组、场记、副导等工作,1979年起跟随剪接师黄秋贵学习电影剪辑,1986年自行成立工作室,迄今完成作品达一百五十部以上。

曾以《黑暗之光》(1999)、《一年之初》(2006)获金马奖最佳剪辑,并以《石头梦》(2004)、《独立时代》(1994)入围金马奖最佳剪辑。2004年荣获第四十一届金马奖年度最佳台湾电影工作者;2009年荣获第十三届"国家文艺奖"。目前除持续从事剪辑工作外,亦担任昆山科技大学视讯传播设计系专任副教授。

小时候，陈博文的母亲曾带他去算命，算命师说："这小孩不会有什么成就，大概小学程度而已。"当他考上初中后，母亲再次探问，算命的人又说："运气，止于初中。"等到他考上高中，母亲三度登门造访，他语带尴尬地表示："出乎意料，这是祖先阴德庇佑，但绝对上不了大学。"后来他上了艺专，母亲已不再相信半仙。

"我确信成功是不断的努力加上丰富的人生阅历累积而来，只是人生阅历不见得全是岁月的沉淀，细腻的感性体验，敏锐的观察，冷静的思考，都可弥补经验的不足，还有——无论如何都得向前走的决心。"陈博文说。

他说，当初会进到电影圈，无非是一种机缘。他因担任《玲珑玉手剑玲珑》(1978) 场记而正式步入电影圈，随后亦参与影片剪接。彼时台湾电影业景气正好，故盛传着一句话："西门町一块招牌掉下来，就会砸死一个导演。"知名动作片剪接师黄秋贵不断利诱他、煽动他，劝他不要当导演，做剪接比较有前途。几经考量，陈博文也觉得剪接是比较适合他的工作形态，遂追随黄秋贵学习剪辑技艺。

1981年，他首次独立完成的作品《1905年的冬天》即是由杨德昌担纲编剧，彼时双方虽未正式建立交情，却埋下了往后合作的契机。一直要到十年后，余为彦主动跟他接洽，询问他有无意愿担任《牯岭街少年杀人事件》剪接，才揭开他与杨德昌长达二十余年的坚实情谊。

当初剪《牯岭街》时，因是同步录音，需要六盘式剪接机，陈博文没有这种机型，杨德昌二话不说，即刻去买了一台。剪接机放在杨导家中，陈博文便到他家去剪，乍见他家的两面白板上，密密麻麻写着《牯岭街》的人物关系表时，着实令他大感震撼，因他从未看过导演对于戏剧结构的掌握如此严密。《牯岭街》自此启蒙了陈博文对戏剧结构的思索，被他视为三十余年剪接生涯中最珍爱的作品之一。

剪完《麻将》后，杨导索性将那台要价上百万的剪接机送给了他，那时，他们不过相识数年，一起合作了三部片，竟能得此厚礼，陈博文内心自是无限感念。拍《麻将》时，正逢杨导经济陷入拮据，后来，片子入围了柏林影展，杨导仍执意邀请工作人员一同前往参展。为此，陈博文曾语重心长地说："你经济状况这么差，为什么还要邀请所有工作人员到柏林去？"杨导回他："在台湾，电影如此没落、不景气，大家做电影这么没尊严，那晚辈怎么去想象做电影是一件很光荣、很有尊严的事？大家到国外走一下红地毯就知道那种感觉。"

选择自己乐意做的事，挣得应有的尊严，人生所求，不过如此。陈博文凭借其无比的责任感与专注，未曾停歇地，结构出一部又一部的作品。今年，以纪录片《面包情人》再度入围第四十九届金马奖最佳剪接，并获提名"年度台湾杰出电影工作者"的陈博文，肯定地说："这个年纪在乎的不是得不得奖，只是要证明自己还是在进步中，没被洪流淹没，年轻的朋友追过来吧，虽然现在跑不快，至少我不会停止往前走。"

陈博文工作室一推门入内，即可见《一一》巨幅海报悬挂于墙上，据说此一坎城特别版海报，杨德昌仅带回三张，分别由杨德昌、杜笃之、陈博文所收藏。

《麻将》剪接完后，杨德昌便将自购的这台Steenbeck六盘式剪接机送给陈博文，教他深深感念。

建立严密的戏剧结构

———《1905年的冬天》算是你与杨导结识之初,也是你首次独立完成剪接的作品,能否先聊聊那一次的工作经验?

陈博文(以下简称陈)———起初几年,跟随我的师傅黄秋贵学习剪接,剪的都是动作片,七年之间,"摸"过近两百部动作片。参与《1905年的冬天》是一次很难得的机会,这是我第一部独立从头剪到尾的片子,且是第一次剪文戏,印象很深刻。本片是余为政返台后所执导的第一部电影,由王侠军、徐克主演,编剧是杨德昌,制片是余为彦,他们找了黄秋贵担任剪接,他是一个以剪动作片闻名的剪接师,可以说是当时东南亚第一把交椅。我师傅很有个性,他认为导演功课应当做得很好,镜位和分镜必须掌握得宜,然而,余为政却援引了美式的拍摄方式,几乎皆采取长拍,以便让演员情绪得以连贯,如此一来,到了剪接阶段,就会面临分镜的问题,对于我师傅来说,徒然造成他剪接上的困扰。

后来,余为政便提议,他先跟我做初剪。从事剪接工作前,我曾在现场待过,做过副导演和场记,加上已经做了两年的剪接,所以对镜头算是颇有概念,我跟余导两人便开始着手剪接。过去剪动作片时,武术指导早将动作分好了,我第一次剪文戏,又都是从头拍到尾,若一场戏分别从两侧拍,拍了两个近的、两个远的,共计四个镜头,这就意味着,每一个镜头都可以当第一个镜头,取舍之间有赖细密的判断,故单是剪一部片下来,便收获匪浅。

———当时你跟杨导已经结识了吗?为何后来会找你剪《牯岭街少年杀人事件》?

陈———其实剪《1905年的冬天》时,我根本完全不认识杨导,剪接时,他曾来探班,坐在后头看我们剪接,但我并不知道他就是杨德昌。后来,我曾帮但汉章❶剪他执导的第一部片《暗夜》(1986),余为彦担任本片制片,便推荐他找我剪接,他之后的两部片《离魂》(1987)、《怨女》(1988)也都是我帮他剪的。但汉章和杨德昌也蛮熟的,不过当时纯粹是间接接触到他,双方并未真正有交集。真正与杨德昌熟识,是要到了剪《牯岭街》之际。

杨德昌以前的片子都在"中影"剪,到了《牯岭街》,就把片子拿到外头来剪。

当初是余为彦先跟我接洽，此前我看过《恐怖分子》，觉得这部片无论故事还是风格都很强烈，非常喜欢，便欣然应允了。我原先以为杨德昌的风格就是那样子，没想到《牯岭街》和《恐怖分子》截然不同。杨德昌每一部作品都蛮有特色的，并不拘泥于单一风格。

《牯岭街》当时是到杨导家里去剪的？能否谈谈彼时的工作状态？

陈————当时还是传统剪接，都是用Steenbeck，我只有买一台四盘式剪接机，可以走一条画面、一条声音，可是同步录音只有一条声音是不够的，最起码要两条，便需要六盘式的机器。我跟杨德昌说，我没有机器，他就去买了一台，放在他家，所以就到他家去剪接。

剪接期间，我每天都到他家去，剪到累了为止，也许已经是半夜了。杨德昌大部分时候都坐在旁边，有时会去忙他自己的，等我剪好再过来看。他坐在一旁时，其实都不大讲话，除非剪得跟他的想法相去甚远，才会提出他的看法，彼此讨论。

在剪接前，一般会先看过剧本，注意有哪些要留意的地方，以及洞察导演所欲传达的情绪，当初你看完《牯岭街》的剧本后，初步有些什么样的想法？

陈————一部片会不会成功，其实剪接师是最清楚的。当你开始读剧本时，有没有那股冲动，想要一口气读完？这是一个先决条件。《牯岭街》的剧本很厚，其架构根本就如同一部很完整的小说，阅读时，会一直深受故事吸引，想要一鼓作气读完它。等到拍摄完成，看到影像后，发现和文字有一些差距，文字叙述比较有想象空间，影像出来后就具体化了，如何让影像也成为有想象空间的载体，这就有赖剪接的功力了。一般而言，我看剧本，通常只是看故事的走向，剪接时，仍是以影像为主，思索如何处理影像、创造影像。

这部片大概拍了多少呎？

陈————我忘记了，只知道很多，应该有十几万呎吧。那时候一部戏都三四万呎。

❶ 但汉章，1949年生，大学就读台大法律系，二十出头时曾长期为《影响》杂志撰稿，引进西方电影观念不遗余力。二十六岁时，赴美国加州攻读电影，返回台湾地区后投入拍片，先后执导《暗夜》、《离魂》、《怨女》三部电影。1990年拍摄新片《夺爱》时，因过度操劳而病逝。

————————《牯岭街》总计剪了几个版本？你们怎么看待这几个不同的版本？

陈————因为日本有购买发行权，他们要求片子不能太长，希望能有三小时的版本，我们就剪了一个三小时的版本。台湾地区上映时也是删节版。完整版则是四小时，只有在影展上才有机会播映。我、杨德昌和余为彦都觉得四小时的比较精彩。

完整版要再拿掉一个小时其实是很难的，如果要这个镜头修一点、那个镜头修一点，基本上没办法修掉那么多，所以一定要抽掉某些戏，我记得是把时代背景拿掉得比较多，主要是小四父亲的那一条轴线，涉及到"白色恐怖"的部分。一方面有商业上的考量，我们觉得这部分可能较难引起年轻观众的共鸣；另一方面，当时仍存有政治上的禁忌，便将这一部分删掉了。

————————你曾说，《牯岭街》是你从事剪接工作迄今，最满意的作品之一，这部片格局宏伟，结构庞大而严密，剪接这部片带给你最大的影响为何？

陈————主要是创作观念，以及对于戏剧结构的掌握上。以前剪接时，大多会考虑到商业因素，便尽可能将精彩的桥段集结起来，至于其间的衔接是否合乎逻辑，反而成了次要的考量。然而，在剪《牯岭街》时，我最大的体悟是，戏剧结构必须很完整——为什么故事要如此进行？这一场戏为什么要接下一场？前面出现了什么样的人物，后头又该如何收尾？像《牯岭街》，尽管出场的人物很多，但对每一人物皆有完整的交代，且观众在看的时候并不会觉得很啰唆。这部片让我学到如何用很严密的戏剧结构，去讲一个很精彩的故事。

创造声音的空间

————————《牯岭街》是采取同步录音，在剪接时可以听到对白和环境音，对于剪接而言，有什么比较大的帮助？

陈————剪《牯岭街》比较难的地方在于对声音的掌握。过去多是非同步录音，剪非同步录音的作品时，我自己有很多想象空间，所以会预留空间，然其意义只有我知道，我可能会跟导演讨论，但不可能每一个镜头都细诉其处理方式,唯有等到配音完成后,才知道成效,然而我又不可能到录音室去,所以配出来的结果跟当初我的感觉总会存在着差距。剪非同步录音的片子时,完全没有可供参考的声音,只有场记表上写了某人讲了什么对白,你就得读唇语,对照对白,方能完整地呈现出来。但我觉得影像的创作不只是对白,声音的元素还包括音乐、音效、环境音等,剪接时,一般我都会将这些纳入考量,去创造一些声音的空间。

然而,一般录音室往往是看到什么就做什么,见有人打巴掌,便配一个巴掌的声音,可是假若我们在此讲话,外头车水马龙,单纯拍摄室内空间时,根本无法感知外头的环境,剪接时,如果我觉得外面的环境很重要,我们讲完话后,就会留一点空的,也许人家会觉得既然讲完话了,后头就该剪掉了,何必留两个人在那儿对望?但此时若外头有辆车子唰一声疾驶而过,借由环境音去撑这两个人对立的感觉,不是很好吗?要是做音效的人没有注入环境音,便无法达成自己预想的效果。

陈博文、杜笃之为杨德昌长期合作伙伴。
左起:陈博文、杨德昌、杜笃之。

当年杜笃之离开"中影"以后,陈博文与他共享工作室,体现了电影人彼此相挺的高洁情操。

《牯岭街》是同步录音，我就可以安排声音。杨德昌长期跟我合作，我想可能是信任我在这一方面的创作——我会抓取影像之外的其他元素去做创作，尤其声音和影像的结合是很重要的，杨德昌也许就是看见我在这方面的细心。譬如，《牯岭街》里有一场演唱会，演唱会开始前，众人得先唱"国歌"，拍的时候一定是从头到尾都拍，可是没有人会喜欢从头听到尾，故演唱"国歌"之际，必然得穿插剧情进去，如何让这样的交叉剪接显得有张力，就不是拍摄时所能掌握的了。我采取的策略是，"国歌"开始唱没多久，镜头便跳到外面，只见站在门口的卡五大声说道："唱'国歌'了你还动！全部给我站好！"正当大伙儿都安静下来时，有一个人自远处缓步走了过来——小公园太保帮的头头Honey出现了，为了建立他的气势，让观众对他的出场留下印象，就必须仰赖剪接的安排去加以衬托。等到"国歌"结束的当下，该介绍出场的人物也出场了，并从中带出某些情节。观众看的时候也许不会意会到，只觉得很流畅，可是在剪接的时候却得考虑很多，如何在短短的两三分钟之内安排剧情，使其不断地进行，又刚好在适切的时间点结束，实非易事。

演唱会举行之际，小公园太保帮首领Honey忽然现身中山堂外，与其他帮派起了正面冲突。

"国歌"一唱完，紧接着演唱会就开始了，同样得内外不断交叉呈现，跳到演唱会现场时，我会考量唱到哪一句较有力量且影像较好看，当这部分确立下来之后，其余时间就要填塞剧情进去，这便牵涉到剪接师的编排设计能力。

任何一项创作都希望掌握到最完整，剪接亦然，当我预留了某些空间，同时将声音放进去，其他人看了，会觉得这声音是有帮助的、留那个空间是有意义的，不致觉得拖延了节奏。此外，有了对白，我可以很精准地掌握演员的反应，譬如，在同一场景里，第五场有某俩人的戏，第二十场也有他俩的戏，当我在剪第五场的时候，发现某方讲完话后，另一方虽有反应，但不够好，第二十场当中，刚好有一个反应是可以拿来这里用的，就会把那一颗镜头调过来用。在这种状态下，是因为有了声音，才可以很精准地掌控你要什么样的反应。

杜笃之曾说，你是很多人的贵人，当年，他一离开"中影"，就是你收留了他。共享工作室的这段时间，你们会不会相互讨论声音的处理？他是否给了你一些启发？

陈————————当初他是在"中影"，后来要离开的时候，对他而言也是个挑战，因为独立开业不仅要找助理，还要找一个落脚处，刚好我租的地方有一房间是空的，便给他用，水电也都免费，且当时声音后制还是要用平台剪接机去剪，我的机器就给他用，让他可以比较安心工作。

我们彼此当然是会讨论，假如我预留了一个空间，这个空间要呈现什么样的感觉、要有什么样的音乐或音效进来，这类问题我都会跟他讨论，他可能会提供一些建议。声音其实也是一种表演，能够辅助影像，比方，我俩在这边讲话，如果很安静，观众就会意识到周遭是一个安静的场所；一旦配上嘈杂的车流声，便知晓此地紧邻大马路。虽说画面上没有呈现外边的环境，但凭着声音亦能推估。

"这是我的心声"

《独立时代》的第一个版本其实是没有字卡的，后来才插入字卡，当初是杨导主动提议要插入字卡的吗？所持的理由是什么？

陈————我记得是第一稿完成,第一个拷贝出来,送去坎城参展以后才改的,两者间距没有很久。第一个版本片长较长,故事推进很顺畅,杨德昌心想,是不是可以改变一下结构,变成有点像章回小说的形式,先有一个标题,再把故事讲出来,这个标题也许可视为一个伏笔,抑或足以引起观众兴趣,甚至带有某种趣味。如此一来,就可以不用像原本的叙事结构那么完整,一旦觉得这段的戏和情绪足够了,便可以卡掉,直接跳下一段落。因有标题作为联结,戏就不会断裂,仍可维持故事的精准度。

作为剪接师,你自己又是怎么看这两种形式所带来的不同效果?

陈————我比较喜欢插入字卡的版本,以剪接而言,此一版本在风格上有所突破,故事节奏也比较浓缩,而且这部片台词特别多,如果从头到尾一直在讲话,片长又长,观众真的会觉得是疲劳轰炸。尽管片中所欲指陈的都是导演的理念,但身为剪接,总还是会站在观众的立场去考量,无论是节奏还是表演等各方面的精彩度,怎么样让观众喜欢其实还是蛮重要的。当初我跟杨德昌提到这一点,他是一个很有抱负的人,但就算有再好的抱负和理想,如果观众没有踏入戏院,根本就看不到他的想法。

杨导曾说,《独立时代》的节奏绝对不是视觉的,也不是对话的,也不是属于以前电影蒙太奇的。❷在剪接上,你如何创造出杨导所要的新的节奏?

陈————对我来讲,在控制所有影片的节奏上,都是出于一种很本能的反应。很多人问我,剪《牯岭街》、《独立时代》或《一一》是什么节奏,事实上,我并不觉得有何标准节奏或观众喜欢的节奏,剪接时,完全是按照自己的感觉。譬如,若是这段话讲太多了,是不是可以缩短?这些话意图指涉的事情,讲得太明显、太完整了,是不是可以讲到一半就卡掉,让观众自行去揣想?我的想法主要是围绕着这些念头,倒没有说一定要采取什么样的节奏。

杨德昌其实也没有跟我提到节奏的事情,也许我在剪接的时候,他同意我这样的剪法,而这种剪法就是属于他的节奏。在《独立时代》里,阎鸿亚所饰的作家有一段很冗长的训话,我曾建议是不是可以把那一场戏剪掉一半,不需要讲得那么多,杨德昌沉思了半晌,跟我说:"还是要保留,因为这是我的心声。"

NJ与旧情人阿瑞以及婷婷与胖子这两段情感,形成了一种互为指涉的弦外之音。

我也很清楚,所有杨德昌电影里面的对白,其实都是他要讲的。

情绪的琢磨与铺陈

《一一》片中,父亲NJ与旧情人阿瑞于日本重聚,以及女儿婷婷在信义区与胖子约会的桥段,采取了交叉剪接,这是全片你唯一变更了原始结构之处,为何选择如此处理?

陈　　　　　这一段是我看到后立即的感觉,跟原架构有点不一样,原先是完整的两场戏。一开始,我先把这两场戏分别剪完,虽说很完整,却觉得是在做同一件事——约会。后来,我寻思有无可能让戏更浓缩一点,且父女之间的关

❷　黄建业,《杨德昌电影研究》,台北:远流,1995,第242页。

系和对比更强烈一点？杨德昌也认同，我们就用交叉剪接的方式处理，有一些是NJ和阿瑞之间的对白，画面上出现的反而是他女儿约会的场景，仿佛将父亲的个性和行为投射到女儿身上。剪完后，杨德昌也觉得很好。

杨德昌比较欣赏我的地方，可能是我在戏剧的处理上不会那么墨守成规，他拍什么就用什么，而是会重新去创造。像有一场戏，NJ和阿瑞自车站走出来，画面是一个远景，只看见两个小小的人影，此外也拍了很多车站的空镜以及两人对话的戏码，我便从全部影像里挑出较为精彩的，利用比较远景的、看不到嘴形的画面，将角色在其他镜头讲的话挪到这边用，同时穿插婷婷约会时的远景镜头，虽说剧情与对白依旧，但影像被我改变了，仅保留了最精华的部分。

———— 杨导很讲究叙事结构，也往往有很明确的构思，那么在剪接上比较可以发挥的部分为何？

陈 ———— 杨德昌的故事架构真的很完整，也很难去更动，我比较能够发挥之处在于情绪的铺陈。譬如，两人在讲话，讲完话后，情绪要不要留？或是其中一方讲到某句对白时，要不要跳到另一方的反应镜头？在《一一》里头，有一场洋洋和学校主任的对手戏，两人在争论洋洋是否带了保险套到学校去，我选用的镜头全都在洋洋这一边。取决的标准端看戏哪一边比较精彩，如果演员的表演很好、情绪很到位，我可能就会一直留着；如果对方没有讲话，但反应及表演很好，镜头可能就会带到对方那边去了。再者，也会顺着剧情的发展，判断观众比较希望看到说话者或另一方的反应。

———— 如果连续使用很多长镜头，整体影片节奏便会拉缓，杨导的作品虽多长镜头，但在这些长镜头内，要不有紧凑的对白与事件，要不有适切安排的演员走位，要不有经过设计的摄影机运动，所以在整体的节奏上，并不特别沉缓。

陈 ———— 他很重视表演的节奏，像《麻将》片末，红鱼开枪把邱董杀掉那一场戏，镜头长达五六分钟，杨德昌就要求一定要一镜到底。又或者像是《一一》里头，阿弟在浴室里昏倒，他的妻子小燕回来见着，在屋内仓皇地跑来跑去，其实都是一个固定镜头，见她跑去敲浴室的门，讲了一串话后，又跑出来找电话，随后又跑进去。一般而言，摄影机都会跟着那个角色跑来跑去，凸显她的紧张与激动，可是杨德昌不会，他都是很冷静地在看一件事，即便小燕很紧急地在敲门，也只是听见声音，镜头没有带到她焦急慌乱的神情。尽管如此，观众仍是会从对白里慢慢发现戏剧的进行愈来愈紧凑，形成很强的张力。

剪接时，你会不会把所有take都看一遍？

陈—————会，都要看过。假如某一个take是OK的，但另一个take前面有一小段表演更突出，就会把那一段挖出来用，所以花的时间会比较长。

杨导也会陪着一起看吗？他会不会自行挑出OK take？筛选的原则又是什么？

陈—————杨导会在一旁看，但他不会讲话，通常是我帮他选，但哪一些镜头OK他其实是很清楚的，如果我看到更好的小片段就会建议他使用。假如我挑到的跟他的感觉不一样，他还是会讲，他会说，他不喜欢哪一种感觉。比方《一一》片中的敏敏那个角色原先不是金燕玲演的，另一个演员演得不好吗？其实不是，她也是非常资深的演员，只不过演的不是杨德昌要的感觉，就只是这样而已。对于观众而言也许差异不大，但对他来说，剧中情节的发展都是以这种性情去塑造的，便希望演员能够表现出这种个性。

杨导晚年投入了动画《追风》的制作，你也有参与到这一部分吗？

陈—————我曾经帮他剪过《追风》的预告。我知道杨导一直想要做动画，有一段时间，杨导没有拍戏，那时我和杜笃之的工作室在长安东路，他的公司就在仁爱路上，便常到我们工作室来聊天。《一一》拍完，他开始弄动画，我曾建议他是不是先将动画搁下，或是另寻他人来完成，他负责监督。我觉得杨德昌很大的才华仍是在影像创作上，他美术上的天分非常强，但动画终究不是他的本行，再说，动画并非他能够独力完成的，必须借助他人的才能。要做出他心目中设想的动画，倘若无法很详尽地告诉动画师他所要的，做出来的成品一定不符合他的标准，即便人物设定、场景等都是他亲笔绘制的，但转换成动画后，毕竟还是不一样。

学校主任不时找洋洋麻烦,甚至嘲讽他拍的照片是"前卫艺术"。

杨德昌很自负，跟他合作一定要反应非常快，他要什么，你要跟他同步，譬如，今天要拍这个房间，你非得陈设出他要的感觉，否则就没有办法拍下去。但剧组人员哪有个个都这么厉害，如果我都跟杨德昌同步，那我就做杨德昌了啊！（笑）所以工作人员大部分都有过被挨骂的经验。大家之所以都说他很严厉，是因为很少有人能够达到他的要求。

影史漏网新闻——杨德昌与朱延平的合作契机

你是什么时候转为数位剪接的？相较于传统剪接，你觉得数位剪接的优势为何？

陈—————大约十年前转为数位剪接，《一一》是用电脑剪的，《独立时代》和《麻将》仍是用传统机器剪，杨德昌那时候一直觉得传统剪接比较有感觉，他本身是学理工的，却仍钟情于传统的剪接器材。然而，从《牯岭街》做到《麻将》，我们真的有一个领悟：时代的进步不是我们这几个喜欢传统感觉的人可以守得住的。第一，光到外面做后制就要花很大的劳力，因为拷贝很大、很多，资料非常重，且放映系统不断更新，台湾目前全面改成数位放映，若是仍用传统拷贝，根本找不到可放映的戏院，便不得不跟着时代潮流，随之数位化。至于会不会怀念从前使用传统剪接器材的日子，当然会怀念，不过是怀念以前的苦（笑）。那种苦，仍有一种苦中作乐之感。传统的剪接较能考验一个剪接师是否真有毅力，现在都靠电脑记忆，找资料很方便，不像过去，完全凭借脑力，假若一个拷贝修到第三次时，觉得这个镜头应当加长，必须将此一镜头找出来，便得回想，究竟是在哪一次将这个镜头修掉的，那一段拷贝可能只有两格，要去哪里把那两格找出来？这完全得凭脑力记忆，考验的是一个人的反应与耐力。我觉得剪接是一份很细腻的工作，就算差两格也要把它找出来。

如今，我一直鼓励大家用数位去创作，因其可变性非常大，演员的表演完全是可以改变的。譬如，有一场两人对话的戏，演员表现得很好，可是甲方讲完话，乙方反应完，甲方又接续着讲时，节奏慢了一点，停了三秒才讲话，就可以将这三秒加速一倍，变成一秒半，整个节奏就没问题了。这种细微的调整其实一般剪接师是不会做的，或许是他们没有能力去做这件事，抑或有能力去做，但没有办法精准地掌握演员表演的节奏，不知如何下手。

后来杨导是不是就把那台要价一百多万的剪接机送给你了？收到这份大礼时的感觉是什么？

陈————《牯岭街》剪完之后，那台六盘式剪接机就搬到他的工作室，后续还剪了《独立时代》和《麻将》。剪完《麻将》后，他就把机器送给我。主要是他的片子都是我在剪，剪接机放在他公司也没有人用。其实那时我已经买了一台六盘式剪接机了，但得知杨德昌要送我的时候，内心仍满是感激，有一种知遇之感，毕竟那时我们也不过就合作三部片而已。当初我很羡慕侯孝贤送杜笃之第一套现场同步录音设备，那套设备要价上百万，侯孝贤竟就这么送给他了，没想到有一天杨德昌也送了我一台价格高昂的剪接机。

目前，我的其他两台机器都处理掉了，唯独这台保留下来。十年前转为数位剪接，那台机器便鲜少使用了。倒是因为朱延平的《异域》（1990）将于大陆播映，其中有句对白较敏感，必须剪掉，所以前几天我才把这台机器打开，都还可以用，声音和画面都没有问题。

杨导有一回从日本回来，写了封信给你，他在信末忧心忡忡地提到，"台湾电影再不努力向前进化，向前转型，已经是一个无法有任何市场的过时产业！我相信你有深刻地对这问题的思索及答案，这也就是你会相信我能和朱延平携手将台湾电影提升至应有的工作层次及方法，这才是双方最实际的收获。"❸杨导向来很关心台湾电影产业的发展，并非只是埋头钻研己身的创作，他是在什么样的脉络下写了这封信？信中提到的事情是什么？

陈————《一一》开拍前的一两年，朱延平有意投资一个拍摄案，原定要找杨德昌执导，这案子最初是由我促成的。由于早年朱延平和金城武曾合作《中国龙》（1995）、《泡妞专家》（1996）等片，故两人一直保持着很密切的关系，金城武觉得朱延平对他照顾有加，遂签下两部片的合约。印象中一部片的片酬是两百万，等到朱延平计划开拍时，金城武的片酬已经涨到一千五百万了，不过这两部片的合约仍然有效。朱延平跟我提到这件事时，说，金城武如今已是国际巨星了，他再怎么拍，也不出过去那些喜剧片的套路，再者，他也希望帮助金城武往国际影坛走，便起意由他筹资，找其他导演来为金城武量身打造一部电影。

那段时间，杨德昌刚好拍完《麻将》，便常去我的工作室，他手上虽有几部片在谈，但都不是很具体，所以朱延平跟我提了这事之后，我就想是不是可以找杨德昌。这案子的基本条件是：由金城武担任男主角，投资金额约四五千万，且剧本完全由杨德昌主导，朱延平不加干涉。杨德昌闻此，大感意外，也很感动，我便约了两人见面，彼此相谈甚欢。朱延平投资了几千万，而且开出来的条件非常优渥，因希望不要亏本，遂有意洽谈日本版权，后来杨德昌就到日本去跟那边的投资方开会，日方一听到是金城武、杨德昌的组合，自然很有兴趣。从日本回来后，杨德昌就写了这封信给我。

后来这个案子为什么没有成？信件最末，杨导写道："不过，这一切我定会听信你的判断，只要你说：'老杨，我觉得可以干了！'我一句话都不会问，我就跟你干，我完全信任你！我就是这么简单干脆的一个人，老朋友！"由此可见杨导对你很是信赖。

陈————我跟朱延平、杨德昌都很熟，一方面觉得不能让朱延平亏本，另一方面也不能让杨德昌在拍片时遭遇到资金上的挫折，所以很为难。我知道杨德昌一拍下去，其实是六亲不认的，力求拍到最好为止，我相信杨德昌做得到，朱延平也相信，但问题是，朱延平终究不是财团，他能够提出四五千万来拍这部片，已经是相当高的规格了。

本来这案子已经谈到非常具体成熟的阶段，准备要签约了，投资规模、导演及编剧酬劳等都大抵谈定了。之所以未能谈成，主要仍是信任度的问题。待双方要正式签约时，可能都有各自的顾虑吧，便希望对方先签合约，后来杨德昌就写了这封信给我，说，只要我觉得可以就可以，他绝对不计较。我必须顾及双方的立场，正当我还在考虑的时候，日本的Pony Canyon就找上了杨德昌，邀请他参与"Y2K计划"，与关锦鹏、岩井俊二合拍三段式电影，提出的条件也很优渥，后来杨德昌便以这笔资金完成长片《一一》。拍完这部片后，他就全心投入动画，这个案子便搁置了，很可惜。尽管这个案子最终没有成，但最起码让两个不相往来的人变成朋友了。这是电影圈的漏网新闻，我过去几乎未曾提及这段往事（笑）。

❸ 游惠贞，《电影魔法师：陈博文的剪辑世界》，台北：远景，2012，第134页。

09 / 专业技术人员

张惠恭
展现自然光源的丰富层次

张惠恭✕杨德昌

《海滩的一天》摄影指导
《牯岭街少年杀人事件》摄影

采访日期▶2012年7月3日、10月13日
地点▶捷运芝山站一带

杨德昌喜欢自然光,
对他来说,
那个年代的室内光源差不多就是这样,
他想要如实传达,
而且他比较讲究的是情绪的抒发,
倒不见得是非得看得多清楚。
为了拍《牯岭街》的一场夜间械斗的戏,
我着实想了很久,
最后只得凭借自己的感觉,
从隐隐约约的人影中去捕捉现场动态,
而且还是采取手持摄影,
实在很不容易拍,
幸好后来跟拍的效果还算不错。

张惠恭,1943年生。1972年首度担任摄影师,拍摄台语片《可怜的酒家女》。日后张惠恭进入"中影",从摄影助理做起,1977年正式升任摄影师,拍摄《老虎崖》,及至1992年拍完最后一部片《少年吔,安啦!》为止,总计拍摄三十余部电影,曾与张佩成、李行、丁善玺、杨德昌、柯一正、李佑宁、曾壮祥、王小棣等多位导演合作。曾以《牯岭街少年杀人事件》入围金马奖最佳摄影。1992年,张惠恭转调"中影"电视部,从事纪录片拍摄工作,于2002年退休。

网路上不大找得到张惠恭的资料，相关网页显示的不少是《海滩的一天》、《牯岭街少年杀人事件》摄影师一职，倒是找到了一份堪称完整的作品年表。访问一开始，我将这份年表递上，试图唤起张惠恭的记忆，他看着这份表单，细细耙梳着，不晓得在那当下，脑子里边是否流窜而过哪些精彩画面。问他，会否记下自己参与拍摄的片子，他笑了下，说道："没有耶。"访问进行到一半时，张惠恭又拿起了这份年表来端详，纳闷地说："我有拍那么多吗？我自己都搞不清楚……"

出生于1943年的张惠恭，属"中影"中生代摄影师，任职于"中影"期间，总计拍了三十多部电影。1966年，张惠恭退伍后，无事可做，遂投靠舅舅赖成英❶，担任他的助理，因而进入电影圈。彼时正值台湾电影鼎盛时期，根据联合国教科文组织出版的《1967年统计年鉴》指出，台湾地区1966年剧情片生产量高达257部，名列世界第三，仅次于日本、印度。❷1972年，张惠恭首度担任摄影师，拍摄台语片《可怜的酒家女》，日后进入"中影"，从摄影助理做起，第一部掌镜的片是张佩成❸《老虎崖》(1977)，最后一部则是徐小明❹《少年吔，安啦！》(1992)。从事电影摄影工作这二十多年，张惠恭恰好见证了台湾电影的大好与大坏。

张惠恭息影迄今二十年，基本上过着与电影无涉的寻常生活，目前则专心在家带小孙子。七十岁的他犹一派健朗，实在看不出年纪，人看来相当文雅，说话和和气气的，脾气很好的模样。当初向他本人提出采访邀约时，他直说自己不善言辞，劝我打消念头，在我的坚持下，我们仍是见上了一面。访谈过程中，试图提供一些线

索，甚至当场播映片段影片，盼他能从记忆的汪洋里打捞一点什么上来。但显然，那真的是太久远以前的事了，平时，他也不会向儿孙提起这段往事；再说，作为老一辈的摄影师，总是强调实作，叙说对他而言，毕竟不是件容易的事。

犹记得访问中途，张惠恭比了比窗外，见一上了年纪的男子遛着一条狗，施施而行，张惠恭说，那是从前"中影"的经理，后来也退休了。虽只是寻常的一幕，却让我沉思许久：那些从前投身于电影事业的人，如今都在做些什么呢？电影在他们生命中，究竟扮演着什么样的角色？我甚至不禁好奇：他们喜欢电影吗？

坐在我眼前的张惠恭，不也曾拍了好些电影，像李行《龙的传人》(1981)、张佩成《大湖英烈》(1981)、丁善玺《八二三炮战》(1986)；除此，亦曾陆续与多位新导演合作，拍摄李佑宁《老莫的第二个春天》(1984)、柯一正《我爱玛莉》(1984)、曾壮祥《杀夫》(1984)等片。在那担任摄影师的十多年里，张惠恭总计拍了三十多部电影，终究有其不可磨灭的成绩。

告别前，请他为我签名，他直说自己的字不好看，遂将名字签在右下角——"张惠恭"三个字，小小的，就这么落在纸页的边缘。其实，他的字端正有力，分明就是好看的。

访问结束后，又跟他通过几次电话，知道他还惦记着这件事，心里很是感谢。在漫漫的影史长河里，许多人都给遗忘了，透过这次访问，我们记住的，或许不只是一个名字、一段曾经，同时，还会愿意花一些心思，感怀那些隐居在幕后，为我们留下了许多作品的电影工作者。

❶ 赖成英，1931年生，台中县大里人。1950年毕业于台中第一中学，后进入"农教公司"实习，担任摄影助理，1954年，"农教"改组为"中影"之后仍继续留任。1955年，首度担任摄影师，拍摄《山地姑娘》。1958年拍摄台湾第一部黑白宽银幕电影《长风万里》，同年以美援保送到日本大映公司研习彩色摄影。1963年因拍摄《街头巷尾》一片与导演李行展开长期合作关系，曾以《养鸭人家》(1965)、《群星会》(1970)、《秋决》(1972)三度获得金马奖最佳彩色摄影奖，1965年，又以《哑女情深》获得第十三届亚洲影展最佳摄影奖。1975年转任导演，执导《桃花女斗周公》等片。

❷ 根据联合国教科文组织出版的《1967年统计年鉴》显示，台湾地区1966年生产的剧情片数量，居第三位，产量为257部（据"中华民国电影制片协会"统计，经"行政院新闻局电影检查处"核准发给准演执照者，为193部）。《统计年鉴》指出，居1966全世界剧情片第一位的是日本，共生产了719部剧情片；第二位是印度，生产了316部；第三位为中国台湾，之后分别为意大利、中国香港、美国、西班牙、苏联、韩国和法国。资料来源：《跨世纪台湾电影实录》之1969年的台湾电影大事（http://epaper.ctfa2.org.tw/epaper91106/history.htm）。

❸ 张佩成，1941年生，毕业于台湾艺专（今台湾艺术大学）美术印刷科，1964年进入李翰祥主持的国联公司担任美术设计。1969年初执导演筒，第二部作品《泪的小花》即大受欢迎。1976年以《狼牙口》一片获得第十三届金马奖最佳导演奖。其余作品有《成功岭上》、《乡野人》、《大湖英烈》、《小逃犯》等片。

❹ 徐小明，1955年出生于台湾高雄，1981年毕业于世界新闻专科学校电影制作科，在校期间即和李行、张佩成等导演合作拍片，开启其导演之路。毕业后，曾担任侯孝贤《童年往事》、谭家明《雪在烧》之副导。1992年在侯孝贤监制下执导了首部剧情长片《少年吔，安啦！》，获1992年法国坎城影展"导演双周"该单元闭幕影片放映殊荣，并获得加拿大多伦多影展"特别提及奖"及"国际影评人奖"。其后陆续完成《去年冬天》(1995)、《望乡》(1997)等作，均于国际影坛上展露锋芒。其后投身制片工作，任《爱你爱我》(2001)、《十七岁的单车》(2001)、《蓝色大门》(2002)等片制片。

《可怜的酒家女》，初次掌镜的难忘经验

——当年你是在什么机缘下进入电影圈的？

张惠恭(以下简称张)——1966年左右，我当完兵回来，大概二十三岁，没有事情做，就去找了我舅舅赖成英，当他的助理。退伍一年后，经由舅舅介绍，跟了一部与韩国合作的片——《最后命令》(1966)❺，这部片的摄影师是林赞庭，我则是当灯光助理。当时灯光器材都很大型、很重，我又抬不动，好辛苦，另一位同我一起拍这部戏的助理会帮我分担。拍完这部片后，就到了"中华电影公司"做摄影助理，待了一年，其间跟了李行《日出日落》(1967)等片。

——在"中华电影公司"的时候有人带你吗？

张——我偶尔会向赖成英请教，他说，单是光的三原色，一讲就可以讲上一天。反正主要还得靠自己，没有真正地去学摄影，而且那时候还年轻，比较好玩，并没有很认真去钻研。有空的时候，就进电影院实习，看人家怎么拍，若遇到问题，便向赖成英请益。

在"中华电影公司"时，一开始是做第二助理，主要工作是换片子、跟焦，一开始不懂得跟焦，就得看第一助理怎么做。跟焦最重要，有时会跟其他人比赛，凭肉眼判断，看谁推估得比较准确，比如，我说八呎半，他说差不多九呎，就看谁比较接近，那时我的眼力很好，一看就能推算出来。

之后就开始练习测光，那时底片的感光度只有32度，相当低，光圈差不多是2.8到4之间。所以拍室内戏时，灯必须打得很亮，如果是拍外景，白天就利用反光板，但拍夜戏的时候还是一样得打灯。大概要到80年代感光度才提高至100度。

——在"中华电影公司"待了一年之后，接下来是做什么呢？

张——后来我就做freelance，为期一年，若林赞庭、林鸿钟在外头拍戏，便去当他们的摄影助理。之后我就进"中影"了，一开始是当摄影助理，那时大概二十六岁。

你是怎么进到"中影"的?

张————因为过去一年是跟着林赞庭、林鸿钟,他们是"中影"摄影师,刚好后来"中影"有一个助理不做了,我就顶他的缺。担任摄影助理期间,只要"中影"拍戏,每部片都会去跟。

第一部当摄影师的片子是张佩成的《老虎崖》吗?

张————张佩成的《老虎崖》是我在"中影"拍的第一部片。在那之前,我还拍了台语片《可怜的酒家女》,余汉祥执导,由当时红极一时的女演员西卿担任女主角,这是我第一部当摄影师的作品,那时已是台语片的尾声了。《可怜的酒家女》之后,还拍了张佩成的《森林之虎》(1976)。

《可怜的酒家女》是你第一次独立掌镜的作品,当时拍摄的感觉如何?有没有碰到什么比较大的困难?

张————拍这部台语片时,一天只睡两三个小时,在片场只要一抓到空当,就得赶紧补眠,否则体力实在不堪负荷。先前拍"国语"片时从未发生过这种状况,台语片一个礼拜就要出一部片!印象中,一部片预算只有二三十万,必须在极度压缩的期限内完成。❻加上我甫从摄影助理转摄影师,技术上还不是那么纯熟,实在赶不上拍摄进度,即便要就寝了,脑中仍不断想着白天时的拍摄情形,思索自己为何进度会落后。当时台湾电影产量很大,片子随便拍一拍都能赚钱,所以各独立制片公司一直抢拍,只要剧本一出来就可卖到东南亚去,包括中国香港、新加坡、马来西亚、泰国等国家和地区,海外市场相当可观,当年在台湾拍电影简直可说是净赚啊!

因为这部片是我头一部戏,进度实在赶不上,给人家拍了十天。台语片的拍摄进度之快,未曾领略过的人实在难以想象,这个镜头一拍完,马上就要接下一个镜头。那时根本没有剧本,都在导演脑子里。

❺ 《最后命令》为中兴影片公司与韩国业者联合出品,台湾导演高仁河及韩国导演康范九共同执导,主要演员有王莫愁及韩国影星申荣均等。

❻ "台语片"专指台湾于1955年至1981年,以台语发音的台湾电影,当时系为与"国语"片、厦语片等做区隔,其间台语片总产量高达一千多部,相当可观。1955年公映的《六才子西厢记》为公认第一部台语片,翌年播映的《薛平贵与王宝钏》则是第一部卖座台语片,并卷起台语片摄制风潮。最后一部台语片为1981年由杨丽花主演之歌仔戏电影《陈三五娘》。早年台语片的制作预算只要新台币二三十万,因快速生产,普遍呈现粗制滥造的现象,导致票房迅速下滑。

导演在现场会指导摄影师该如何取景吗？

张————比方，摄影机架在这边，导演就会在一旁说："下面拍她一个，特写。"当时心里很紧张，根本就很难拍，所以人家七天要拍完，我却拍了十天。

能否谈谈《森林之虎》的拍摄经验？

张————拍这部片时，基本上就是今天预定要拍几场戏，拍完即可休息，且这部片多在山上取景，时而会起雾，便会暂停拍摄，比拍台语片要来得轻松。较之上一部片，拍《森林之虎》时在技术上已经比较熟练了，且张导演画了分镜表，有时他会提供一些摄影方面的建议，我如果有不清楚的地方也会向他请教。

那像《老虎崖》呢？这部片大概拍了多久？

张————《老虎崖》拍了两三个月。

自行摸索，设法解决

当年你进"中影"时，内部比较活跃的摄影师有哪些人？

张————那时候有赖成英、林文锦❼、林鸿钟、林赞庭，就这四个人。

同样是出身自"中影"的摄影师李屏宾曾说，"中影"没有师承制，工作是指派的，所以常常会跟到不同的人。而且，当时摄影师大多受日本教育，常用日语交谈，必须不耻下问主动向他们请益。你刚进"中影"那几年也是类似的情形吗？

张————当时"中影"的四个老摄影师我都跟过。回想起来，我好像都没有主动向他们请教过，有时会觉得不好意思发问，毕竟他们是前辈。倒是助理和助理彼此会相互交流。

那你都怎么强化自己的摄影技能呢？

张⸺只能多看电影。说实话，当时在"中影"实在很散漫，有戏，就待在厂里，没有戏的话，就可以到外面去接案。尚未升任摄影师之前，我还在外面拍过广告，有次是拍理想牌瓦斯炉，得拍炉火，但是当时的感光度只有32度，这要怎么拍呢？再者，瓦斯炉的材质是不锈钢，无论有无打光，效果都一样，真的把我考倒了。左思右想，发现只要用纸将瓦斯炉的周围包覆住，再将光打在纸上，如此一来，纸的反光就会让瓦斯炉有亮度。总之，遇到问题，都得自己慢慢摸索，设法解决。

1977年，你在"中影"首度担任摄影师，拍摄《老虎崖》，时值三十四岁，在那个时代似乎已经算是早的了，据说早期都是近四十岁才有机会当上摄影师。

张⸺我都不好意思讲，我拍《可怜的酒家女》时才二十九岁，是台湾最年轻的摄影师(笑)。那时其实就是勇于尝试，当了几年的摄影助理后，人家要你来拍，当然要去尝试。原先以为当摄影师很简单，反正有第一助理、第二助理伺候得好好的，结果去拍《可怜的酒家女》的时候才发现不是这么一回事，摄影师自己还是得有那个能耐去指挥助理，拍的时候确实很辛苦，有很多问题得自己设法解决。

进"中影"后，早期还是先当第二助理，负责装片子、跟焦，升上第一助理后，主要是学量测光表和光的打法。基本上，在"中影"，一定要先在外面拍了几部片，有了些成就之后才能当摄影师，如果一直待在"中影"内部的话比较没有机会升上去。当年在"中影"拍的第一部片是张佩成的《老虎崖》，因为先前我在外面曾跟他拍过《森林之虎》，所以当他要在"中影"拍片时，便说要找我当摄影师。

当年在"中影"当助理的时候，同时还得负责拍摄"中全会"、"中常会"的会议实况，此外，"国大代表"在中山楼开会，或是有紧急事件发生时，我们都必须去拍摄。当时要去拍十二人会议，与会成员包括"五院"院长等十二人，会议现场实在是很恐怖，一进到会场，摄影机刚拿起来要拍，两个侍卫马上就过

❼ 林文锦，1933年生，台中丰原人。1950年丰原高商毕业之后即进入"农教公司"，先是在照相室冲洗剧照，后被调到录音室担任录音助理，随后又被调到摄影组，曾任《蚵女》、《养鸭人家》等片摄影助理。1962年正式升任摄影师，首部掌镜担任摄影之作品为《烈女养夫》。曾以《我女若兰》(1966)获第五届金马奖最佳彩色影片摄影奖，并多次入围金马奖最佳摄影，合作过的导演包括李嘉、丁善玺、林福地、陈耀圻、朱延平、刘立立等人。1990年林文锦升任"中影"影视制作组组长，1994年调任技术组组长，并于1998年在任内退休。综观其摄影生涯，一共完成八十余部电影。

来把我架起来，我真的吓了一跳。当时是老蒋时代，蒋中正问："拍好了没？"我说："没有，我被他们两个人挤得没办法拍，让我再拍一次。"那时候我胆子也是蛮大的（笑）。

观摩学习新导演的拍片方式

—— 早期拍片时，多半是怎么跟导演沟通的？

张——————一般会先拿到剧本，同时，导演也会做好分镜。

日后台湾新电影崛起后，开始提倡长拍（master shot），比方，两人对话，会先从头到尾拍完一个人，之后再换个角度，拍另一个人，如此，演员的表演会比较流畅，剪接时也会有比较多的可能性。但早期就都是事先分好镜，这么一来会比较节省底片。

张——————对呀，像我拍《何处是儿家》(1979)，片长约九十分钟，只拍了一万三千呎，其他片差不多都是两万呎到四万呎之间。新导演所采取的拍法，在老摄影师及我们这一代的摄影师看来，实在是很浪费。不过其实我们只是负责把片子拍出来，至于新锐导演要怎么拍，我们没有意见，不至于会跟他们吵架。

—— 1983年杨德昌开拍《海滩的一天》时，坚持外聘摄影师杜可风及艺术指导，打破了"中影"惯有制度，一度濒临谈判破裂边缘。你是一开始就被"中影"指派当这部片的摄影师吗？如何面对这种的状况？

张——————我不晓得他们闹得这么凶。其实《海滩的一天》我参与的部分比较少，那时因为杨德昌坚持要用杜可风当摄影师，与"中影"起了争执，后来才由我和杜可风一起挂名摄影指导。当年明总有意培植新锐导演，便希望我们这些新一辈的摄影师去跟新导演学习，观摩他们的拍片方式。

—— 当年拍摄这部片时，杜可风才三十一岁，他先前有过电视节目摄影的经验，《海滩的一天》则是他的大银幕处女作,现场实际拍摄作业是什么样的状况?据说杨导和杜可风三番两次翻脸,杜可风还当场落泪?

张————有一场在海边拍摄的戏,杜可风和杨德昌吵架,他就不拍了,当场走掉,导演便叫我拍。印象中那是一个将近十分钟的长镜头,我坐着升降机由下而上,采取手持摄影,因为时间很长,一定会发抖,拍完第一个take后,杨德昌说,我们再来一次,第二次拍的时候,他说,还是不行,感觉这个take有些发抖,要再拍一次。拍摄的时候,他也不看演员,就看我在那发抖,一直要求重拍,结果拍了八次。最后,他抛下一句话:"今天所拍的,百分之九十九我都不喜欢。"然后人就走了。后来,他看了我当天拍摄的部分,才发现没有问题。

这场在海边的戏,正值黄昏时分,要捕捉转瞬即逝的光影变化并不容易,后来由你掌镜的好些片子,似乎也都是紧抓住难得的魔幻时刻?

张————这方面是跟侯孝贤学习的,他喜欢黄昏时刻,天刚暗下来,或是清晨天刚亮的景致,觉得那感觉很好,所以在《老莫的第二个春天》里头我就利用这时刻拍了场戏。早年侯孝贤曾任赖成英《桃花女斗周公》(1975)、《男孩与女孩的战争》(1978)等片副导,所以我们彼此间有些交流。

现场主要是由杜可风掌镜吗?

张————对。杜可风过去主要是担任电视节目的摄影,没有拍过电影,后来因为想转电影摄影,曾去找了赖成英,担任他的摄影第二助理,到了《海滩的一天》,就忽然被提拔为摄影师了。

拍摄时,你都会到现场吗?

张————有。

你有看到杨德昌和杜可风是怎么沟通的吗?

张　　　　　杨德昌在讲要怎么拍的时候，也是很含糊，而且杜可风有自己的想法，两人就僵在那边。不过我并没有干涉。

拍《海滩的一天》时，杨德昌已经有做好初步的分镜了吗？

张　　　　　有。到了拍摄现场，他会发分镜表给我们。但我事先并没有拿到剧本，多是他现场说要拍什么，便写下来。

你后来其实也陆续跟几位新导演合作，像是李佑宁、柯一正、曾壮祥，是导演主动跟你接洽的，还是"中影"指派的？跟他们的合作状况如何？

张　　　　　导演自身若有属意合作的摄影师，会先跟"中影"沟通，再由"中影"指派，我跟新导演的合作，大部分是经由"中影"指派的。拍曾壮祥的片

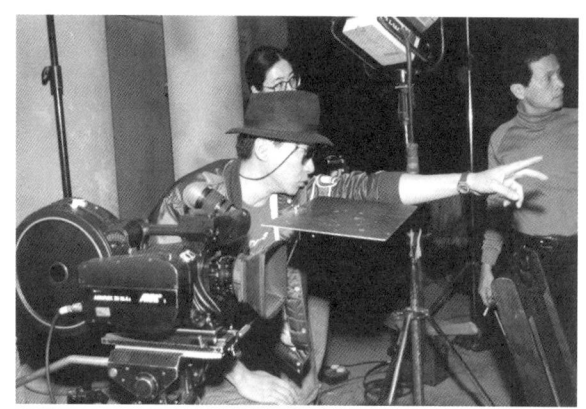

《牯岭街少年杀人事件》工作照。

子时,主要是自己要去抓摄影的角度。《杀夫》是跟张照堂❽一起拍的,他原先是拍静照的,跟电影摄影毕竟不一样,当时,我心想,我已经拍这么多部戏了,他还来当我的摄影指导,有点嫉妒的心理。有一场戏是由他掌机,我便看他怎么拍——在同一个画面里头,反差太大,他就用zoom in的方式,调一个特写,造成浅景深的效果,感觉上就很漂亮。确实,他真的拍得不错。

至于拍李佑宁《老莫的第二个春天》,分镜差不多都是我在做,当天的戏拍完后,导演就会找我去讨论,看每一场戏要怎么拍,所以这部片是我发挥得比较多的。

可以多聊聊《老莫的第二个春天》这部片吗?当初在构思镜头语言时,你有什么样的想法?

张　　　　叫我讲,我实在不会讲。我只知道要怎么去拍。
这部片子里的晨景算是当时比较不一样的尝试,天刚蒙蒙亮便去拍,拍出来的味道很好。其实摄影的技巧都差不多,主要还是照着剧情走,我没有特别去设计镜头,要我设计,我也不大会。

偏好自然光源,注重情绪的抒发

拍完《海滩的一天》之后,杨德昌紧接着又拍了《青梅竹马》和《恐怖分子》这两部片,前者的摄影师是杨渭汉,后者则是张展,为什么后来拍《牯岭街》的时候又找你当摄影师?是杨导主动找你的吗?

张　　　　我也不知道啊。他自己打电话来,问我还介不介意《海滩的一天》那时发生的事情、是不是还在生他的气。我说,没有啊。他就说,那我们再合作看看好不好?我就答应了。假如我不跟他合作,是不是就意味着我还在生他的气?(笑)

《牯岭街》拍摄的年代是50年代末60年代初,你自己经历过那个年代,有留下什么样的印象吗?

❽　张照堂,台湾知名摄影师。1943年生,1958年就读成功高中时与摄影社指导老师郑桑溪学习,开始拍照。曾任"中国电视公司"摄影／编导、公共电视台筹备委员会编导／制作、超级电视台制作／监制。1980年,分别以纪录片《古昔》获金马奖最佳剪辑、《王船祭典》获金钟奖最佳摄影;1981年,以《映像之旅》获金钟奖最佳文化节目奖;1999年获颁"国家文艺奖"。参与之电影摄影作品包括《杀夫》(1984)、《唐朝绮丽男》(1985)、《淡水最后列车》(1986)。现任台南艺术大学音像纪录与影像维护荣誉教师。

张━━━━━━当年听说很多地方都发生了类似《牯岭街》片中，小四父亲被拘捕、审问的情形，但我自己没有看到。倒是从前我在当兵时，必须参加"国庆"阅兵典礼，所以曾在大同中学受训十天，到了第十天，就要到"总统府"前去阅兵。其间有一名士官长的手枪不见了，被偷走了，刚好我有一个当兵的同袍，礼拜天来看我们，遂被列为嫌疑犯，我因跟他有关系，后来也被抓去询问间审问，好多少校、中校以及挂一颗星的军官，十几个人一字排开，盯着我一个人看，问我有没有拿手枪，真恐怖，真的是会吓死人。

━━━━━━《牯岭街》片中有大量的夜戏，不少画面都漆黑成一片，真的要在电影院里面看，暗部的层次才会比较分明。能否谈谈《牯岭街》的拍摄经验？

张━━━━━━杨德昌喜欢自然光，然而，拍夜景时，如果没有打光，光源一定是不充足的，一般而言，我们都会透过打光来补强，他则希望尽量采用自然光。对于导演来说，那个年代的室内光源差不多就是这样，他想要如实传达，而且他比较讲究的是情绪的抒发，倒不见得是非得看得多清楚。正式开拍前，我和灯光师李龙禹会先把灯打好，若导演看了，认为太亮了，我们再想办法改。有些画面的细节，要在电影院里面才看得出来，但我们以前的想法是，在一般如电视、电脑等银幕上都要能看到。

有一场戏是在弹子房，发生了械斗，现场除了手电筒那一盏光外，其余就不再打光了。我从来没有拍过这样的戏，拍这一场戏时，我建议打一个月亮光，透过微弱的光源，让主要被摄对象的轮廓凸显出来，才不会跟一片黑的背景打在一起，但导演说不要，坚持整个空间都要是黑的，在摄影机里面，黑的就是黑的，连人影都看不出来，既然他坚持不要，也就只好作罢。为了拍这一场戏，我着实想了很久，最后只得凭借自己的感觉，从隐隐约约的人影中去捕捉现场动态，而且那一场还是采取手持摄影，实在很不容易拍，幸好后来跟拍的效果还算不错。

━━━━━━这场戏拍了几次？

张━━━━━━一次就OK了。

《牯岭街少年杀人事件》的时代背景正值台湾"白色恐怖",小四父亲同样难逃被拘禁盘查的命运。

片中一场夜间帮派械斗的戏码,杨导坚持不再另外打光补强,对摄影师来说无疑是项挑战。

《牯岭街》里有一场小四等人在戏院看电影的戏，据说过去拍电影院内的戏多是打盏灯，燃两炷香，在灯前有规则地晃，做出银幕光影的反射效果，这一次却是将银幕换成磨砂纸，使得放映机的光凝聚在磨砂纸上，再透到演员脸上。❾能否谈一谈这一场戏的光影设计？

张————对，因为放映机投出来的灯光，如果没有弄一点烟，只会看见光，不会有光影反射的效果。拍这场戏时，演员的部分还是要另外打一点光，才能将脸部轮廓凸显出来。

在镜位或运镜上，你是怎么跟杨导沟通的？

张————他分镜表给我之后，我大概就知道镜位要怎么摆了，如果不合他的意，他就会建议该怎么调整，大部分我摆好位置之后，他都没有再做调整。电影摄影的镜位基本上就是中景、近景、远景，交互跳接，这个原则把握住就没有问题了。

杨导个人比较偏好中远景，较少特写，因为他认为演员的肢体表演较之脸部表情能够提供更多讯息。

《牯岭街少年杀人事件》有大量夜戏，杨导希望尽量采用自然光，如实传达那个年代的光源。

中山堂外一景。

❾　参见《杨德昌电影笔记》，台北：时报，1991。

杨导与倪淑君沟通表演方式。

于建国中学取景,摄影机后方为张惠恭。

张　　　对，我有听他讲，人家50mm是标准镜头，他认为80mm是标准镜头。拍《牯岭街》时，大部分都是用80mm的镜头。比方，某个人从镜头前走过，如果取景时靠得太近，这人一下子便从画面中走过去了，假如镜头摆远一点，人走过的速度就慢一点。

影片中有不少长镜头，你过往也比较少拍这种长镜头的戏？

张　　　之所以拍这么久，他有他的道理，但我讲不出来。这部片还有一些摄影机运动，以前他的镜头根本就不动。他是个鬼才，对于电影的节奏掌控得很好。

相较于你过去拍的片子，你觉得《牯岭街》比较不一样的地方在于？

张　　　这部片比较是采取写实光。

拍了这三四十部片，你自己有比较满意的作品吗？

张　　　我比较喜欢《成功岭上》、《乡野人》、《老莫的第二个春天》，以及《牯岭街少年杀人事件》这几部。

《少年吔，安啦！》是你的最后一部作品，拍完这部片之后呢？

张　　　当初拍完《少年吔，安啦！》后，正值台湾电影最不景气的时候，电影拍了也不赚钱，心想，那不如别拍了。之后我就转调电视部，拍一些纪录片，于2002年退休。

鸿鸿
我好像也掉进同样的回圈里

鸿鸿✕杨德昌

《恐怖分子》实习助导，《牯岭街少年杀人事件》编剧、公关及演员国文老师，《独立时代》剧本整理、表演指导、公关及演员Molly的姐夫

采访日期▶2012年5月18日
地点▶Uni Café

杨导是一个很喜欢想故事的人，
当时，我每天跟在他旁边，
他就会讲给我听，
叫我写下来，
他就可以以此去筹募资金或开展新的剧本。
《暗杀》的故事很完整，
这故事的底本就是《色戒》，
可是杨导将之发展得非常完整，
较李安后来拍的《色戒》要曲折得多。
他想重建上海那个时期一些很复杂的人际关系，
他的思考很严密。
对他来说，
一个故事最重要的环节就是人和人的关系如何建立、如何改变，
因彼此充满了心机与猜忌，
所以推演出一连串意外的转折。

鸿鸿,本名阎鸿亚,1964年生。台湾艺术学院戏剧系第一届毕业生,主修导演。诗人、剧场及电影编导。曾获时报文学奖、联合报文学奖之新诗首奖,及时报文学奖小说评审奖。著有诗集《黑暗中的音乐》、《与我无关的东西》、《土制炸弹》、《女孩马力与壁拔少年》、《仁爱路犁田》,散文集《过气儿童乐园》、《阿瓜日记》,小说《灰掐》,及剧本、剧评等数种。曾任《表演艺术》、《现代诗》、《现在诗》主编,并为唐山出版社主编"当代经典剧作译丛",现任《卫生纸+》主编。迄今担任三十余出剧场、歌剧、舞蹈之导演,并于2009年创立"黑眼睛跨剧团"。2004年起担任台北诗歌节之策展人。电影作品有《3橘之恋》(1998)、《人间喜剧》(2001)、《空中花园》(2001)、《穿墙人》(2007),纪录片作品有《台北波西米亚》(2004)、《夏夏的联络簿》(2004)、《有人只在快乐的时候跳舞》(2009)、《为了明天的歌唱》(2011)等。

不少人在和杨德昌共事的过程中，出于种种原因，最终分道扬镳了，鸿鸿便是其一。据闻，当初鸿鸿决定辞职时，写了封长信给杨导，接获信后，他大为震惊，大半夜的，跑到鸿鸿家找他，又是打电话，又是按门铃的，但鸿鸿已然下定决心不再与他合作，故坚决不出去见他，还要他妈妈把灯给熄了，佯装已经就寝。后来他等了许久才走。

听到这个故事，不知为何觉得心底有些酸楚，想象着杨导深夜里站在鸿鸿家门口，焦急难耐的模样，也许他气愤不平，也许他觉得自己又被误解了，心里有了委屈，急切地想把一切事情解释清楚。也许他真心想要挽回什么，但一切都已经太迟了。

鸿鸿毕业自台湾艺术学院戏剧系，为赖声川的学生，因赖声川与杨德昌交好，后来在他的引介下，鸿鸿得以进入《恐怖分子》剧组担任实习助导，这也是他初次实际接触电影工作。其后又陆续参与了《牯岭街少年杀人事件》、《独立时代》，担任编剧、演员、表演指导，乃至公关的角色。

鸿鸿在《牯岭街》里头饰演国文老师，操着一口山东腔。虽说他的父亲来自山东，但他本身压根不会讲山东话，当初他建议杨导直接找一年纪稍长的外省人来诠释，杨导执意不肯，他只得请父亲念一遍台词，将台词录下，然后镇日携带随身听好反复聆听，就为了模拟父亲的口音。到了《独立时代》，鸿鸿又被指派了个角色，饰演一名苦闷潦倒的作家。鸿鸿自认不是个好演员，一直劝杨导找别人，但他却打定主意要他演，还提前半年让他蓄胡蓄发，以便符合这个角色所设定的形象。

其实不只鸿鸿，不少人也都曾在杨导的坚持下，披挂上阵，献出了难得的大银幕秀，譬如在《一一》出任NJ一角的吴念真，抑或在《青梅竹马》饰演建筑师的柯一正，他们或曰对于自身的表演没有信心，或曰其实不大爱演戏，但基于朋友情谊，终究都还是允诺了。

拥有诗人、策展人、剧场及电影编导等多重身份的鸿鸿，谈起杨导，确实有其精辟观点，时移事往，也更能抽开一段距离，检视杨导的意念如何持续在他身上作用着。他曾在一篇文章里提到，一直试图想要摆脱杨导的影响，直到拍《穿墙人》时，才发现他又回去了，原来一切都是徒劳，年轻岁月扎下的根基，早在不知不觉间发芽、抽长，稳稳屹立而难以撼动了。

撇除与杨导在工作上的摩擦不谈，言谈间，其实可见鸿鸿对他的钦佩之情。就像血缘上的不可切割，透过这些后生晚辈，杨导的创作观仿佛可以抵达更远的地方。

非同步录音的时代，每个镜头的拍板录到就好；《牯岭街》因是采取同步录音，故拍板声一定要同时拍到并录到，剪接时才能对到声音，场记的任务便十分重要。最初几天，《牯岭街》的场记刚好得了重感冒，鸿鸿暂且代劳。

他是一个完全不透明的人

——你在正式与杨德昌展开合作前，应已看过他的作品，当初是在什么情况下看到的？观感如何？

鸿鸿（以下简称鸿）——我从杨德昌的第一部片《指望》就开始看了。当时我在成功岭受训，放假时，在台中无事可干，看到戏院正上映《光阴的故事》就去看了。四段都很好看，看完后，觉得杨德昌那一段最严谨且完整，对这导演就有了第一印象。

《海滩的一天》后制时，我正好参加"中影"开办的电影技术人员训练班，本想报名摄影组，但该组最早额满，遂改报剪接组，带我们的剪接师是汪晋臣。我记得很清楚，我们在"中影"制片厂上课，下课后，出于好奇，就去看隔壁剪接师在干吗，发现在剪《海滩的一天》。有一场戏，林佳森与父亲谈判过后，独自对着墙壁打球，来来回回打了很久，我觉得蛮有趣的，尽管没有故事发生，却可以持续这么久。后来就听剪接师傅抱怨，这些新导演镜头都留太长，根本没有戏了，镜头还不肯剪掉。看完《海滩的一天》后，毫无疑问的，认定它是新电影早期最好的作品，对其创新的叙事手法印象深刻；后来再回头看，觉得本片更珍贵的，应是保留台湾生活记忆的部分。

《青梅竹马》上映时，我在念大学，片子只上映四天，我是最后一天去看的，下了课，就立刻冲去看，赶上最后一场。这部片是杨导的作品中我最喜欢的，虽说拍得稍嫌拘谨，但里头谈的东西却最集中、最压缩，关于本省与外省、传统与现代，以及都市转型的问题，处理得非常好。

——你记得第一次看到杨导是什么时候吗？如果要描述这个人，你会怎么形容？

鸿——他和我的老师赖声川是很好的朋友，两人都是美国帮的，会一起打篮球。我们在排戏时，他其实就来看，可能也是好奇戏剧系怎么训练学生，因为他对表演这一块完全不熟。当时，电影圈和剧场圈是经常混在一起的，台湾那时候没有演员，如果不用老派演员，真的没有演员可选，80年代台湾现代剧场刚崛起，很多演员自兰陵剧坊发迹，导演便喜欢用这批演员，因其表现较为清新，又不致是全然的素人。当然，现在回头看，仍存在许多问题，因这些演员弄不清剧场与电影的分际,常常做得太多。像李立群在《恐怖分子》的表演,杨德昌就非常不满意,其实当时我不懂他在不满意什么,现在再看就非常清楚,因他完全是在"表演",没有在人物里面。

杨导时常戴顶红色的棒球帽,戴着墨镜,穿件棒球外套,下半身则是牛仔裤和球鞋。他是一个完全不透明的人,不喜欢让别人知道他的喜怒哀乐,可能是基于一种自我保护的心理。他喜欢摆出一副有威严的样子,我觉得事实上是出于一种不安全感。追溯回去,他当时回来拍电影,却完全不受尊重,"中影"有一票资深技术人员都觉得这些毛头小伙子根本没有片场经验,不会拍片,只会不断找麻烦,可能从那时开始,他就必须摆出一副架子,证明他是导演,后来就演变成一种惯性。

当初你为什么会进到《恐怖分子》剧组,担任实习助导?

鸿————是由于赖声川老师的介绍,而在大四升大五的暑假去跟杨导的电影,也是我第一次实际接触电影工作。

这是你第一次跟片,虽说对于整体拍摄环节不甚明了,未能深入工作的核心,不过在跟片的过程中,也看到了杨导的工作态度和方法,可以请你举一些实例吗?

鸿————我有参与《恐怖分子》的场景陈设,其中,在陈设淑安和她母亲的住所时,我把我家的书都搬去了。那个家也就一个客厅和一个房间,副导赖铭堂是杨导的得力助手,陈设都是他在带的,杨导要求将整个家改头换面,变成戏里要的样子。每个人都从自己家里搬东西过去,还记得我把我妈的一个超大壁毯拿去挂。要把家整个改掉真的很累,拍摄时,镜头却只摆在一两个地方,事实上,大概有一半以上的角度是拍不到的。当时我心想,陈设得半死,镜头却没带到;再者,要是事先知道镜头是那样带,部分有说明性与象征意义的物件就会摆在拍得到的那一边。

我觉得对于一个电影导演来讲,镜头应该是很重要的。我想象的制片流程是,导演想好镜头怎么摆,美术组就应该根据他的想法去做陈设。但杨导不是,他其实是需要整个环境建立起来,让演员身在其中,再去那里头找镜头应该摆设的位置。

方才提到，某些所谓具有象征意义的物件后来并没有被拍进去，那些物件是杨导想要的，还是陈设组的构想？

鸿————是我们想要的。我们会讨论这个场景需要什么，有些会特别花心思去搜集，最后却完全没有上镜，我觉得是浪费工作人员的精力和时间，毕竟在资源如此有限的情况下，应该将气力投注在更有用的事情上。当时是这样想。后来，自己当了导演，确实也认同理应整个场景陈设起来，氛围建构妥善了，演员才会比较容易进入状况。

你先后跟了杨导的三部片，包括《恐怖分子》、《牯岭街少年杀人事件》、《独立时代》，他的工作态度和方法是一以贯之的，抑或有所调整？

鸿————杨导应该是从《牯岭街》开始做演员训练，因为有很多年轻演员或是他不熟悉的演员；《独立时代》更是，演员训练做了一年，其间还衍生出《如果》和《成长季节》这两部舞台剧。《恐怖分子》筹拍的时间非常赶，因被"中影"逼着要开拍，有些演员还没找齐就开拍了，让他在表演指导上遇到很大挫折，后来就很注重演员训练。

个人经验和欲望的投射

《恐怖分子》拍完，你还接着跟杨导一起工作吗？

鸿————之后我毕业、当兵回来，在表演工作坊导了一出实验剧，才又被找去写《牯岭街少年杀人事件》。

当时你在杨导的工作室主要扮演的角色是什么？

鸿————主要是有东西要写时，就会找我写。他曾叫我去公司上班一段时间，后来，因倍感无聊便辞了。杨导是一个在创作上很没有安全感的人，需要很多人陪在身边；或是，他一旦想要什么，便渴望讲出来，与人讨论，故事才能够发展。小野说过，杨导常半夜打电话给他，不管他隔天还得上班，我就是继小野之后，那个要陪伴他的人。

除了在公司内部写东西，后来我也负责媒体公关，因为我之前当过影剧记者，跟记者较为熟稔，且知道记者各自的需求以及各家媒体的属性。杨导对记者非常不信任，当时某些媒体比较喜欢写负面新闻或小道消息，杨导将之视为恶意的行为。我比较能体谅媒体的生态，有时会跟记者讲些事情，让他们有东西可写，但不要伤害到杨导的感情。不过后来我也很累，因为杨导的脾气反复无常。他向来爱恨分明，一旦对特定媒体有偏见，就决计不要跟对方有任何瓜葛，这让我在宣传操作上非常艰苦。

《牯岭街少年杀人事件》开拍前，你曾协助整理数部影片的拍摄企划，如《婊子无情》、《暗杀》，你说，这些剧本构思十分精密，"情节如何命中主题、主副线如何显隐替生……我一边整理，一边在创作方法甚至眼界上多受启发。"你还记得这些故事梗概吗？

鸿————杨导是一个很喜欢想故事的人，当时，我每天跟在他旁边，他就会讲给我听，叫我写下来，他就可以以此去筹募资金或开展新的剧本。《婊子无情》我有些忘了，主角是一个演员，大致是在讨论什么感情是真的、什么是假的。

《暗杀》的故事很完整，我还帮忙写过好几页的故事大纲。这故事的底本就是《色戒》，可是杨导将之发展得非常完整，较李安后来拍的《色戒》要曲折得多。他想重建上海那个时期一些很复杂的人际关系，他的思考很严密，但我们那时觉得《暗杀》难以执行，因为看来非得去上海拍不可。

杨导很喜欢张爱玲，她对于人际关系的敏感和杨导完全一样。对他来说，一个故事最重要的环节就是人和人的关系如何建立、如何改变，因彼此充满了心机与猜忌，所以推演出一连串意外的转折。张爱玲最会写这种东西。《色戒》那篇小说因为篇幅很短，留下了很大的发展空间。

其后你亦参与了《想起了你》剧本的后期讨论，这剧本已由赖铭堂、陈合平经营年余，杨导却为了其中一二转折不够精练，而反复琢磨，屡屡修订主干，能否聊聊这个剧本？

上图｜摄于《恐怖分子》拍片现场。

中图｜孤独的狼。

下图｜杨导与《恐怖分子》实习助导施心慧。（鸿鸿　摄）

鸿————其实,《想起了你》最后变成《独立时代》。整个核心结构和《独立时代》一模一样,但又很不一样,因为《想起了你》不是喜剧,而比较像是《海滩的一天》、《青梅竹马》的那种抒情写实。杨导想要做不同的东西,就拿这个脉络重新发展。

《牯岭街少年杀人事件》的背景是60年代初期,协同编剧的人之中,无论是杨顺清、赖铭堂还是你,都属年轻一辈,未曾经历过那个时代,在讨论《牯岭街》的剧本过程中,你们和杨导是如何互动的?

鸿————文字资料搜集主要是我,我去图书馆将相关文献印出来,包括牯岭街少年杀人案整起事件的报道始末。另外,那一整年的台湾报纸我大概都看了,从中挑些有意思的新闻或细节影印下来,借由这些社会新闻,回溯当时整个社会是什么状态,借此唤起杨导的记忆,同时希望其他合作的人能有些参考资料。我记得在中央图书馆泡了好久的时间。过程中,他讲故事给我们听,然后我们发问,并试图找到解决的办法,厘清故事线,我们扮演的大概是辅助编剧的角色,真正的主要编剧还是杨导。

你曾说,事实上主角的家庭背景、升学坎坷、电影经验,甚至初恋印象,几乎可说全盘是杨导少年往事的转化。讨论剧本时,杨导会从第一人称的角度出发,谈及个人童年往事吗?

鸿————其实他从来没有这样讲过。我们都还是就故事论故事,比如说,他说小四睡在橱柜里,看着上面,拿着手电筒照来照去,我们就会想那个光的效果如何、什么时候他要进去等等。可是我可以感觉到,包括整个家庭关系、建中的人际关系、对校园和片厂的回忆,其实是他很多经验和欲望的投射。他会问我们每个人的事情,但从来不讲自己的事,他就是一个搜集故事的人,对于别人的故事、别人的观点其实都很有兴趣。比如有什么新电影上映,他会叫我们去看,回来讲给他听,他自己不想去看,但会听我们讲好几个小时,然后讨论、批评。

编剧时,杨导通常会依据演员的性情与状态去勾勒剧中人物吗?

鸿　　　　　恐怕从《独立时代》开始比较明显。《牯岭街》用的多半是年轻演员，有时要用哄骗的方式让他们演出不是自己本性的东西。

着迷60年代对人性的信心与关怀

杨导对于60年代深为着迷，特别是那年代对人性的信心与关怀；相较之下，在他的作品中，一再触及纯真的失落、道德界线的毁坏，人性在里头其实受到非常强烈的考验。暗地里，仿佛在缅怀的，就是那个他永恒向往却不复回归的60年代。《牯岭街》片末，当小四杀了小明，似乎也意味着一个时代的终结。杨导有提过他对于那个时代的特殊情感吗？

鸿　　　　　正因为他对人性有这样的关怀和期许，面对时代导致这种人性的失落，会有更强烈的感受。他是真正经历60年代洗礼的最后一代，对他来说，那是一个大启蒙时代，尤其是摇滚乐带来的精神，像是对于人文精神的关怀，或对人的价值的坚持。
美国60年代的影响在台湾地区被延迟了十年，台湾地区大概是70年代开始受到美国60年代的影响，像《剧场》杂志、现代文学的兴起。至于看艺术电影的风气，则是70年代末才开始。此前，渗透至台湾地区的西洋文化，主要是透过美军电台播放的西洋音乐。

60年代，台湾正处于"白色恐怖"时期，整体社会氛围非常压抑且不自由，杨导曾说，那个时期的自己是完全不被了解的，但也正是这段无人了解他的时期，构成了他往后创作的根源。

鸿　　　　　是呀，没错。可能因此形成了他喜欢把自己关起来，躲在角落观察别人、想象别人的状态。其实《牯岭街》拍的就是他的60年代，在那种压抑的气氛底下，摇滚乐是唯一的救赎。

除了阅读文献、听杨导叙说，你们是否还尝试通过其他方法去靠近、理解已逝的60年代？

60年代西风东渐,美国热门音乐大受欢迎,"小猫王"便是因热衷于模仿"猫王"而有此名号。

鸿————没有耶，我们后来就整个掉进故事网里面去，因为故事太多，关系太复杂，我们一直在想各种各样故事发展的方式。现在回想起来，我们那时候其实蛮像无头苍蝇，并没有顾虑到整体，而是去发展一个一个个体、一段一段关系、一场一场戏，思考的多是，这场戏怎么写可以更好、场景可以换到哪里，花了很多工夫在精雕细琢这些环节。负责统筹架构的则是杨导。

你在《阿瓜日记》中提到，学到最多的，反而是杨导和余哥成天挂在嘴上的，他们那个年代的黑话，那是报上不会出现的。女的叫"Lis"，男的叫"性子"，借钱叫"挡瑯"，睡觉叫"妥条"，"念"就是"步行、完蛋"，"念哈啦"就是"不讲话"。

鸿————但是我觉得杨导自己应该没有混过帮派，他和小四一样，比较是边缘的，从旁观看和猜测那里面是什么样态。而且以他孤僻的个性，应该是没有混过。

当初大伙儿听到这些黑话时是什么反应？据说后来剧组人员老爱把这些黑话挂在口头上闹着玩？

鸿————很有趣啊，我们都在学。编完《牯岭街》之后，整个公司大家都在讲黑话，杨导本来没有讲那么多，可能是听到我们在讲，也跟着愈讲愈多，他自己好像回到童年似的，讲得很开心。

《独立时代》犹似一场辩论接力比赛

杨导先后拍了《独立时代》、《麻将》，希望跟当时的年轻人有所对话，前者锁定在二十五到三十五岁这个世代，后者则聚焦在十五到二十五岁这个世代，你自己怎么看？

鸿————我觉得《独立时代》不是要跟年轻世代对话、沟通，而是要骂人，他在批评这些年轻世代，和整个台湾的文艺界。对于杨德昌而言，《独立时代》是进阶版的《青梅竹马》。他觉得《青梅竹马》太严肃了，他说，等他更厉害的时候，要用比较喜剧的方式重拍《青梅竹马》，就成了《独立时代》。

后来，你也协助整理了《独立时代》的剧本，请你聊聊这段经验。

鸿————《独立时代》我做的事情和《牯岭街》完全一样，就是跟他讨论，写出第一稿剧本，拍片前，他再把每一场重新写过，写上他想要的对白。在《独立时代》后制期间，我就因为对宣传的不同意见，跟他翻脸了。当时写了一封长信给他。后来和小野聊到这件事时，他就笑说，每个人都写过一封长信给杨德昌。我在信中写道，基本上，他看待别人和他合作的关系，都是采取一种猜忌的态度，觉得别人有心从他这边拿到好处，但我觉得媒体或是出版社来找他，应该是建立在一种互惠的合作关系上。他可能觉得我冤枉他，但他这种对于人性的不信任感，其实在编剧时给他蛮大的帮助，可能对于创作是好的，但对于和他合作的人却是极端痛苦。

你曾提及，杨导的电影绝大多数的对白是他在拍片现场重写的，比较大的改动是什么？对杨导来说，怎么样才算是恰当的对白？

鸿————《恐怖分子》的对白是陈国富写的，《独立时代》的对白是杨导自己写的。通常他会根据场景和对已拍摄部分的体认，重写即将拍摄的对白。他的对白通常很逻辑化，要能呈现思考内涵，因而有时显得太说理。

杨德昌多部影片都是以死亡作为终结，包括《青梅竹马》、《恐怖分子》、《牯岭街》、《麻将》、《一一》，至于《海滩的一天》，则是自始至终都缠绕着一个死亡的谜题，即便到了末了亦悬而未决。《独立时代》是少数未触及死亡的作品，也是他尝试向喜剧转向的新尝试，在构思剧本阶段，有没有浮现过"死亡"这个命题？影片最后，离异的琪琪和小明，却又选择转身相拥，留下了一线希望，在杨导的作品中，可算是难得的Happy ending，当初怎么会有这样的想法？

鸿————《独立时代》是比较平静的结尾，还带了一点希望，两人的相拥，更透露着一种谅解。因为他想拍喜剧，总不能再死一个人。杨导蛮期待这是他最轻快的一部电影，然而，虽是刻意采行一种他从未有过的轻快语调，潜意识里，又有点担心分量不足，所以会在里面放很多观点的论辩。我曾经开玩笑说，《独立时代》是辩论接力比赛，同样一个话题，这两个人辩完了，再换另外两个人接下去辩,逻辑都可以连贯下来。

就《独立时代》的角色刻画而言,杨导自己提到,他追求的是一种卡通化、漫画化的效果,因此,演员的表演也采取比较夸张的方式,加上喋喋不休的对白,实在很难让人感觉到轻盈。

鸿————而且整部片几乎都是用戏剧系毕业的学生担纲演出,除了倪淑君外,但她其实是最后一刻才换角的,本来用的也是一个戏剧系的学生,试拍了一两天,因为不满意,才临时找倪淑君来救火。找戏剧系学生的原因是,他觉得这些人很外放,能够去演这种喜剧性的东西。

《独立时代》的人物刻画与表演方式,其实招来不少批评。一方面是表演方式过于夸张,另一方面,这些角色性情的塑造,或是各自对立的价值观,都可回溯至某种典型,这容易使得角色本身扁平化,成为一种脸谱式的再现。这是当初在编剧时就特意为之的吗?

鸿————是。因为杨导要做的是一个辩证,因此就必须每一方的立场都很清楚,或者是要呈现角色立场的转换时,就必须先有鲜明的主张,当转换立场时,才能一目了然。为此,必须削减其复杂度,当然人的真实性就牺牲了。杨

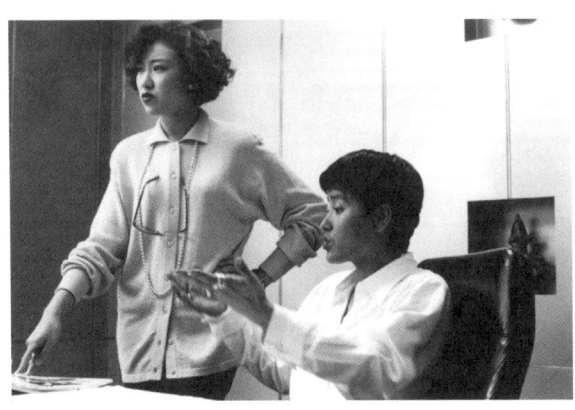

《独立时代》角色设定鲜明,故演员须采取一种比较风格化、夸张化的表演。

导不是不知道这一点,才会要求演员用比较夸张的表演,将这种风格推展至极致,他不希望观众认同角色,而是希望他们用看笑话或看戏的态度来看这些人物,其实每个人物都是丑角。除了陈湘琪和倪淑君所饰的角色,其他所有人他都要求一种比较风格化的表演。这些人都是学生或刚毕业,火候不足,所以演得太不可信,风格化还是得仰赖一定功力。我觉得蛮可惜的。

这部片你后来有在戏院和一般大众一起看过吗?观众笑了吗?是否真有达到所谓喜剧的效果?

鸿————有,我在戏院看过两次。一次是上片时,那时大家都看得很累,整个戏院气氛是很压抑的,没有什么人笑。后来那次是2011年,新加坡举办杨德昌回顾影展,我受邀参加《独立时代》映后座谈,又在戏院重看了一次,大家都笑了,而且我也笑了。比起当年的感受,我觉得这回好看多了,可能是除去了对于真实感的要求,且有了一个距离,反而能够欣赏他的幽默。

做他和演员之间的润滑剂

不管是《牯岭街》,还是《独立时代》,你的角色都是多重的,除了剧本,亦担任演员、公关,在《独立时代》甚至负责表演指导,请你聊聊表演指导这方面的经验。

鸿————主要就是前期的演员训练,以及在拍片现场,负责和演员沟通。当杨导的表演指导还蛮痛苦的,后来王维明继续担任《麻将》的表演指导,我觉得他比较能抓住杨导的心理状态。因为杨导自己不是学表演出身,只知道他要的效果是什么,但不知如何去创造它。当演员在这里,他要的效果在那里,该如何消弭中间这一段差距?他没有办法。有时,就用发脾气的方式,责怪演员不够用功,但这只会让演员更惶恐、更有压力、更演不出来。

我们会拿《独立时代》这几个主要人物的个性和关系去做很多的即兴练习,不是针对剧本的练习,而是根据那样的个性或人物关系,发展另外的情节,让演员更熟悉角色的状态,或杨导要的那种表演状态。这就像我们在剧场里做的一样,所以杨导才会在看了我们的练习之后,把这些东西整理成舞台剧剧本,去皇冠小剧场等地演出,一方面是想尝试,另一方面是想看看这种喜剧性表演的效果到底是什么。

其实我自己觉得《如果》和《成长季节》这两出舞台剧都比《独立时代》要成功。这两出戏都有文本，我曾经留存过，因想要帮忙找地方发表出版，可惜后来找不到了。《如果》是在皇冠小剧场，这出戏我参与得比较深，《成长季节》主要是杨顺清、王维明、陈以文等人一起弄的，我只稍微看了一下剧本，没有参与整个发展。

其实作为一个表演指导，就像我做他和记者之间的润滑剂，转变成做他和演员之间的润滑剂。我大概知道他要什么，就去跟演员沟通，用引导的方式，试图让演员做不同方式的表演。但我发现经常还是抓不到他要的东西，他要的是一种非常细腻而准确的状态，当它没有被执行出来的时候，真的很难去想象那到底是什么状态，所以我做得很沮丧。当时我自认，应该没有人能当别人的表演指导。

杨导非常注重演员和表演，却苦于不知如何阐述。到了《一一》，因为整体表演文化都有往上提升，所有人可能都更有经验，像吴念真本身就是一个很好的演员，也许就很自然地达到他的要求。

可以请你多谈一下《如果》这个文本吗？

鸿————《如果》是一个推理剧，一开始有一个尸体落在场上，整出戏就在追溯事情是怎么发生的。这是个空台的演出，杨导其实是要做一个声音的实验，其实全部是空的，但他要把所有动作的音效全部做出来，比如伸手一扭，就要有水龙头流出水的声音；伸手一拉，就要有窗户拉开的声音，外面的声音同时要进来，所有东西都要由现场音效去呈现，当时杜笃之也参与了这部分。我觉得是非常精彩的实验。

杨导对声音非常在意，他从《恐怖分子》就开始尝试声画对位的效果，但《恐怖分子》是对白而已，因为那时还是事后录音，没办法在声音上做到很细腻，从《如果》开始，他就玩了很多音效上的实验。

杨导曾经跟不少剧场演员合作过，如金士杰、李立群、顾宝明等；此外，也尝试延揽非职业演员，因动容于他们所绽放的能量。在表演上，杨导有些什么样的要求？

鸿　　　　　　杨导每部片对演员表演的要求是不一样的，会随着影片风格而异，这也是我很佩服杨导的一点，在每一部片中，他都为自己设立新的标杆。明明《牯岭街》拍得这么好，他却要去拍《独立时代》，一个他完全不擅长的东西，这中间的跳跃，就是杨导一直在尝试的，他希望每部片都有所开创，有其独特性。对表演的要求也是如此。像《青梅竹马》，他要求的是一个非常写实的表演；到了《独立时代》和《麻将》，他要求的已经不是这样的东西了。

《独立时代》在叙事上采取了很特殊的形式——以文字作为引导。原先送去坎城参展的版本其实是没有字幕卡的，是后来才加上的，某种程度上，文字产生了定锚的效果。作为一个文字暨影像工作者，你自己怎么看这样的安排？

鸿　　　　　　因为这部片的对白太密了，完全没有留空镜和呼吸的空间，才在剪接阶段起意插入字幕卡。我觉得字卡是有一些效果，但我认为文字有些太曲折，而且有时文字浮现时，对白已经出来了，观众反而更忙于汲取信息，失却留白的原意。但的确有字卡比较好，因为之前的初剪我看过，确实太满了。

没有任何角色是配角

杨德昌的剧本向以庞杂横出的角色、环环相扣的人物关系取胜，结构精准而稳当。在《独立时代》里头，十位角色都有一定的戏份，且角色与角色之间的情感和利害关系是不断滑动的，其间充满了转折。亲身参与了《牯岭街》、《独立时代》两部片的编剧，你学到最多的是什么？

鸿　　　　　　主要是对于架构的要求。一个故事不是只有单一层面，而是牵涉到很多相关层面。对于杨导来讲，没有任何角色是配角，只要这人物一出现，在电影里有作用，我们就必须把他设想得很完整，才不会只是沦为一个功能性的角色。像《牯岭街》，我们为每个角色写传记，即便他只有一场戏，都要知道他的身世，那时候真的把我们搞得快疯掉。当然，我们也会质疑，这在电影里又呈现不出来，这样设计的作用是什么？
后来就慢慢发现，这会让人物立体，让他有更多空间可以去连接，意思是说，当人物设想得很完整的时候，就算他一开始只是一个配角，一旦从整个架构来看，会发现故事可以往这边再移动一点，随时可以自由地编排这些人物。到了后来，《牯岭街》里头的人物，对我们来说全都是活的。若说要改编某一情节，让某人和某人晚点遇到，推敲其间可能发生什么事，大家可以很迅速且自然地推断出结果，因为对我们来说，他们都是真实人物。我觉得这是蛮厉害的编剧方式。

过去我自己在编剧时，都只是在编故事，但是从杨导身上，我学会完全从人物出发，有了人物，故事就出来了。比如说《牯岭街》，虽然讲的是一起杀人事件，好像故事已经很宿命地预先决定了结局，但怎么导致那场杀人事件，可能有一百种方法，一旦以型塑出来的真实人物作为发想根基，无论怎么拍，都不会出差错。

——— 后来你自己也开始独立编导，我记得曾经读到一篇文章，你说，一直试图想要摆脱杨导的影响，你自觉做到了吗？

鸿——— 在编剧上，杨导比较是从社会结构面来看事情，因为我自己写诗，常会觉得从一个片段、从人的一种情绪出发，也可以发展成很好的作品。当时我受杨导影响非常深，看很多电影，都会觉得这电影有问题，包括看安哲罗普洛斯（Theo Angelopoulos, 1935—2012）的片子都会觉得太肤浅而片面，不若杨导想得严密。后来我很努力挣脱，依循着我写诗的体验，试图要离开他的影响，但是，可能真的太根深蒂固了。

拍《穿墙人》的警觉是，有一场戏我设计了一个很厉害的镜头，后来到陈博文师傅那边去剪接，剪一剪，我突然觉得，这镜头好像杨导拍的，就问陈师傅，如果杨导来拍这场戏，你觉得他是不是也会这样拍？他就笑了。

那一场戏是男主角小铁到博物馆去找诺诺，整个天花板是个圆球，两个人绕着那个圆球在转，我用一个镜头跟到底。杨导很喜欢用这种远镜头，以空间为主，人物在其间走动，镜头再去跟拍。虽然那场戏是很仔细的感情戏，但那个镜头是先用远镜头来带，一直到最后，两人才到了镜头前，变成特写。其实这就是很杨导的手法，他喜欢玩场面调度，我们那时有个说法叫"现场剪接"，就是不先拍个远的，再拍个近的，而是很自然地透过人物的走动和镜头的移动，双双达成导演想要的构图。

但在现场拍的时候，我们常觉得杨导玩得太过火，因为为此大家常搞得人仰马翻，尤其移动的长镜头非常难拍，人有时在这、有时在那，收音的Boom Man就要跟着跑，穿帮的机率相对高很多，有时画面又会带到灯架、工作人员等。那时不免抱怨：分成两个镜头拍完不就了事了吗？后来发现，其实好像我也掉进同样的回圈里（笑）。

杨导作品本身就很在乎人物和空间的关系，而且他是很有自觉地在处理这部分。

鸿————对，这也是我跟他学到的很重要的一点。我对于电影空间的观念大概都是从杨导那边学到的，因为对他来讲，空间非常重要，所以勘景变成编剧中间很重要的一环。剧本完成后，有一些预设的场景，我们会去勘景，剧本最重要的一次改写，就是勘完之后回来再改的那一版剧本，完全根据空间性格去重写，因而，很多戏的质地就改变了，表演改变了，镜头也改变了。

能否请你举个实例？

鸿————我记得在《牯岭街》里头，当小四和小明感情不睦，小四就想约小翠出来，原初写他们两人偷情的那一场戏时，场景设定是在一个废弃的工厂，之后，我们在眷村找景，看到一个网球场，杨导突然说，那就在这里好了。后来拍那场戏时，就是透过那个有网子的门去表现两人的隔阂。的确场景设置在这边更对，因为废弃工厂只是一个气氛，无法说明什么事情，但现在这个空间就有了剧情上的意义。

杨导对于《独立时代》片中的搭景有无提出什么样的要求？

鸿————《独立时代》就比较难讲，因为重要的景都是陈设出来的。比如说剧场的那个景，他就要求同时得有很台又很前卫的元素在里头。我们就搞了一个超莫名其妙的景，但杨导很喜欢。Birdy又穿唐装，着溜冰鞋出场，杨导对那溜冰鞋超得意，现在再看，会觉得是真的蛮有趣，也真的是很有想象力。
我们事先找了一些很台、很俗气的东西，到了现场，他又开始发想，提议干脆把床也摆在排练场里面。他其实就是在嘲讽那种把中国传统现代化的东西，但他自己也将之夸张化、扭曲化了。在他看来，所谓的气韵、山水，是拿中国传

片子开始没多久，小四便从片厂偷了一支手电筒，仿佛另一只眼睛，带他探看不一样的世界。

统来骗外国人，对此很不以为然。他一直很强调用人物、用故事去说服观众，这是一部电影真正的肌理，而非讲究气氛的营造。

所以杨导才会说，拍电影贵在内容，以写文章作为比方，不见得要用毛笔，也可以用一支一块五的圆珠笔写，标榜毛笔字其实是再制造一次被歧视的理由？❶

鸿————对。

追求创新的精神

在杨导首部参与编剧的作品《1905年的冬天》中，男主角李维侬奉行为艺术而艺术的准则，先是着迷于绘画、音乐，后又投身剧场；《牯岭街》里头也设置了一个片厂，借此窥看幕后实况；到了《独立时代》，则是用比较嘲讽的眼光去看Birdy所经营的当代剧场。你本身也横跨电影和剧场，会怎么解读这些桥段？是源于杨导本身对于戏剧的着迷吗？

鸿————这部分对他来讲可能不是出于现实上的考量，而是想要透过一个距离来看现实，把历史当作剧场，或是把现实社会当作一场戏来看，所以他会放进这些元素。我觉得主要是这个原因，而非他想要描写一个很真实的艺文样貌，其实完全不是。以《独立时代》而言，尽管我和他一起编剧，但我一直觉得所有东西都不对劲，好比我饰演的那个作家，放在台湾这个脉络里，他完全不真实；或者是Birdy那个导演，竟有女演员为了演戏而甘愿献身于他，在那个年代做剧场是不可能功成名就的，也没有人会为了争取演出机会而献身给剧场导演。这太荒谬了！太不真实！可是杨导就很执意，他想要编这样的情节。所以他在嘲讽的是一个想象的文坛和想象的剧场。当时我对他比较大的意见是来自这里，现在回头看，会觉得他其实只是想借这个讲一个寓言故事。

《牯岭街》那个片厂也蛮有趣，因为小四在片厂拿到一支手电筒，好像就是未来他在探照所有东西的光源，这成为他的一个工具，可以照亮人生，以此探索。与此同时，杨导又不会把片厂神圣化，仍是将之型塑为一个有点陈腐的传统片厂，选择用一个比较远的俯瞰的角度来拍导演和剧组，看到里头充斥着一些老气横秋的人物。

《独立时代》剧场场景,杨导要求须同时具备很台及很前卫的因素,混搭之下,产生了荒谬的趣味。

❶ 语出《杨德昌电影笔记》,台北:时报,1991,第285页。

小四与小明在片厂逗留。

鸿鸿于《牯岭街》片中饰演国文老师。

在《牯岭街》片中，他找我饰演一个有山东腔的国文老师，我虽然是山东人，但根本不会讲山东话，便建议与其要我去学，不如直接找一个年纪稍长的外省人，就像片厂里头看到的那些人。他就说，那些老B央，妈的，我根本不想再跟他们有任何关系。他对于那样的社会传统其实是非常排斥的，他一直强调创新，并且崇尚西方精神。

《牯岭街》中有一场戏是，片厂导演（邓安宁饰）与女明星起了争执，后来他看到小明，想找她来试镜，更在现场大声直言："这戏本来就该找个小女孩来演，三十几岁的老太婆演少女还拿翘！"让人不由得联想到当初他拍摄《指望》时，坚持要用石安妮，那时"中影"其实是希望能让演员训练班的人上场，提议用一个实质年龄十九岁，但看起来像十二岁的演员，杨导对此相当不以为然，最后还是找了先前拍《浮萍》时就合作过的石安妮。

鸿————嗯。

最后，请你分享一些杨导喜欢的导演及作品，谈谈他是怎么评价的。

鸿————是阿兰·雷奈（Alain Resnais, 1922—   ），尤其是他对于人物心理非常细密的探索，我觉得杨导也是肯定他每部作品都力求不同的创作精神。杨导比较喜欢的雷奈作品是《天意》(*Providence*, 1977)，里头有很多辩证，而且是想象和现实互相交错，他对于多线的、对位的东西都很感兴趣。

杨导也喜欢韦纳·荷索（Werner Herzog, 1942—   ），但他就是完全相反的类型，其作品往往表现出野蛮与意志力。其实我蛮惊讶杨导会喜欢荷索，大家都以为他喜欢安东尼奥尼（Michelangelo Antonioni, 1912—2007），其实他并不喜欢，他觉得安东尼奥尼颇为虚假，偏偏许多人觉得杨导的作品有安东尼奥尼的神采。也许就是因为气质接近，他完全了解这个人想要做什么，以致容易看出其缺失，反而没有那么欣赏。

此外，他也喜欢成濑巳喜男，尤其是《浮云》(*Floating Clouds*, 1955) 这部片。相较之下，杨导觉得小津安二郎太拘泥于单一的形式，反而少了很多可能性，人物刻画流于规范化和制式化。反观成濑，每一部片都有不同的叙事策略，充满人情转折，非常精彩。

11 ／ 杨德昌的子弟兵

陈以文 戮力追求一种绝对
陈以文✕杨德昌

《牯岭街少年杀人事件》演员马车及后期制作助理、《独立时代》副导及演员立人、《麻将》前期制作及表演指导、《一一》演员陈警官

采访日期▶2012年8月16日
地点▶南方天际影音娱乐事业有限公司

杨德昌的"电影原理"课程会让人觉得这是一种没有教材、无所本的上课方式，
但放在艺术教育里，
如何启发人去动脑这件事本来就是没有教科书的。
他提供了不少机会，
让我们去看未曾看过的事物、思索未曾思索过的问题。
那启发可能只是一粒小小的种子、看不到的种子，
产生的效应却是蛮大的。

陈以文，毕业于台湾艺术学院戏剧系，在学期间已活跃于剧场界、电视圈和电影圈中，拥有演员、剧作家、编剧、导演多种身份。曾与杨德昌合作多部电影，包括《牯岭街少年杀人事件》、《独立时代》及《麻将》，于《独立时代》一片中担任副导并演出当中一角。

1994年成立烈日工作室。1998年推出第一部自编自导剧情长片《果酱》。1999年的《想死趁现在》受邀作为香港电影节之闭幕影片。2000年的《运转手之恋》获第三十七届金马奖评审团大奖、第三届台北电影奖评审团大奖及最佳导演奖、第三届法国杜维尔亚洲影展最佳导演奖，入围德国柏林影展青年论坛单元，并代表台湾地区角逐奥斯卡外语片。2006年完成《神游情人》（日本片名《幻游传》），为一结合CG特效、全新尝试的奇幻古装公路电影。

2009年，除担任荷兰导演大卫·维尔贝克 (David Verbeek) *R U There* 电影监制，亦开拍自行监制兼编导的剧情长片《1689号追踪档案》；2011年，担任《宝岛漫波》监制并参与演出；2012年，《恋恋海湾》开拍，担任监制及导演。

这个夏天，陈以文全心投入新作《恋恋海湾》的拍摄，无暇他顾，一直要到这部片台湾部分的戏码杀青后，我们才有机会见上一面。见面当天，陈以文显得精神奕奕，也许是工作暂告一段落，终于能够稍微歇口气的缘故。

毕业于台湾艺术学院戏剧系的他，自大学时代便浸淫于电影圈，先是于黄明川❶《西部来的人》担纲男主角，后又加入《牯岭街少年杀人事件》剧组，饰演马车一角，并担任后期制作助理。其后，他又陆续参与了《独立时代》、《麻将》等片，俨然是杨导珍视的子弟兵。不少人在与杨导长期的合作过程中，终因双方产生了摩擦而毅然出走，然而陈以文始终与杨导保持交好，晚期还跟他一同写过动画《追风》的剧本，可惜一直未能达到令人满意的状态。

在长达两三个小时的访谈中，陈以文侃侃而谈，且不时举些轶事，借此彰显杨导独特的性格。他说，"我很希望用一种别的方式来聊杨导。"杨导的作品已呈现于世人眼前，观众可自行评判，然银幕背后的创作者身影，及其漫长创作过程中的种种试探、尝新、困厄与坚持，却是大多数人不晓得的，他想要绕到银幕后头，带我们看看杨导的另一面。

"我很贴近杨导的生活，所以很想让大家知道的是一个很真实的创作人，他在爽什么，以及矛盾、挣扎和不爽什么，那都不会等同于任何一

陈以文在《一一》片中客串陈警官一角。

个人在爽什么、挣扎什么。"陈以文曾戏称,若要写篇关于杨导的文章,必然会以这句话作为开头:一个每个月拿着邮局提款卡去领三万元生活费的国际大导演。重点不在于实际提领的金额,而是这是一笔为数不多的费用。实际上,杨导在生活上花的钱很少,在电影上花的钱却很多;因为,把钱花在电影上是他最快乐的事。

90年代初期,完成备受好评的《牯岭街》之后,勇于追求创新的杨德昌,风格陡然一变,尝试以喜剧风格拍摄《独立时代》,而这部片耗费之巨,甚至被余为彦形容为杨德昌创作生涯上的一大灾难。从《独立时代》的催生、前制、现场拍摄乃至后期制作,前后历时三年,陈以文完整地参与了本片从无到有的创作历程。他面带笑意地说,"虽说是折磨,但回味起来,仍是一段相当令人难忘的美好时期。"

杨导逝世迄今五年余,但对于陈以文来说,杨导在他心里一直活着。尤其,他仍一直在从事这个行业,一路走来,沿途所见的风景,遭遇的风雨,仿佛是过往杨导曾经历的那些。实践的过程中,必然得面对筹措资金的压力、面对组织工作团队的压力、面对自身对这个故事满不满意的压力,一旦真的感到累极了,究竟要不要妥协?

陈以文的心里头有个天平,另一端是杨导的意志,他仍一直在与他对话着、互动着,砥勉他,戮力追求一种绝对。

❶ 黄明川,1955年生于台湾嘉义。台湾大学法律系毕业。1979年至1982年就读于美国洛杉矶艺术中心设计学院,主修美术、摄影。毕业后曾于纽约成立Ming Studio专业摄影棚。黄明川为台湾独立制片先驱,90年代拍摄"神话三部曲":《西部来的人》(1990)、《宝岛大梦》(1994)、《破轮胎》(1999),分别指涉台湾原住民、军事"戒严"及政治宗教神话。《西部来的人》曾获夏威夷国际影展"柯达杰出摄影奖"、新加坡国际影展"银银幕奖"、中时晚报年度电影开创奖、优秀影片奖;《宝岛大梦》获中时晚报优秀电影奖;《破轮胎》获台北电影奖非商业类最佳剧情片、金马奖评审团特别奖。著有《独立制片在台湾》(1990)。制作超过四十部艺术纪录片,包括《解放前卫》、《地景风云》、《台湾数位艺术新浪潮》、《装置艺术十年》等系列,并发起"台湾诗人一百影音计划",记录诗人之口述历史与诗文朗诵。曾任"国家电影资料馆基金会"董事、"公共电视基金会"董事、"中华电视公司"董事、"国家文化艺术基金会"董事及董事长。

独立制片的难题

—— 你毕业自台湾艺术学院戏剧系,在学期间曾修习杨导的课,他的授课方式最特别的是哪个部分?

陈以文(以下简称陈)—— 艺术学院戏剧系的风气向来以剧场为主,多以西洋戏剧作为讨论文本,少有电影课。大三那年,印象中,当时戏剧系所有课程里只有一门课与电影相关,即黄建业开设的"电影欣赏",课堂上,他会放电影,以西方电影居多,同时讲解导演如何铺排故事。小时候看电影多半只看剧情,黄老师则会引领我们去解读作者的意念。

后来,突然听闻杨德昌导演要来我们学校开"电影原理"的课,且是开在大三的课程里,当时他已是一位知名导演,我们都蛮兴奋的。然而,大四、大五也好多人要修他的课,选修人数已超出上限,系上属意让学长优先,大三学生反而没机会选修,所以我是直到大四才上杨导的课。

或许很多同学不习惯杨导的上课方式,但我个人蛮喜欢的,他会跟我们聊如何从不同观点去看一件事情。杨导上课习惯拎着两瓶可乐,一边上课一边喝,他会在三个小时的课堂上将那两瓶可乐喝完。有一回,他随兴聊起,说,如果这间教室放满可乐,可以放多少罐?如果要规划在教室里放这些可乐,同时得留下通道,以便能拿到每一罐可乐,你会如何规划?这例子挺有趣的,它提示了我们,在做精确的思考时,理应是有些凭据的。

以传统教育来看,会觉得这是一种没有教材、无所本的上课方式,但放在艺术教育里,如何启发人去动脑这件事本来就是没有教科书的。杨导提供了不少机会,让我们去看未曾看过的事物、思索未曾思索过的问题。那启发可能只是一粒小小的种子、看不到的种子,产生的效应却是蛮大的。

—— 你在学期间就已投身剧场界和电影圈的表演工作,在加入《牯岭街》剧组前,你曾参与黄明川《西部来的人》(1990)演出,担纲男主角,黄明川被誉为台湾独立制片先行者,后来你跟随杨导拍片,他亦相当奉行独立制片的精神,能否谈谈你从他们身上学到了什么?你自己又是怎么看独立制片?

陈—— 现在回头去看,其实我跟这两位导演刚接触时,本身仍处于一懵懂无知的状态，也许喜欢的只是当时的气氛、表演工作或是大伙一起做的事情。大二时，我去参加了一个电影试镜，到了大三，黄明川导演就找我去演《西部来的人》，对于二十出头的我来说自然很兴奋。至于独立制片与否，凭良心讲，那个年代的我们还搞不那么清楚，不解拍片所涉及的工业体制或资金来源，只知拍得很辛苦。

当年《西部来的人》获得不少影评赞誉，毕业后，我到杨导公司工作，某次听闻杨导谈及黄明川，才知道原来他蛮佩服这位导演的。事件的起因是，有次黄明川的某部电影首映，发了一张邀请函来公司给杨导，杨导好像要去别国，不能出席，此时，有个助理便打电话给杨导，询问能否代他出席，杨导立即翻脸，将那人骂了一顿。意思是，你凭什么代我去？这是一个我非常尊敬的人！正是因为这起事件，才有机会向杨导问起他对黄明川的态度与想法。

以杨导的个性，很少听到他称赞其他导演，不禁好奇地问他为什么觉得黄明川很屌，他说了不少关于独立制片的难处——要完成一部电影，背后可能有资金的压力、创作的压力，以及要形成一个工作环境的压力。黄明川曾经是有多少钱拍多少，假设这部片要拍五十个工作日，他赚了一些钱后，能拍三天就先拍三天，往后赚了钱，再拍另外五天，过了一阵子，又有钱了，就再拍个几天。如今回想起来，他的韧性是很强的，那是一种马拉松式的心理折磨。我想这是杨导为何很敬重他的缘故。

当年我开始接触电影的时候，电影不是那么景气，几乎没有所谓的非独立制片，且台湾电影票房也不是很好。以现在的眼光来看，那时几乎每部电影都是独立制片。

每次卡车一来，我永远是第一个冲上前去

当初怎么会加入《牯岭街》剧组？

陈————杨导当时是学校老师，《牯岭街》开拍在即，便透过杨顺清召募学弟学妹，询问有没有人课余时间可以去轧戏，后来我和王维明皆加入剧组，我饰演万华帮的马车，他则饰演眷村帮的卡五。陈希圣本来要演杨顺清那个角色——山东，我还很高兴，因为最后是我杀了山东。我跟希圣是同班同学，常会计较在剧中谁占了谁便宜，比方，这次戏里是我骂了他，下回他演到能骂

陈以文于《牯岭街》中饰演马车,在一个下着大雨的夜里,伙同兄弟前往弹子房杀掉山东。

我的桥段就很高兴（笑）。后来陈希圣好似要跟剧团去欧洲，没法演那个角色，便找了杨顺清。

现场除了担任演员，你还负责其他事务吗？

陈————演戏之余，余哥（余为彦）可能觉得我特别勤快，便常找我去现场支援，我有点像打杂的。记得我第一次去搬东西，事后，杨顺清就跟我说："你知不知道你的出现给我们很大的活力？"我纳闷地问他为什么，他说，几个月下来，他们已经精疲力竭了，反观我，每次卡车一来，我永远是第一个冲上前去，挑最重的物件先搬，大家都觉得我好有活力噢！（笑）第一次比较近距离地帮忙，是有一场张国柱和张震在冰店吃冰的戏，那天我去做美工道具，张国柱在那吃，我们便蹲在摄影机下方，杨导一喊卡，就赶紧把刨冰补上，还原成原貌。杨导也觉得奇怪，明明没人教过我，为什么我会懂得这么做，没多久，他就问我要不要一直跟着这部戏。

在那个年代，《牯岭街》是一部格局相当庞大的电影，当年参与制作，你感受到了它的不一样吗？

陈————我在那时候并没有办法体会到杨导或制片有多辛苦，我们终究只

《牯岭街》工作照，右起：杨德昌、邓安宁、陈以文。

是聚焦在能力所及的小范围内。这些年，我一直在做电影，不管是面对景气还是不景气的电影环境，常会回想起，原来那些时候他们是在什么样的状态下工作，而演员又只能知道其中的皮毛，并不知道当创作者决定用这么艰难的方式来拍片会有多辛苦。

你亦担任《牯岭街》后期制作助理，主要负责哪一部分？

陈————《牯岭街》拍摄结束后，有一天，杨导就问我要不要到公司上班，我当然觉得很好，就去了。那是一段比较扎实的过程。当戏拍完后，后期要做些什么，跟在现场做了什么以及采取了什么样的判断有很大关联。当时还是用底片转成工作拷贝，有点像正片，胶卷很长，剪接师傅会直接在上头做记号。你会在剪接室看到一排像书架般的柜位，架着无数卷的底片，影像和声音的卷数要放在一起，这部分的整理工作大部分是由《牯岭街》的场记陈若菲负责，她和剪接师一起做。

后续必须听字幕，我们称之为"听声"。亦即把每句话的字幕要停留在画面下方多久给听出来，然后把每句话是第几呎第几格到第几呎第几格给一一记载下来。比方，电影的第六分零三秒演员讲了一句"喝杯茶吧"，这句话的字幕需要给观众两秒的阅读时间，那么听声后就会在"喝杯茶吧"这句话后面记下544呎第12格至547呎第12格，或544.5呎至547.5呎（三十五厘米底片放映每秒二十四格共1.5呎）。拍字幕的人就要知道是从影片第几呎的格数到第几呎的格数，要拍四十八格的"喝杯茶吧"。再到下一句"你先喝，我好热啊"，又是在第几呎的第几格，你要全部把它听出来，记录下来。

我记得《牯岭街》有两千多句对白。这是我和王维明一起做过很长一段时间的工作，而且《牯岭街》有两小时五十分的戏院上映版本、有三小时的国际版本、有四小时的导演版本，每个呎数表都不一样，每剪完一个版本，字幕的呎数表又要再听一次，而且英文字幕的呎数表也是跟中文的相同。一旦记录错了，电影放映时，讲这句话时，字幕就无法适时出现，如果在国际影展，老外就会被错误的字幕弄得一头雾水。以前底片的影部是影部，字幕是另外一个像赛璐璐片般的空白片，整卷底片只有字幕在上面，得把两者叠在一起再加上声片，三者一起印出"放映拷贝"来播映。

从整理资料一直到完成拷贝这个制作过程，我都有参与，包括调光、底片套片、声音后制等，因而看到杨导跟陈博文、杜笃之等人如何工作，不知不觉中开了眼界。往后遇到一些做得比较不准确的状况，就会知道过程中也许少了什么步骤，以致成果不够完善。

舞台剧《如果》、《成长季节》，灵感的培养皿

在《独立时代》正式开拍前，杨导先后发展出《如果》和《成长季节》这两出舞台剧，你有参与吗？

陈————都有参与。

能否请你先谈谈《如果》这个剧码？

陈————杨导那时候碰到了杨顺清、鸿鸿、王维明以及我这些受舞台剧训练的学生，当时，他也跟赖声川有些互动，偶尔，他会有一些创作是受了舞台剧的启发，或者他思及什么，觉得用舞台剧来表现好像不错。我忘了当初为什么会找到《如果》这个故事，好像是改编自福山庸治的一个短篇漫画。剧情大纲是：有位太太偷情，找了一个男的推销员到家里来，做完事以后，推销员在浴室洗澡，因意外滑倒撞到头部而死在浴室里，后来，先生回来了，太太就编排了一个故事，把自己讲得很可怜。
《如果》从故事形成到排练我都有参与，最后还担任舞台监督，统筹幕后技术。这出戏在皇冠小剧场演出，很多音效是在现场做的，如电话铃响等，我记得当时负责音效的人是叶全真，她曾是《独立时代》杨导预计的女主角之一，亦即后来倪淑君饰演的那个角色，开拍前，她希望参与一些杨导正在进行的创作，就来做了音效的工作。

在你看来，杨导筹划这个舞台剧的动机是什么？

陈————现在看和当时看的角度可能不太一样。如果用现在的心境来看，杨导可能想挖掘更深一点的感受，他想要做《独立时代》这个故事，而那一刻，或许他觉得还没有充分发展到要花三四千万，去拍一部关于都会人面对爱情、事业和未来之茫然状态的电影,于是乎,选择先做一出舞台剧,男女角色设定同样存在着某种都会感,既要面对工作责任、同事关系、老板脸色,回到家又得处理夫妻关系,角色背景有其相似之处。在发展电影脚本的过程中,先把某些感受转移到另一个媒介,或可借由一个比较客观、轻松的状态,看能否从中激发一些养分,再回馈到电影里。

在《如果》之后,杨导接着筹划了《成长季节》,据闻又更接近《独立时代》的雏形。《成长季节》于1993年年初公映,长约四十分钟,男主角是王维明,女主角则是陈湘琪和叶全真,你还记得映演地点及规模吗?

陈————那出戏共有四个演员,另外一个就是我。当《成长季节》还只是剧本的时候,我一看到就很兴奋,因为它更像我们跟杨导讨论《独立时代》这个剧本时,里头所涉及的人际关系,也有颇为嘲讽的味道。我们那时候很喜欢援引伍迪·艾伦电影的状态,人物很真实,却又发生了一些那么荒谬的事;也喜欢援引米兰·昆德拉(Milan Kundera)小说里一些人物的感受以及面临的遭遇。我们很喜欢讨论生命里的这种处境,杨导常用irony这个字眼来形容。

孙大伟跟他哥哥孙大强在君悦饭店(昔称凯悦饭店)三楼有一个私人俱乐部——JJ's俱乐部,《成长季节》就在那俱乐部里演出,只有一些受邀的贵宾前来观赏,印象中演出了两场。

杨德昌与舞台剧《成长季节》的演员们,左起:王维明、陈湘琪、叶全真、杨德昌。

《成长季节》的故事大致是什么样的？

陈————《成长季节》这个小品其实到今天我都还很喜欢。四个角色都很鲜明，很像我们在生活里会碰到的一些人。主角是一对情侣，由王维明和叶全真所饰，叶全真是一个工作能力很强、老是对助理颐指气使的女强人，虽有一点品位，却很难掩饰其内在张牙舞爪的一面。陈湘琪则饰演她的助理。

有一天，家里漏水，叶全真很忙，便叫王维明处理，他虽忙于工作，仍抽空回家一趟，一回到家，只见地上放了几个接水的桶子。过一会儿，陈湘琪也来了，装扮土里土气的，还频频打喷嚏。王维明一见，问了此人来历，她说是叶全真叫她来的，闻此，他不由得发怒："奇怪了，她不是已经叫我来了，为什么又要叫助理来？到底是怎么交代事情的？"

我则是演房东，家里很多地，其中有些房子租给别人。房子漏水了，为了省钱，还是自己去修。一到那里，竟看上了陈湘琪，就问她是学什么的，她说是文学系毕业的，又接着问，会不会写诗。我饰演的是一个土气的人，却会跟人家聊诗，还对着她高谈阔论："我跟你讲，写诗，就是要一直写，不断地写，你有感觉就写，写几百篇都不管，只要有一篇红了，你所有的诗都可以卖钱！"铜臭味仍在，却挂钩上艺术。这是一个写得很妙的人物。

后来，叶全真对房东有一点好感，王维明跟陈湘琪彼此好像也有一些好感。之后发生了一场大地震，改变了一些事情。

把钱花在电影上是他最快乐的事

《独立时代》的出资者是孙大伟，这似乎是一笔为数不少的钱，当时本来好像计划用这笔钱拍两部片，后来《独立时代》开拍后，那笔钱很快就消耗殆尽了……

陈————我曾戏称，如果要写篇关于杨导的文章，开头第一句话一定是："一个每个月拿着邮局提款卡去领三万元生活费的国际大导演"，这是他给我的极深刻的印象。邮局的提款卡噢！还不是银行的！重点不是他领的金额，而是那是一笔少少的钱。他生活上花的钱很少，在电影上花的钱很多。

杨导每部戏所能找到的资金，一定是花光光，花到超过为止。很多人都在帮他做财务规划，建议他如何分配资金，如此可有一些获利，作为下一部片的拍摄

摄于杨导工作室，桌上为杨导手绘之《独立时代》角色卡通画像。

资金，这种分析有无数回，也都很有道理，但每次在杨导开拍前，我就会跟制片说，一定是花光光。作为一个导演，面对钱，面对他要完成的作品，中间会有哪些矛盾在撞击？倘若为了省钱，致使电影不够好，观众看了嗤之以鼻，岂不是本末倒置？这是导演极力避免的。我认识的杨导，把钱花在电影上是他最快乐的事。

印象中，当时杨导有三个电影拍摄计划，一部是《想起了你》，即后来的《独立时代》；另一部是《婊子无情》，有意找林青霞、张曼玉、柯受良等人主演；另外一部则是《热兰遮城》，希望找罗伯特·德·尼罗（Robert De Niro）演出，做一跨国性的电影，讲述荷兰人在台湾的那个时代。孙大伟愿意投资前两个案子，如果一切顺利，接下来再开拍《热兰遮城》这部大型制作。

《独立时代》筹备、研拟、制作期程很长，真的花费了不少钱，所以孙大伟原定投资两部片的钱在《独立时代》就几乎花完了。《婊子无情》虽未能开拍，杨导仍然觉得应该履行两部片的约定，于是打算筹拍《麻将》，找一个欧洲的年轻女孩维吉妮·拉朵嫣（Virginie Ledoyen）来台湾，此外，也找了张震，那时他算是小有名气，便有了后来的演员组合。

拍《独立时代》时，杨导重金礼聘香港知名摄影师黄岳泰，且曾聘请两位好莱坞录音师，但录音师来了两个月，什么都没做就又回美国去了。既然特别找了国际团队来，你是否知晓杨导当时对于整个制作规格的想象是什么？

陈⸺⸺那两个好莱坞录音师是在黄岳泰还没来之前就先来了，住了两个月又回去了，这大概也是他们人生历程中第一次碰到，甚或唯一一次碰到⸺受邀去拍片，带了器材，在那住了两个月，也领了钱，却没做上任何事。

在这行内，有两种人是不太被了解的，一是演员，即使是行内的工作人员，问他们演员在干吗，通常无人确切知晓。演员怎么准备工作？我们有无干扰了演员的工作？这是不容易了解的。另一则是导演，尽管大家都知道电影有个导演，凡事得听导演的，但没有多少人知道导演怎么工作，以及他处在一个什么样的工作状态。他当时在这个镜头里想要得到什么？想看到什么？他觉得那里不行就是不行，为什么？许多人都不了解。每每讲到导演，他们仿佛就像个疯子似的，这是源自于大家没有机会知道导演在做什么，以及他所介意的是什么。

当一个导演在创作的时候,犹如在一条没有人一起往前跑的路上,拼命地往前跑。或许旁边有一些人,但那些人永远不会在他前头引领着。他永远是跑在最前面的。过程中,经常是导演知道要往前冲,却不知道将要看到什么,面对这种未知时,会希望有好多东西来辅助,赶快找到渴望的那个未知。在这个过程中,当然希望此时进来一个优秀的人,让我们马上往那个我们认为对的方向走。至于是不是一定能成,就很难讲。聘用两个好莱坞录音师这件事,在我看来,是一个创作者在那个阶段,怀抱着或许能因而有比较显著的创作方向、马上知道更应该往哪里走的心情吧。如同刚才提到的,导演有意做一出跟电影类似感觉的舞台剧,心想,或许做完后能有更多感受去呈现他的电影,但做完后,电影并未立即开拍,还是花了一年多写剧本。

——《独立时代》前期进行得并不是很顺利,历经换角与工作人员重组等风波,能否谈谈其中细节?

陈————我不会说它是一场风波,只能说拍电影本来就很辛苦,本来就有很多莫名其妙的事会发生。我自己在行内也参透了这件事,每次听到一些人说:"这个戏问题很大耶!"我就会想,讲这句话的人,代表对这行业还不够

立人和小明同在公家机关做事,个性我行我素,不与人同流合污。

熟悉，因为拍电影本来就会有一大堆复杂的事情堆积在你面前，得一一去解决。每部电影都想不一样，讲别人没讲过的东西，势必就会不断制造出新的麻烦，然后再去克服那个麻烦。

当初，杨导还在拍《牯岭街》的时候，《想起了你》剧本已经完成了，甚至杨导还曾说他要两部戏同时拍。照理说，《牯岭街》拍完后，另一部戏应该可以立即动工了，但再去翻那个剧本，他可能觉得不够厉害了，便要重新改。《想起了你》原定由陈湘琪和某女担任女主角，她们两人本来关系不错，后来杨导感觉到她们的关系起了一点变化，两人好像不是那么要好了，不免担心，原是很有默契的女孩，若中间有些嫌隙，一起演戏难免受影响，那么他还该不该去冒这个险，于是有了换角的念头。后来，那女生好像就出国了。

叶全真接替了这个角色，当时她其实已经是一个很有名的演员了，主演过《七匹狼》（1989）等片，她自己也很希望能创造有别于以往的表现，在杨导的创作过程里，她也跟着我们一起聊，的确投入了很多，在《如果》那出舞台剧，她来cue音效，充分显现愿意投入杨导电影世界的用心。后续杨导也帮叶全真做了与过往不同的造型，并邀她参与舞台剧《成长季节》的演出。

对杨导来讲，他碰到叶全真以后，很想知道她能怎么演戏。《独立时代》原先设定的男女主角——王维明、陈湘琪，皆有剧场表演的背景，叶全真则是因为演过很多电影而成为了演员，并未历经完整的表演训练。在这种情况下，叶全真会不会成为一个很不适应的表演者？所以杨导有意透过《成长季节》这出舞台剧，让她跟我们比较融入，进入同一个频道。然而因筹拍时间很漫长，有一天叶全真说她需要生活，接了别的戏，杨导不太能接受这件事，也只好又换角了。

直到开拍前夕，这个角色的演出人选仍然未定，有人提议要不要找当年属意的那个女生，杨导说不妨问问，那人听到后，立刻从国外回来，参与了一段时间，又被换掉了。听起来，多数人可能会觉得这个导演好不近人情，但在我所了解的他的世界里，他是没有办法在那个"绝对"以外去妥协的。

在选角方面，杨导比较在乎的会是，这个人本身的灵性和个性是不是他觉得有意思，若是，他的角色设定可以导向那边，而非强逼对方成为他要的角色。

杨导相当赞誉吴念真，甚至在某一次的访问当中称吴念真是一个完全的演员，当初邀约吴念真参与《一一》演出时，更直言NJ这个角色就是以他为本所写成的，所以非他饰演不可。早先拍《青梅竹马》时，杨导也早就属意由侯孝贤出任男主角。在演员的筛选上，杨导好像一直以来都有颇为直觉性的判断。你在《独立时代》出任立人这个角色，杨导是什么时候决定由你饰演这个角色的？有无根据你的性情塑造这个角色？

陈————立人这个角色本来是戴立忍要演，所以才叫立人，我忘了为何他后来没演。❷张凤书本来是饰演小凤那个角色，不知何故也没演。因为这不是很重的角色，对杨导来说或许没有太大影响。

《独立时代》有好几位要角，彼此关系纠结，虽说立人并不是那么核心的人物，但杨导向来很强调每一个角色的功能，你还记得他是怎么跟你阐明立人的背景与脾性的吗？

陈————他没有特别提到，但以我现在来看，他要的是在公家机关里面有一个有个性的人，我行我素，不愿与人同流合污，然而，这人最后却会倒霉、会被别人排挤。立人很有自己的个性，尽管在公家单位工作，依然我行我素，按照自己的行事风格去做自己觉得爽的事和不爽的事，但此地并不允许他有自己的个性，得跟别人一模一样，所以他被人排挤了。否则，公务员哪有人去上pub的？立人的所作所为放在公务员身上好像变成了不正面，然就杨导所讲的人和人性来看，立人依着自己的个性行事，这其实是正面的。
而小明那个角色是一个老实、苦干的人，却被公家单位另一个更老谋深算的人算计了，让他无意中出卖了立人。立人原来好像跟小明很要好，后来却觉得是小明出卖了他。

他要的是一种很绝对的东西

到了《麻将》，你则是担任表演指导，杨导对于表演很讲究，却苦于不知道该如何与演员沟通，因此表演指导就像是作为导演和演员之间沟通的桥梁，扮演着举足轻重的角色。

陈————《独立时代》拍完后，我想自行成立工作室，杨导亦乐观其成，等到他要拍《麻将》时，若时间许可，我就会去支援。表演训练是以几位主要演员为主，包括张震、柯宇纶、王启赞，以及在剧中饰演Alison的陈欣慧。

平心而论，我当然很希望是杨导自己去沟通。在我看来，表演指导能做的事情，是让演员更能展现情绪上、声音上、肢体上的灵活度与细致度，至于对剧中角色的诠释，导演亲自沟通还是比较能够让演员确切感受到，若透过另一个人间接传达，对演员来说，难免会觉得有些遥远的感受是他无从捉摸的。杨导很期望理想中的表演发生在他眼前，一旦演员没有做到，有时，他会比较没有耐心走上前去跟演员说，所以常会冀望另一个人去负责沟通，然而，透过间接沟通，演员要能快速领略就更不容易了。

跟杨导合作几部片下来，就你所知，他选角的原则主要是什么？

陈————他要的几乎是一种很绝对的东西。有一种状况是，这个人真的符合了那个绝对的标准；另一种状况则是，对方能接受与导演一起往那个绝对的方向靠近。往往有些人会不小心做了在杨导心里会亮红灯的事，但可能不自知。举例来讲，某一年，杨导有意找某个女明星参与演出，双方谈得差不多了，她就很高兴地发了一则新闻，公告接下来要接演杨导的戏，杨导看到报纸的当下，便决定要换掉这个人。他就是这么绝对。在他的认知里，这新闻为什么由她发出？他也许无意将此事公诸于世……

再举一个例子，杨导有时觉得这个演员出现了一些演员常犯的毛病，如过于娇贵、对他某些信任的人存有质疑，即便无关演技好坏与否，他也会把那人换掉；又或者，当他希望演员空出三周以便做些训练，对方若有一些反弹或时间上轧不过来，他就会觉得对方根本不是全心全意要接演这部戏。有些演员在等待开拍的漫长过程中，只能默默地、悄悄地去寻找维生的可能，若让杨导知道他们有意先去接拍其他戏，那也绝对不可能再继续合作。

1997年，杨导又筹划了一出舞台剧《九哥与老七》，还曾远赴伦敦公演，你有参与这个剧码吗？这是在什么样的契机下诞生的创作？

陈————这出舞台剧的诞生是因为1997年香港回归的未来充满了未知。香港

❷ 在《杨德昌的电影世界》一书中，戴立忍接受该书作者让-米歇尔·付东访问时，提及当年《独立时代》筹备阶段他曾在杨导身边工作了一段时间，也预定由他饰演片中一角，后因电影拍摄计划一再延宕，他不得不离开片场，回学校把课上完。

剧团"进念·二十面体"❸艺术总监荣念曾遂发起《中国旅程》——"一桌两椅"创作交流计划，邀请杨导、李国修、关锦鹏等两岸三地导演参与，各自创作一出短剧，希望每出剧就两个演员，场上至多一张桌子、两张椅子，不要有别的道具。这套节目共计六出戏，1997年1月1日在香港公演，同年6月则移师伦敦演出。

杨导把"刘邦友血案"❹融入他想象的世界，将之设定成一个有政治阴谋的谋杀案，大致内容是：政府高层人员有意致某人于死地，便找了一个叫老七的人去干了这事，后来也很轻易地让他逃到一个不会遭致麻烦的地方。

这出剧是由我和王维明主演，他饰演九哥，我则饰演老七。因为不是什么大制作，也没有其他人参与，所以就我们三个人一起去香港。那是一段我们跟杨导相处过程中比较特别的时期，我和维明本就是杨导很熟悉的晚辈，彼此的互动向来自在融洽，那段时间，我们就在香港四处走走看看，一些很敬重杨导的香港朋友也会来跟杨导碰面，很是愉快。

有一天，剧团人员问杨导隔天早上能否安排电视台采访，访问地点就在剧场内，一般而言，媒体都很容易得罪杨导，要不是被他骂走，便是他干脆起身走人，但那回他心情颇佳，随口就答应了。翌日，我们起了大早，吃完早餐后，早早地进了剧场，那天他就像是一个生活里的杨德昌，很自在，而非叫人看了心生敬畏的大导。到了剧场后，我先去洗手间，恰好听到电视台的摄影师和采访者在谈话，我一听就知道完了，心想待会儿可能会出事。那个摄影师说："这导演这么早就来，一定是很想被访问噢！"采访的人回答："不是吧，听说他不好约的。"开始访问后，只见杨导的脸愈来愈臭，大概是觉得他所说的对方并不懂，便不想再多讲了，访问他的人，应该也察觉到杨导正处于不满的状态，便向杨导谢过，准备结束访问。孰料此时摄影师却说，第一个问题没有录好，希望再录一次。访问者知道导演连继续回答都不愿意了，遑论配合重演。后来导演要他们随便剪一剪就好，便站起来走了。这反而是那次在香港我印象很深的一件事。

提及杨导与媒体的互动，另有一回，记得是拍完《牯岭街》后，有一个媒体来工作室访问他，杨导的办公室在二楼，聊一聊，他气得下楼来，走到外头去，对方不知道杨导已经生气了，很久以后，我们上楼去上洗手间，见那人还坐在原地，好似在等杨导回来。过一会儿，杨导又进到办公室，要我去跟那人说，他可以走了。后来我问杨导对方到底跟他聊了什么，他说，对方觉得《牯岭街》的女主角杨静怡不是美女，为什么要找她来演？杨导心想，你觉得她不是美女，我觉得她是美女啊！

"进念·二十面体"艺术总监荣念曾发起《中国旅程》——"一桌两椅"创作交流计划,邀请杨德昌、李国修、梁普智、关锦鹏等两岸三地导演参与。本出剧6月移师伦敦演出,当地媒体做了大篇幅报道,上头刊载照片为《九哥与老七》剧照,勒人颈脖者为陈以文,椅子上被勒者则是王维明。(陈以文 提供)

你曾说过跟杨导之间的事至今仍历历在目,这是因为你本身的记忆极佳,抑或是杨导给你留下的影响确实太深刻了?

陈————其实杨导在我心里一直活着,因为我继续待在这个行业,当我碰到很多事,便会回想起当年杨导曾遭逢类似的处境,那时的我并不知道他的实际状况,直到自己真的独立经营一家公司,开始制作电影以后,才会意识到那时杨导每天在烦恼的,绝对不是只有自己能理解的那些事。当年,懵懂的我,就是透过跟杨导以及相关工作人员的合作,才开始了解电影幕后的工作,所以不知不觉受了他很大的影响。即便是现在,他仍一直在跟我互动。

❸ "进念·二十面体"成立于1982年,为香港实验剧场之先锋,现由荣念曾、胡恩威担任艺术总监。原创剧场作品近两百出,曾获邀前往欧、亚、美等地演出及交流。进念一向关注香港以至于整个亚太地区的文化发展,积极推动策划及参与的各类型文化交流计划已超过一百项。进念的剧场创作,一直以其对媒体科技发展的敏锐触觉,诠释多媒体创作与剧场演出的互动关系,实验与探索舞台空间不同形式和内容的可能性。由早期非叙事、形体,与舞台空间的互动实验,到近十年光、影、声、空间的多媒体设计,其实验性与颠覆性,不断启发华人社会的艺术和舞台美学发展。

❹ 1996年11月21日早晨,桃园县第十二任县长刘邦友官邸发生一起震惊台湾社会的枪击杀人案件,包括刘邦友本人在内,共计造成八死一重伤。刘邦友也因而成为台湾地方自治史上第一位于任内遇害的县市首长。由于犯罪现场遭破坏,以致此件命案始终未能侦破。

12 / 杨德昌的子弟兵

王维明
打开新的思维方式
王维明✕杨德昌

《牯岭街少年杀人事件》演员卡五及后期制作助理,《独立时代》副导、执行制片、表演指导及演员小明,《麻将》前期制作及表演指导

采访日期▶2012年7月6日、9月10日
地点▶王维明自宅

当时要做台湾电影,
尤其必须厘清方向和方法是什么,
对杨导来说,
方向就是全世界;
做电影应当怀抱一个很强烈的信念,
亦即对这个世界说话,
希望世界能够聆听你。
那时他给了我们一个很大的憧憬。

王维明,1967年生于台北。1992年毕业于台湾艺术学院戏剧系。自1991年参与《牯岭街少年杀人事件》剧组后,便师承杨德昌而投入电影工作。曾参与《牯岭街少年杀人事件》、《独立时代》、《麻将》,以及日本导演林海象《海鬼灯》、香港地区导演刘伟强《胜者为王》等片。短片《私密》曾获邀温哥华影展;电视电影作品包括《重新维修101》以及获邀2002年台北国际数位影展之《真实影像》。2003年,在台湾、香港与大陆开始广告导演工作,其广告作品多元而独特,影片情感细腻动人,曾在国际艾菲奖、伦敦广告奖及亚洲广告奖大放异彩。

王维明是当年杨德昌在台湾艺术学院执教时的得意门生之一。初次打电话约访时，他听闻是要做一本关于杨导的书，便欣然应允了。"杨导对我影响很大。"电话那头，他说了这么一句铿锵有力的话，似乎已然说明了一切。

王维明就读于艺术学院期间，正当杨导准备开拍《牯岭街少年杀人事件》，他经由自荐，与杨导会晤后，彼此相谈甚欢，遂顺利进入剧组，饰演二一七太保帮的卡五一角。《牯岭街》拍完后，杨导紧接着筹划《独立时代》，一开始就锁定由他与陈湘琪分饰男女主角。他在片中饰演一个积极向上的低阶层有为青年，为摆脱家庭破碎之苦，选择进入公家单位就职，决心成为一个安分守己的人，尊崇儒家社会一再强调的中庸之道，殊不知，竟会在他所崇拜的正统官僚体系中为人所陷。在本片中，王维明因同时身兼副导、执行制片、表演指导等多重角色，如何在不同角色间游移转换，成了莫大考验。

《独立时代》结束后，他与陈以文共组"烈日电影工作室"，但仍不时协助筹制新作《麻将》，除担任前期制作外，并负责表演指导的工作。及至《一一》筹备前期，他与杨导有长达半年的时间，密集地碰面，发展剧本，处理电影相关事务性问题。然开拍前夕，出于工作信任上的问题，他离开了剧组，此后，两人多年未曾再见。

对于王维明而言，受杨导影响最大的地方在于其思维方式以及在创作执行上的坚持。近十年，王维明投身广告业，颇有一番成绩。他说，执导广告时，多半时候，工作方式与过去做电影几无二致，虽说整体叙事必须浓缩在三十秒、一两分钟之内，但仍是以拍摄电影的方式在琢磨角色的心理状态，乃至镜头角度、景框及观点的确立，也都务求能够发挥极致的影像魅力。

近几年，不乏于广告圈耕耘有成的导演投入电影，如钟孟宏、陈宏一、邓勇星、萧雅全等人，王维明坦言，这些年在拍广告的过程中，自然也想回来拍电影。现阶段，王维明正准备展开电影《白白》之摄制，而这将是他在十年广告导演生涯后，重回电影创作的重要起点。

王维明在《牯岭街》片中饰演卡五一角,自此开启他与杨导长达十年的密切互动。

杨导起初便锁定由王维明出任《独立时代》男主角,照片中往另一头走去的人正是杨导。(王维明 提供)

还原那段历史的强烈企图

────── 你大学就读台湾艺术学院戏剧系,当年杨德昌于该学系任教,是因修杨导的课而结识吗?对他初步印象是什么?

王维明(以下简称王)────── 我是1987年入学,三年级的时候,杨导开了一门电影原理课,对电影有兴趣的人便去选修。他的教学方式很不正统,但很富有启发性。见到他本人前,已看过他几部电影,对他当然是非常崇拜。高中时代,其实我对艺术电影的理解并不是那么充分,要到了比较晚期,才开始接触艺术电影。1986年看《恐怖分子》时很震撼,看的时候,会跟着很冷静地追寻那些线索,看完后,心里面流窜着很大的遗憾、感动及恐惧,在这个状态底下,你会产生很多的思考与想象。杨导的冷静、对事物解构的精准,以及试图从故事中告诉我们一些在生活之中真正面对的状态,是我很喜欢其电影的原因。

杨导很帅、很高大,身材保持得很好。他最帅的地方在于,有一种很不羁的态度。他就是他,他就是杨德昌,无论是穿衣服的方式还是表达言语的方式。他其实不多话,后来才愈来愈多话,他曾提及,去学校上课是为了学讲话,这的确是有帮助。后来,我、陈以文、杨顺清都跟他走得很亲近,在讨论的过程中,也许他从我们身上找到了一些在剧场教育上对表演的概念,以至愈来愈健谈,跟演员的沟通愈来愈多。

────── 他的教学大概是什么状态?你刚提到他的授课方式是比较不正统的,可以举一二实例吗?

王────── 基本上,他谈的很多是思维方式。第一堂课,他把一个烟盒解开,你会发现,原来烟盒的结构是一张长方形的纸条,但只裁掉两旁小小斜边的纸,若往前追溯,原先应该是一长卷的纸,在机器的模具上,咔嚓裁掉这两个小斜边,折起来后变成一个盒子。在当时,这对我们来说是一个很有启发性的举例。如今重新思索,其实是借此解释什么是结构,以及如何运用最少的素材完成最大的空间;在创作上,就是用最精简、最单纯的思维去完成最大的结构空间。

你是怎么样加入到《牯岭街少年杀人事件》剧组的？在哪一个阶段开始参与拍摄？

王————杨顺清高我两届，陈以文则高我一届，当初是请杨顺清帮我们安排，找机会去见杨导，那时他正在筹拍《牯岭街》，杨导知道我们幼年都分别住过眷村，一见面跟我们聊了很多话题，和他的拍片内容高度相关。可能也是大家很投缘，杨导对我和以文特别照顾，后来很快就变成师徒制的子弟兵。

我们加入剧组时，已经准备开拍了。杨顺清、鸿鸿、赖铭堂因参与编剧，更早期就投入了，我和以文真正开始在《牯岭街》工作的时候，比较算是各组的助理。那是我第一次参与电影，剧组非常庞大，但组织分工还不错。当时鲜少有这么大的制作，且少有讲述那个年代的故事，后来更动用了军方以及艺术学院的学生协力拍摄。

《牯岭街》设定的年代是50年代末60年代初，你出生于1967年，还记得小时候的社会氛围吗？

王————我的父亲是退伍军人，1949年来台。我们这一代可能没办法很直接地去感受那个时代氛围，但透过上一代的某些例子，多少能够体会。譬如父亲的友人曾因对政府的批判，被"警备总部"逮捕，囚禁了两年；也有在高雄的友人跟我们谈过"二二八"事件当时爆发的状况，描述台湾人和外省人之间隐隐存在的恨，其实那都是同一时代的氛围。

《牯岭街》要传达的并非那个时代氛围的恐怖，而是台湾因着历史的牵连所造就的社会脉络，透过小四杀人事件，看到每个人当下的生活和心理状态，其背后的布局带有很严谨的历史态度，并且对于还原那段历史抱着强烈的企图。

你提过儿时是住在眷村，就理解《牯岭街》的时空背景而言，眷村生活经验应该也有一些帮助？

王————眷村经验当然会帮助很多。当年国共内战后，国民党到了台湾，日本人走了，自然而然就把军人和公务人员分配到昔日日本人的居所，如此形成的集合住宅便是后来我们所谓的眷村。《牯岭街》中有一段话让人听了心有戚戚焉，有一天，在饭桌上，小四的母亲说，在大陆和日本人打仗打了八年，到台湾后，却住日本人的房子、听日本歌。那是真实的心情，对很多从大陆到台湾来的公务人员也好，军人也好，的确是这样，这真是历史的irony（反讽）。

片子一开始的时候，曾以字卡叙述："然而，在这下一代成长的过程里，却发现父母正生活在对前途的未知与惶恐之中。这些少年，在这种不安的气氛里，往往以组织帮派，来壮大自己幼小薄弱的生存意志。"片中，帮派占据着很关键的地位，你所饰演的卡五乃隶属眷村帮，亦不断牵扯入帮派斗争之中，对于那个时代的帮派文化，你自己会怎么诠释？

王————其实这是人类社会里很正常的现象，任何地方的移民都是如此，因担心自己受欺侮，或是在很多事情的表达上比较缺乏主控性，自然会形成一股力量。譬如《教父》(*The Godfather*, 1972)，其实也没有Corleone这个家族，他们只是住在意大利的Corleone，到了纽约后，以家乡之名慢慢聚集帮会。Corleone为什么会在那个地方受到这么多的赞许？正是因为他动用帮会力量，

摄于《牯岭街》拍摄现场，杨导与王启赞沟通表演方式。

保护很多自己的眷村同胞。当年眷村会有这么多外省人群聚，共同集结成为一股势力，其实也是同样的道理。

那次的演出以及参与电影摄制的经验，带给你什么样的刺激与启发？

王————回到历史的某个时间点去扮演那个人物，创造那个角色，让大家相信那反映了当时台湾社会的某些族群状况，这件事本身就会让你很兴奋，因这距离你的生活经验很远。当你套用自己对很多事情的理解去设想那个时代的人，并且思索杨导为何要你去演那个角色、用那种方式来表现的时候，确实充满了魅力。所谓的正与反、黑与白，在心态上的出发点都是清晰的。我们多是用自己想象的方式去做，杨导也大多能接受并满意，若有调整，主要是针对表达的方式。演绎的过程中，我们受到的鼓励是很多的。资深演员徐明❶，同时也是杨导的好朋友，他还亲自到办公室跟我们聊那个时代的人的样态与状况，这对我们来说都是很有趣的。

当时你有拿到完整的剧本吗？对于这整个故事的架构是否清晰？

王————没有，都是片段式的。其实我们当时在演的时候并没有那么清楚，杨导可能讲了某些部分，副导则会跟你说明这一场戏的来龙去脉，你大致理解，但不晓得整个故事的结构。事实上也不需要，因为这个故事是很多条线结构在一块，只要能够厘清自身这条线的因果关系就足够了。

独立制片，确保艺术创作的完整性

你在《独立时代》片中身兼多职，除出任主角小明之外，更担负副导、执行制片、表演指导等多重角色，工作吃重，当初为什么会一肩挑起这么多职责？

王————《牯岭街》拍完之后，接着就筹备《独立时代》。杨导一开始就希望我和陈湘琪担任主角，当时我们还年轻，对于未来的路仍不清楚，若是当演员，又自觉企图心不只在此；在学校里头，表演方面的学习确实分量很重，对

---

❶ 徐明，1950年生于台北，1978年应飞腾电影公司制作人周令刚之邀，参与电影演出，首部作品为宋存寿《候鸟之爱》(1980)。其后，陆续参与《辛亥双十》(1981)、《海滩的一天》(1983)、《我们都是这样长大的》(1986)、《暗夜》(1986)、《怨女》(1988)、《牯岭街少年杀人事件》(1991)、《麻将》(1996)、《海上花》(1998)等片演出。

我来说，杨导愿意赏识，我当然很乐意去做。

担任副导演的原因是，我和以文在这部片的筹备过程中，一直做很多副导的工作，开拍后，自然就承接下来，继续执行副导的工作。而以文也有参与演出，只是戏份没有我多。在这样的情况下，很自然演变成副导和演员穿插在做，在独立制片的环境里面，本来就有很大弹性。

执行制片则是因为《独立时代》的制作分成两段，中间一度暂停，重新整合制片组，包括重组资金、规划必须重拍的部分等。这时余为彦先生回来接手制片的工作，对他来说，我是一个很好的衔接人选，因为我知道前期发生的所有事情，就跟他一起着手进行执行制片的工作。

能否再具体说明一下拍摄前期遭遇的状况？

王────── 电影的变数本来就会有一点复杂，像是演员的更改，或者原定的工作组合可能到最后觉得不合适，由于工作过程中不顺利，拍摄前期投入的资金就比较多。余哥进来后，我们大概花了两周重组，准备好后，间隔一两周复拍，其间停了约一个月。

因为你本身的角色戏份比较多，现场执行时，尚须肩负副导、执行制片和表演指导的工作，你如何在不同身份之间转换？会不会有无法兼顾的时候？

王────── 其实《独立时代》的挑战很大，因为我个人扮演的角色很多元，转换之间确实是辛苦的。当时我们并不能把工作做得很高分，现在回头再看，每一个工作可能都只做到七十分到七十五分。我觉得有几个原因：一方面，我们年轻气盛，太相信自己的能力和精力是无限的；另一方面，也是希望尽可能达到杨导的要求，既然他如此赏识我和以文，给了这么多任务，我们当然是义不容辞。

以现在来看，如果当时的工作能够减少一至两个，可能其他两者的分数就能提高至八十五分到九十分。幸而这仍是一个团队合作，我和以文在工作上的默契非常好，我在副导的工作做到七十五分，以文补足了它；在表演指导方面，则有鸿鸿共同协力，他在本片中亦饰演了Molly的姐夫一角。这一切任务都是在和杨导工作的过程中他所设定的需求，我们尝试去做，若他觉得不错，便继续

美丽大方、人见人爱的琪琪与富家女Molly乃是挚交，琪琪在Molly开设的文化公司担任其私人助理。

《独立时代》片中，演员普遍采取一种较为极端的演绎方式，使其荒谬的幽默感得以呈现。

做下去，并非百分之百在一开始就预设好的事情。独立制片真的是如此，必须保持高度弹性。

《独立时代》开拍前夕，杨导曾写了一封信给工作团队，强调"《独立时代》的基本精神是必须在使用最经济的财务条件前提之下，去证实创意及演艺实力所产生的爆发力"。

王————其实杨导就是在这方面给了我们很多信念，真的要拍电影时，就必须展现出如此的自信。

詹宏志担任本片策划，你晓得他提供了哪些建议吗？

王————詹大哥一直是杨导很重要的幕僚，无论就他个人对创意产业的理解，还是将台湾电影行销至国际上的本领，皆堪称佼佼者，尤其台湾当时几乎没有一个稳固的电影工业作为基础，我觉得他是一个了不起的开创者。

詹大哥是在重组的时候加入的,他给的建议是,怎么利用最有效率的工作方式,把前面因为工作不顺所付出的投资,在这个阶段扳正过来,大致是策略方向的提示。最主要也是让我们在固定的时间和经费里面做到创作的最大化。我这辈子受到杨导和詹大哥最大的影响在于,决定投入创作的时候,钱这部分后头再来设想,首要的工作应该是,先厘清你究竟想要创作什么。

杨导十分强调独立制片的精神,同时也努力朝这个方向去实践着,在这方面,他有给了你什么样的启蒙吗?

王————当时要做台湾电影,尤其必须厘清方向和方法是什么,对杨导来说,方向就是全世界;做电影应当怀抱一个很强烈的信念,亦即对这个世界说话,希望世界能够聆听你。那时他给了我们一个很大的憧憬。

在方法上,则是独立制片。即使台湾当时电影工业并不蓬勃,然而,一旦你进到任何电影工业体系或是比较商业操作的模式里面,原先的愿景可能就会受制于资方,或是在制式的工作过程中被稀释掉了。

在我的认知里,独立制片具有将制作的创意执行和发行都掌握在自己手上的最完整条件,其意义在于,可以不去顾虑任何在电影工业或电影市场上的钳制。台湾由于没有电影工业,独立制片成为了另外一种精神;若是在欧美,因具备完整的电影工业,便会用比较策略性的、市场性的安排去反推应有的制作条件,这可能就会跟以内容作为主要创作导向的意念产生矛盾。独立制片是一种选择,不应在此刻去判定其成败与好坏,当然,独立制片的路是比较难走的,因为从资金筹募、创意发展、拍摄执行,乃至媒体曝光与发行,都必须独立操作,确实是比较辛苦的。然而,你也可以看到,全世界有非常多的杰作,是在这种制作条件下完成的,借由独立制片,制作核心的这几个人的意念可以被完整地保存及放射出来。以目前台湾的现况而言,尽管票房看似好起来了,但在某种程度上,其实都有独立制片的色彩,因台湾地区仍然缺乏真正的工业体系作为支撑。

独立制片对创作者来讲,是一条很艰辛的路,杨导选择了这种途径,即便不是片厂制片,杨导也不愿意进到一个不良的资金品质体系里,亦即投资者可能有一种点菜的概念——我要哪一个演员、我要这个故事如何云云,他不愿让自己陷入这种创作状态里,所以他选择了独立制片。

所以杨导在评估资金来源时,最主要的考量仍是他能否百分之百掌握其创作自主权?

王————对,完全是这个。他常常讲"artistic integrity",亦即能否掌握艺术的完整性,这便牵涉到创作最终的决定权。

让情绪表现出来,创造张狂而乖张的戏剧效果

杨导一开始就决定由你饰演小明,是在撰写剧本阶段就有的构想吗?他是否有依你的个人特质量身打造角色性格?

王————是。一方面,他可能觉得我和湘琪适合,评估了我在他身边的工作状况,也觉得双方可以保持很好的联系。不过小明这个角色跟我本身的性格差别蛮大的,小明是一个带有自觉在叛逆的人,他很有能力,不愿如此安分守己,可是却叛逆地想要成为一个安分守己的人,这主要是来自原生家庭的影响。徐明在片中饰演我的父亲,小明在父亲身上看到他少了那一份安定感,无法用自己的意志去建立生活的稳定性。小明这个角色代表的是儒家社会所强调的中庸之道,这是杨导在此创作上很重要的角色原型设计。

琪琪一角的造型肖似奥黛丽·赫本,片中,你和她有不少对手戏,你自己会怎么看琪琪这个角色?

王————杨导还是很努力地让他的电影好看,琪琪这个角色如果有奥黛丽·赫本的味道,在造型上会是突出的。会有那样的打扮,其实就像她这个角色所彰显的——她是一个很真心真意的好女孩,在社会上,却经常被别人视为是有一点做作,这之间带有一种反差;借由奥黛丽·赫本的形象,就更能凸显其反差。

知名影评人黄建业曾以"乖张"一词来形容《独立时代》的演员,并强调"乖张"是中性用语,而非评论用语。❷你怎么看"乖张"这样的形容?

❷ 黄建业,《杨德昌电影研究》,台北:远流,1995,第241页。

這樣的一個獨立時代…

台北,台灣的首府,一個首善之都。
是西方高科技與東方人性價值觀交會之所,是汲取成功者的聖地。
許多人在這個城市裡,為了尋求自我和個人成長,為自己帶來許多緊張壓力。
但除了這兒,還有哪裡比台北更適合接生一個新的社會,植入儒家古老的社會秩序觀念?
下列人物的生活,或許是你相當熟悉的日常角落,也是本片要探索的對象:

杨导手绘《独立时代》各主要人物的卡通肖像,并简单描述各人性格。

王───"乖张"这个形容词所代表的表演爆发力是不同的,若往坏处想,乖张就变成表演或影片的负担;若顺着这个角度想,在《独立时代》片中,其实是把这一些在儒家社会结构下生活的人们,以现代社会的台湾作为一个实验场,借此去看,身处在这样的文化架构之下,每个人在面对内在心理的时候,所反映出来的不自觉状态——有些人会极度保守,有些人会极度张狂,有些人会极度迷失,也有些人会极度夸大。所以,就表演而言,可能会看到阿钦、Birdy、小明、琪琪等人,各有各的表演方式。杨导很刻意让这些表演的特质存

在于这些角色的爆发力里面，走向更极端一些的表演。

《独立时代》第一个版本其实是没有字幕卡的，安插上字幕卡后，杨导认为会拉开一些想象的空间，否则，这戏若太写实的话，反而失掉它真正的写实性。❸

王―――我同意。对杨导来讲，选择了这种表达方式，有其结构性上的思考。字卡本来就会打断叙事上的情绪连接，但应该不是说不写实，不写实太笼

❸ 黄建业，《杨德昌电影研究》，台北：远流，1995，第242页。

统了，而是想要创造一种比较夸张的表演方式，像伍迪·艾伦的电影，可能演员的表演是夸张的，但是观者能够接受，因为他创造了这个模式之后，想要在其中找到那些人的不安，或是谎言背后某一种表达的趣味。《独立时代》采用这样的手法，有些时候是想要让那种荒谬的幽默感可以显现。

这是杨导初次尝试喜剧，不少人认为本片在主题和人物刻画上都过于夸饰突出，有失含蓄节制。杨导曾表明他一心将本片人物卡通化、漫画化，落实到表演上，会怎么样去诠释？

王———— 在当时，这部片很难用既定的电影类型去加以归类。表演的时候，我们都接收到一个指示：要尽量让情绪能够表现出来。情绪压抑要很清楚，夸张也要很清楚，甚至要带有一点荒谬的混乱，或是很无厘头的慌乱。我现在来看这部片的表演系统，确实是比较夸张一些的演绎，但并未脱离写实的基础，基本上还是角色在写实状态中的表演，只是让表演的因子比较具有爆发力，如此一来，才能融合影片本身所要谈的主题，创造出比较跳跃、张狂而乖张的戏剧效果。

杨导希望观众在观看本片时，不太会自觉到镜头在戏院和戏院外差距那么大，因有着这样的企图，他舍弃过去透过画分镜表去解析场面的创作习惯，事先将内容和结构准备妥当，至于其他很多细节则是到了现场才落实。❹这样的调整对于表演有没有什么影响？是否打开了新的空间？

王———— 他觉得这样的工作方式比较有机，比较能够保持创作上的可变性。这对于演员来说考验很大，我们经常在现场会有一点方向不清，需要跟他做很多讨论才行，因为唯有搞懂这角色的来龙去脉，才能定调他当下的表达方式。

能否以《独立时代》片中的一两场戏为例说明？

王———— 以小明在车内和琪琪吵架那一场戏为例，拍时压力非常大，那场戏长达数分钟，只有一颗镜头。小明想要宣泄对琪琪所隐藏的不满，那份不满可能也是来自与Molly之间的三角关系，虽然不是所谓男女男的三角关系，但她是琪琪的挚友，Molly跟小明也有某种情愫，所以小明其实是很希望琪琪脱离Molly。在跟杨导讨论的过程当中，就必须考量到好几个层面，包括小明心里对Molly和琪琪的情感、其间复杂的三角关系；以及他选择逃避，不顾自己其实是很洒脱、很自主的个性，反而委身去当一个公家机关的公务员；同时，他对文化圈的不满也在这一场戏里宣泄出来。这一场戏确实非常难拍。

另一场戏是，Molly去找小明，两人打起来之后竟转而发生了关系。那个转折是非常人性的，可是很难将那样的理解转换到表演上，形成一定写实的力度。这场戏杨导解释了很久，甚至给我们很大的压力，我们才做得到。

片中几位要角广义而言都属文化艺术工作者，不论是当红戏剧大师Birdy、曾以浪漫言情小说名噪一时的作家，还是开设文化公司的Molly、助理的琪琪，艺术形象却是比较负面且带有嘲讽意味。安分守己的公务员小明，对于琪琪所置身的文化圈似乎颇感冒，认为不切实际，故劝她换工作。在杨导看来，艺术所体现的，应是"真正能感染大众及对人性的照顾、关心、歌颂及安慰的善意"，无奈"艺术"这个字眼却俨然成了自溺、赔本的代称。

王　　　　我们的老前辈，尤其像侯导、杨导等人，他们名扬国际，可是很多人将他们的作品归类为"艺术片"，其实是用一种不尊重的方式来谈他们的片子之没有经济价值的状态。这就很像是儒家社会结构下的一种状态，儒家社会比较缺乏自主的反思，很着重集体意志，奉行中庸之道，当你在做一自主性的挑战，想要去表达自己内在真实的艺术感受或人生价值的时候，譬如攀登喜马拉雅山；渴望成为一名音乐家、独舞家；立志做一个创作电影的导演，不操作商业片，纯粹传达你想对这世界说的话，这时，绝大多数会被劝说："你要想一想吧！"因为这样子的话可能会不符合大家的期望。

回头想想你自己的家庭或是周遭的朋友，在从小的教育中，不都一再强调选择的科系要有前途，而缺乏从自主的立场里面，去放射出你的憧憬、你的梦想、你的坚持？一旦人家说："他做的是艺术片啦！很好，但卖不卖钱我不知道。"接着再问："请问你要不要投资？"对方多半立即推托："我可能不适合！"这就是在儒家社会当中经常会面临的状况，大家会觉得你这是"异"术，很讽刺地表现出对你的歧视。

❹　黄建业，《杨德昌电影研究》，台北：远流，1995，第241—242页。

小明与琪琪在车内起了争执,将其压抑的不满一股脑儿宣泄出来。(王维明 提供)

琪琪和Molly午夜时分于泳池畔亲密谈心。

在即兴当中，尝试靠近角色

你先后担任《独立时代》和《麻将》的表演指导，能否谈谈你在台湾艺术学院戏剧系的表演训练？担任表演指导的具体工作有哪些？

王————我们在戏剧系的训练是依据史坦尼斯拉夫斯基（Constantin Stanislavsky, 1863—1938）的表演系统，亦即方法表演论，已然证明其运用在近代的舞台剧或电影上都是精彩的。方法表演论最大的原则就是，在揣摩那个角色的过程中，尽量靠近角色的状态，包括心理、生理和外形。在《独立时代》中，杨导觉得每一个人的表演系统应该被统合在方法表演论之下，去找到表演的爆发力。《独立时代》筹备了将近两年，其间陆陆续续都做表演训练，比较密集的大概就是开拍前的半年。有些对表演不熟的人，需要透过表演训练；对表演熟的人，则是要跟他一起找到因果关系之间的联系。前期表演训练的时候，比较多的时间是在即兴，即兴会赋予脚本创作上一些灵感，到了《麻将》，即兴更多了，因为这些小朋友对于表演的认识较浅，这时候我们所能发挥的作用就很大。至于《独立时代》，则比较属于辅助的角色，因很多演员都是艺术学院的学生，大家的表演都有一定程度，只要稍作调整即可。在现场，副导和表演指导的工作同时进行就会比较顺遂。

《麻将》的几位主要演员都是新生代，张震、柯宇纶、王启赞同样是过去拍摄《牯岭街》的班底，在表演训练上，有无给他们什么样的功课？

王————对角色的功课是很多的，大部分给他们的训练都是在排戏过程当中完成的，帮助他们先了解自己的情绪状态、表达状态，以及去了解什么时候可以专注，从这个基础上再去延伸，让他们在即兴的时候靠近那个角色。我们不需要为角色太百分百设定他的颜色、方向，其实就是提供一个状态，我们常说，给他一个situation，当我们前面定义好这些角色的个性后，让他们在这些situation里面撞。撞的过程中，可能有些人跌倒了，作为一个旁观者，你要跟他讲为什么会跌倒，分析不同的层次，让他们再去尝试。

整个过程带有一点点游戏性，也有一点点实验性。杨导比较保持旁观，他会从中看到很多因着事件状态所撞击出来的戏剧因子，就会拿那些东西再去做组合。我们在《麻将》的前期做了很多这样的事情，很可惜这部片后来又延拍了，我和以文就离开公司，拍摄过程中，只回去帮忙拍过几场戏，并没有很完整地参与，所以拍摄期间是由魏德圣担任副导一职。

对于杨导来说，非职业演员某些敏感细微的表演同样令他感到动容，面对职业演员和非职业演员，你和他们沟通的方式会不会有所不同？

王―――― 过去担任表演指导时，工作内容并没有那么复杂，我们在当时的能力也没有高到那个程度，融合了一些现在的经验，再来回答这个问题我想会比较清楚。我觉得职业演员本身已经建立起个人表演的模式，如果这个模式是有魅力的，必须把那个魅力一直保持住，那是他的资产，必须善加利用，至于如何将那样的资产转换为靠近角色的表演，这个过程是必须要努力的。

面对非职业演员，我们会从他比较素人的表现上去观察其动人的部分，因为其接近真实，甚至是完全真实。然而，非职业演员并没有办法像职业演员一样，这么有专注力地让表演的状态在从一到一百的过程中，都可以保持很好的速度比，他有时会冲很多，有时会收很多，这时你就要调整他的节奏和层次，用一种比较不自觉的方式告诉他如何去做。所谓不自觉的方式，就是不要太用表演的术语或是教职业演员的方式去教非职业演员。

1997年，杨导应邀参与由香港实验艺术团体"进念·二十面体"艺术总监荣念曾所发起的《中国旅程》舞台剧创作计划。总策划荣念曾因分身乏术便请香港知名文化人梁文道代为排演他的剧码《这是一张椅子》，杨导逝世后，梁文道在一篇感怀杨导的文中提到，在这六出舞台剧当中，作为电影导演的杨导，其作品《九哥与老七》反而是最具话剧感的。同样是剧场出身的你会有什么看法？

王―――― 杨导的创作不太用一种比较形而上的意象描述情绪，他的电影比较艺术性的地方应该是在于电影语言，包括节奏安排以及观看视角等，在舞台上面，那些观点和视角必须放在同一空间里面，让人在聆听和看戏的时候去感受其意图，所以很自然而然地会回到最基本的戏剧原理。这出戏在香港公演时很受好评，某种程度上当然也是冲着杨导这位电影大导演来做这么一出小型的舞台剧，我跟以文就陪着他把这个想法完成，也玩得很愉快。

你还记得这出戏的创作缘起以及大致内容吗？

王————《九哥与老七》的创作起源是，1997年，在香港回归的这个时间点上，荣念曾想找两岸三地的导演为此事发声，对杨导来讲，他当然关注的还是台湾的现况，所以才会以"刘邦友血案"作为发想的起点。当时，"刘邦友血案"无疑对台湾社会造成了莫大的震撼——怎么会有职业杀手可以如此精准地犯下这么一宗命案？又怎么会有警方如此糊涂地去破坏掉现场？所以杨导跟我们在聊的时候，都觉得这有一种谋杀案的氛围，而这个氛围可以架构在当时整体的政治气氛上。这出戏的具体内容我不是记得那么清楚，但戏的转折确实是蛮强的，到最后，以文饰演的那个角色用铁丝套在我的脖子上面，我就在椅子上一直踢踢踢，直至没有了气息。

后来你有参与《一一》吗？

王————我曾和杨导共同做《一一》的前期筹备，长达半年，每周有四五天一起工作，发展脚本，以及处理电影相关的事务性问题。不过，很不幸，在开拍之前，因为工作信任上的问题我就离开了剧组。《一一》是我很喜欢的一部电影，这部片的人物结构很庞杂，讨论的话题很巨大，可是每一件事的串联都有其因果。再者，《一一》刻画得很真实，拍的内容一如我们所能够想象和理解的社会，反映了我们生活的原型。杨导当时就是想把他自己很多从小到大的经验表达出来，所以《一一》里头很多角色是以他自身的生命经验去设计的，剧本形成的过程中，花了很长的时间在结构那些人物和发展故事。

你和陈以文都是杨导学生，长期跟他合作，后来两人亦继续耕耘影视产业，杨导对于年轻一代的创作者有无给予什么样的建议？

王————杨导不是一个会说很多鼓励的话的人，大部分时候，谈的都是在这个行业里或是从事电影的人生当中，他觉得应该如何，我觉得这些就够了。我后来跟邓勇星一块拍片，一直到我自己做广告导演这十年，受杨导的影响很大，主要在于对一件事情的思考方式以及在执行上的坚持。

13 / 杨德昌的子弟兵 /

陈骏霖
讲自己想讲的故事

陈骏霖✕杨德昌

Miluku.com美术指导、《追风》前制

采访日期▶2012年9月4日
地点▶"中影"八德大楼

我们第一次见面的时候,
我正考虑要不要去念电影学院,
他就劝我不要去念,
因为他说在学校里面学不到什么,
在他看来,
电影不能去学校学,
一定要自己去摸,
便问我要不要回台湾跟他一起拍片。
我印象很深刻的是,
他说,
你只要有想讲的故事,
一定会找到方法去讲,
用不着别人教你怎么去讲故事。

陈骏霖，1978年生，成长于美国旧金山，大学时期于柏克莱大学攻读建筑设计系。毕业后，回到台湾与杨德昌学习电影，并于两年后回美攻读南加大电影硕士。硕士毕业作品《美》(2006)，获第五十七届柏林影展最佳短片银熊奖，并在美国导演公会及英国电影电视艺术学院中获得多项重要奖项。2009年，陈骏霖完成第一部长片《一页台北》，本片由国际大导文德斯担任监制，荣获第六十届柏林影展最佳亚洲电影大奖。最新作品为《下午茶》。

陈骏霖或许是杨德昌所带出来的最后一个子弟兵了。2001年，毕业自柏克莱大学建筑设计系的陈骏霖，申请上南加州大学和纽约大学电影研究所，因家人与杨德昌有私交，便要他先行咨询杨德昌的建议，想清楚之后再做决定。早先他的父母一心希望他学医或投身建筑，他俩本以为杨德昌会奉劝儿子不要拍片，没想到他却成了陈骏霖踏入电影圈的启蒙导师。

"杨导不可能阻止任何人拍片啊！"陈骏霖说。倒是他原定毕业后直接进入电影学院深造的计划，因为杨导邀他回台跟他一起拍片而展延了。1970年，杨德昌进入佛罗里达大学攻读电机工程硕士，取得学位后，曾短暂于南加大修读电影学程，在他看来，若真要拍电影，应当从做中学，而非进入学院体制内。

仔细一想，陈骏霖与杨导的背景其实颇有互通声息之处：同样喜爱建筑、同样于南加大攻读过电影、同样长期浸淫于美国文化，因此，听他阐述眼中的杨导以及他自身的处遇，颇有一种交互参照的趣味。

2001年，陈骏霖返台，担任杨导甫创立的动画网站Miluku.com美术指导，并参与《追风》前制，一同投入动画的开发与创新。陈骏霖说，杨导是他第一个认识的导演，而他初次接触拍片，真正进入创作领域，也是因为杨导。当年，他还年轻，杨导耳提面命的事情也许不见得能够全盘理解，如今，他自己投入了创作，写剧本时，脑海里常会浮现当初杨导一再提点的道理，经过了几年的历练，也才终于慢慢能够明白了。

陈骏霖和杨导初次碰面是在洛杉矶，最后一次碰面，也是在洛杉矶。访问结束后，在返程的公车上，未曾到过洛杉矶的我，安静注视着台北市流动的街景，一边想象着，那一天，陈骏霖与杨导在洛杉矶街头巧遇的情景。据陈骏霖描述，他们是在洛杉矶一露天百货前意外撞见的，那儿算是洛杉矶较热闹的地带，当时，杨导有哥哥、妹妹陪在一边，趁着日光拂照，到外头散散步。那是杨导离世前三个月，病危的他，显得衰弱而削瘦。后来，他们一同喝了杯咖啡，远在洛杉矶且身体状况已然不好的杨导，言谈间仍旧不忘批评时政，且当他听闻陈骏霖将回台开拍个人首部剧情长片《一页台北》时，竟劝他别回台湾拍片。

何以杨导对于台湾电影圈如此失望？我们是不是亏欠了一位伟大的创作者什么？

杨德昌在录音室为《追风》配上音效。

只要有想讲的故事，一定会找到讲述的方法

———— 你大学就读的是柏克莱大学建筑系，这似乎与你的家学渊源有关，能否聊聊你自己的背景？

陈骏霖（以下简称陈）————我爸是建筑师，妈妈负责公司营运管理，在美国社会中算是中产阶级，他俩跟杨导家中的背景应该蛮接近的。我爸妈是外省人，从小在台湾长大，70年代中期去外国念书，两人都在美国念了研究所，从此便定居在那边。我爸以前就读建中时，跟杨导好像还是学长、学弟的关系。

———— 你第一次见到杨导是在什么场合？

陈————我们第一次碰面是在2001年，当时我差不多二十一岁，刚大学毕业，杨导那时仍住在台湾，但有时会来洛杉矶。因为杨导的妹妹是我妈的高中同学，我看完《一一》之后，很喜欢那部电影，便有机会去跟他聊一聊。

———— 当年你是在戏院看到这部电影吗？

陈————对，是在洛杉矶的艺术戏院。其实在看《一一》之前，我就知道杨导这个人了，不过并没有看过他的作品。我那时比较少看台湾电影，所以看完《一一》后非常感动，而且影片风格和讲故事的方式是我比较少见的。

———— 你对他的初次印象如何？

陈————杨导看上去就像个导演，有种艺术家的气质，一开始会给人一种距离。他不是那种初次见面就可以跟人随兴自在互动的人，而且他很容易分心去想别的事情，第一次跟他聊天的时候，感觉到他偶尔会忽然飘走，因为他的脑筋永远都在动。
我们第一次见面的时候，我正考虑要不要去念电影学院，他就劝我不要去念，因为他说在学校里面学不到什么，在他看来，电影不能去学校学，一定要自己去摸，便问我要不要回台湾跟他一起拍片。我印象很深刻的是，他说，你只要有想讲的故事，一定会找到方法去讲，用不着别人教你怎么去讲故事，重点在于，你有没有自己想讲的故事、有没有个人的看法，那是老师教不了的事情。

后来，你大学毕业后便到杨导工作室学习电影制作，能否聊聊这段经历？

陈————其实我本来2001年就要去念研究所了，那时已经申请上南加大和纽约大学，后来是杨导说服我回来的。但我并不后悔，因为我觉得这个机会真的太棒了，可以跟杨导一起工作。那时候，杨导公司全都是年轻人，他很喜欢身边环绕着一些比较年轻的人，他会带着大家一起做事，我觉得还蛮好玩的。我是真的想学拍片，回台湾后，主要是跟杨导做一些动画，包括《追风》，蛮有趣的，但我并非动画师，主要仍是扮演杨导和动画师之间沟通协调的角色。本来他也有其他几部片子想拍，不过都还在前制阶段。杨导的思路非常清晰，想要做的事情也非常明确，所以并没有太多空间让你自己发挥，主要是借由参与其创作过程，打下一些基础。跟杨导一起工作，虽可学到很多，但终究不是在做自己的作品，而是在帮杨导完成他的作品，若是长年跟随杨导，可能不见得有机会试着拍自己的东西，而且杨导也常说，不能学他，因为你一定会有自己拍东西的方式。

在杨导公司待了一年半至两年后，由于我仍然一直想尝试自己拍东西，因此当我提出想去美国念书的想法时，杨导虽然有点失望，但其实也还蛮支持的。去美国念书后，某一年暑假，我还回来帮他，协助修剧本、翻译。杨导在洛杉矶的时候，偶尔需要帮忙的话也会来找我。

你后来进了南加大电影电视系攻读硕士，事实上，杨导也曾到南加大攻读电影硕士，但他非常不能认同学校的教育；再者，校内好莱坞习气很重，且存在着种族歧视，所以念了一学期后，他就愤而离去了。他有跟你提过这段求学经历吗？

陈————提起在南加大这段求学经历时，杨导曾说，有个教授说他不会拍电影，就愤而退学了。美国电影学院教授的拍片方式比较传统，以分镜为例，多是传统好莱坞的分镜方式，不像杨导，他擅长运用长镜头，甚至连动画《追风》都设计了一镜到底的镜头。记得杨导曾说，有教授跟他说不能那样拍片，他心想，那就干脆不要在这里学了。事实上，杨导对于他要怎么拍电影非常有自信，所以绝对无法容许别人跟他说不能那样拍。

我是2003年入学，2006年毕业，其间有三年的时间是在修课，加上拍毕业制作，总计念了三年多。美国电影学院的教学确实是比较偏商业一点，从故事结构到分镜方式，都有其一定模式，但仍是有自行创造的空间。或许是因为没有杨导那样的才气和坚持，所以对我来说就是从零开始学，慢慢摸索自己喜欢的故事题材、风格及氛围。

一开始，我们并没有区分成导演、摄影、剪辑等类组，大伙都一起修课，而且什么都得学，升上二年级后，才开始依据个人兴趣选修相关课程。第一年学的都是一些最基本的课程，包括如何操作摄影机、剪接、写剧本、指导演员。说起来或许有点矛盾，在南加大那段时间，我并不认为学校真的有教我什么，我只是觉得那个环境很好，身边很多人都想拍电影，若非有这样的环境，可能就没有那么充分的动力支撑我一直拍下去。在那长达三年的时间里，每天所做的，无非是看电影、写剧本、拍电影，长期的实作下来，总是会从中学习到什么，经此磨炼，到了毕业前，就真的比较清楚自己想拍什么样的电影了。

你的毕制短片《美》，获得柏林影展短片竞赛银熊奖，杨导挂名Industry Mentor，他具体扮演的角色是什么？

陈————我从2006年开始制作《美》这部短片，这剧本很简单，几天就写完了，主要是前制工作及回台湾拍摄这方面的工作历时较久。那时杨导已经移居洛杉矶，当我在筹备这部短片时他便知情，还特别打了电话给杜哥（杜笃之），请他帮忙。初剪完成后，有一天，我跟他约了碰面，给他看初剪的版本，看完后，他没讲什么，过几天，才又打电话给我，提出他的建议。他除了觉得片名不错外，同时也指出戏不好看的地方，像是有些段落并不需要那么多对白，戏可以早一些收掉，他建议我把这部分拿掉，后来我也就照此做了修改。

观看台北的不同视角

你初次到台北是什么时候？

陈————其实我小时候就来过，暑假期间，常回来一两个礼拜，看外公外婆。长大之后，就是2001年回来跟杨导一起工作。

这么多年，再看台北，会不会有些什么不一样的感受？像侯导每每提及杨导，总说，他在美国求学工作多年，回来后，看台湾社会有了一种不同的眼光。对你来说，也有类似的体会吗？

陈⸺⸺因为杨导长年在美国受教育、工作，某种程度上，确实会影响到他的眼光。杨导很在意政治和社会方面的事情，也许是出于一种责任感吧，他尤其喜欢跟我们分享他对这方面的看法，有时候，发生了什么重大事件，他可能一大早就先把我们叫进会议室，跟我们聊一聊这件事。我印象最深刻的是，2001年，美国"9·11"事件爆发时，他就说，世界以后会不会愈来愈朝这个方向演变——不再是出于国家和国家之间的利益纠葛而引发战争，而是因为宗教所引爆的动乱。他总会说，想听一下大家的想法，但通常我们也不大敢讲，或是并没有办法回应，多半时候只能倾听他的看法。

我自小在外国长大，且住在郊区，从未在像台北这么都市的地方长住过，可能跟杨导刚从美国回到台湾地区的感觉有些类似，对我来说，什么都蛮有趣的，因为毕竟不是我熟悉的文化。譬如，夜市对一般人而言可能很习以为常，但对我来说，就很想让夜市入镜，把它拍得很浪漫。此外，在我眼里，夜晚的台北格外迷人，正如同《一页台北》影片里所呈现的。

杨导的每一部片都以台北作为拍摄场域，尽管他曾说，也是出于现实的考量，由于没有充裕的资金，所以在台北拍片最节省开支，但其实这样的选材某种程度上也反映了他对于台北的爱。你们有没有一起聊过台北？他眼中的台北是一座什么样的城市？

陈⸺⸺我们比较不会单纯针对台北这座城市去谈，一般提及的仍是以台湾文化居多。有些时候，杨导会聊到从前在哪儿拍片、过去这里是什么空间，或者这是什么建筑等等；他曾提过，以前日本人常来台北取景，因为第二次世界大战之后，日本部分地景毁坏了，反而台北某些地方比日本还像日本，他还会指出哪些地带很像过去的日本。

我认识杨导的时候，他已然以家庭为重心了，所以不大有机会一起出去走走，顶多是跟他去吃饭。后来因为杨导身体状况的缘故，铠立姐不让他吃肉，可是每当铠立姐去外国时，他都会带我去鼎泰丰吃小笼包，还特别叮嘱我，不可以跟铠立姐讲。他非常非常喜欢吃鼎泰丰（笑）。

杨导的作品你都看过吗？他的电影最吸引你的地方在于什么？

陈————都看过。我自己最有感觉的电影是《牯岭街少年杀人事件》，《一一》也许是最完整、最温暖的，但我觉得《牯岭街》是杨导最厉害的作品，片中所建构出来的世界好完整，既牵扯到当时的政治与社会景况，又论及家庭、爱情。依我对杨导的了解，我觉得他想做的事情，在《牯岭街》几乎都做到了，传统和现代、家庭和社会之间的冲突，是杨导一直在谈论的主题。

杨导的很多片子都触及了社会的转型，过程中必然有些冲突会发生，往往借由个人与社会，或是人际之间的情感纠葛被凸显出来，从80年代的《海滩的一天》、《青梅竹马》、《恐怖分子》，到90年代的《独立时代》和《麻将》，反映的都是当下的台北，《牯岭街》则是去回溯60年代初期的台湾社会。事实上，八九十年代的台北正处于剧烈的变化之中，尤其是面对资本主义的洗礼与挑战，不仅使得城市地貌上有了显著的变迁，对于人的价值观同样也带来了巨大的冲击。

陈————杨导的灵感一直都是来自于生活在都市里的人以及整体大环境的变化，每部电影表现的都是他当下对那个时候的社会的看法，《牯岭街》则是他最个人化的作品，也许别部电影比较带有观察的距离，但《牯岭街》讲述的是他自身的成长背景，基本上就好像是他自己的故事。这部片之所以让我最有感觉，可能也是因为这是最接近杨导的一部作品。

身处两个文化之间

杨导曾说，他是一个以英文思考为主的人，你们彼此之间会用英文沟通吗？

陈————并没有特定说何时讲中文、何时讲英文，中文所占的比例还是比较大，但他确实常常跟我讲英文，特别是只有我俩的时候。杨导之所以用英文

杨德昌亲笔绘制《追风》场景图。

思考的原因在于，他在台湾时比较压抑，且去外国后才开始从事创作，因此，对他来说，他的创作语言是英文，而非中文，他的剧本大部分都会先用英文写，再翻译成中文。

从杨导的教育养成，乃至体现在他作品里的思维方式，在在展现了中西文化的交汇，跟他近身相处下来，你觉得中西文化在他身上是怎么作用着？

陈————这部分可能在《麻将》里头最明显吧。这就是杨导，一个身处在两个文化中间的人。虽然我也是处于两个文化之中，但我感受到的冲突并没有他来得大，而且我所面对的冲突可能跟他不太一样。再者，当杨导置身美国时，正值美国历经剧烈冲突的70年代，彼时越战对美国社会造成深远影响，民权运动等反抗势力趁势崛起。相较之下，我都在美国郊区生活，日子非常平安，返回台湾地区后，也感觉台湾是个很好的地方，所以我的作品里并未体现这类冲突。

杨导曾经跟你提过他在美国有无感受到任何文化冲击吗？

陈————感觉上，他好像很爱美国，因为他常说，在美国那段时间，他第一次听哪一张唱片、看哪一部电影，似乎他一直不断地吸收文化，所以那是一段非常美好的时光。我不知道为什么最终他仍选择回台湾地区，但感觉上他是非常喜欢美国的，不管是摇滚文化还是欧美电影。

自50年代起，美军协防台湾地区，遂成立美军电台，播放美国当红的音乐，杨导自己也曾提到，那个时代最重要的三件事之一就是热门音乐排行榜，显见他早在去外国前就已经着迷于西洋文化了。
此外，杨导个人也相当着迷于建筑，中学时就曾考虑过念建筑系，到了三十岁，他很彷徨，当时面临了一个重大抉择，一是电影，一是建筑，后来他顺利申请上麻省理工学院、哈佛大学的建筑系，便去找了一个从小就非常交心的建筑师朋友商量，对方问他："你做建筑师之后，还会不会想拍电影？"答案显而易见，自此，他下定决心准备做电影。就建筑方面而言，你跟杨导有过什么样的讨论或交流吗？

陈　　　　会，因为他很爱建筑。我们办公室装潢时，设计图都是他亲自画的。他任何艺术都很喜欢、都很懂，建筑只是一部分，但我们确实常聊到建筑。有些时候，他会提到某栋楼是什么时候盖的、过去的功用是什么，比较是从历史的角度切入去谈，虽说偶尔他也会说某栋建筑盖得不错，但台湾建筑真的不是那么好看，所以比较少就设计面去赏析。

你很少会遇到像杨导这么一个人，左脑和右脑都厉害，他既是电脑工程师，又会画图、又懂音乐、又会拍片，而建筑恰好是这两者的结合——建筑是非常科技的东西，必须了解物理、材料、施工图等，但它其实又是艺术，你同时必须具备对于光与空间的敏感度，这就涉及到了美学。

杨导应该也对都市规划蛮有兴趣的，但我们并没有特别聊到这部分。譬如说，我们有一段时间为了《追风》，一直在钻研《清明上河图》所绘的北宋京城汴京，杨导很清楚那个朝代的建筑是什么样子，不管是建筑的形制还是材料皆有所研究，就连该城市的都市规划也颇了解。

杨导作品中，很多镜位的设计都会特别去凸显人在空间中的位置，如《青梅竹马》和《恐怖分子》，又或者像是《一一》里头，充斥着许多镜像，借此勾勒出人如何被结构在巨大的城市空间里。

陈　　　　杨导很在意人在环境里面的感觉，我觉得这比较是欧洲电影的表现手法，亦即他不会单独只是拍人或环境，很多时候，他想呈现的是，如何将一个人放到环境里面去拍，譬如透过建筑的空间、玻璃反射或是光线所造成的效果。他表现的通常不会只是人当下的情绪，而是人置身于这个世界的处境。

《一一》片中有大量镜像，人的身影与城市景观交叠在一起，益发凸显人在城市中的处境。

一手打造的动画天地,要怎么玩都可以

跟着杨导一起做动画的那一年半,其间你们主要做了些什么?

陈————一部分是担任杨导创立的动画网站Miluku.com的美术指导,这个网站主要是让杨导可以开始实验怎么做动画,然较之《追风》的动画,这粗糙得多,因为主要是供网上浏览。

另一部分则是在做《追风》的样片。《追风》是一个发展得非常完整的故事。主角是一个功夫很厉害的小男孩,但他自己却不自知。不乏有人听闻他的威名,找上门来,坚持要跟他一决胜负,情非得已之下,他只得接受挑战。这当中还蕴藏了一个很可爱的爱情故事——这个小男孩跟邻居的一个女孩是好朋友,彼此间有些情愫,算是比较喜剧化的一条线。

杨导除了设计角色外,也逐步发展《追风》的风格,那时,我们天天都在扫描《清明上河图》,从中研拟如何利用动画将国画的味道做出来。杨导参考了很多谈述当时历史和建筑的相关书籍,画出片中的几个主场景,我们目前看到的场景草图全是杨导自行绘制的,除此之外,他也画了很多很多分镜图。杨导通常一早就到工作室画,他画画时很认真,就坐在那边一直画一直画,可以一连画上好几个小时,也不需要听音乐,就专注地画。待他画好后,我们会先扫描成数位档,再交由别人帮他上色。

杨导也在实验如何用一颗镜头来表现,过程相当复杂。为了做到这种水准、这

杨德昌与成龙宣布合作功夫片《追风》,计划以成龙为卡通造型主角。左起:杨德昌、彭铠立、成龙。

Miluku网站上的《牛奶糖家族》系列动画。

种感觉的动画，他得去找一些愿意配合他的人，从头开始训练动画师，并且调整过去业界制作动画的既定模式。当时杨导训练了一批动画师，大部分都是毕业于复兴美工的年轻世代，大伙一起学怎么做动画。

此外，那时有很多外国的制片来找杨导拍片，所以我常要帮他看英文剧本，看完后，再写成故事大纲，交给杨导过目。其实他应该也不会拍，但他就会叫我看，如果有好看的故事再跟他说。另外，我也帮他翻译长片剧本，一是《追风》，一是改编自《色戒》的《暗杀》。

当年，杨导曾远赴日本参观吉卜力工作室，彼此交流，就你所知，对于动画以及动画产业的前景，杨导有着什么样的想象？

陈————杨导自小就爱漫画，动画即是动态的漫画。他在从事电影创作时，向来控制得很精细，若是动画，无论构图、美术、表演，还是节奏，他都能完全掌控，这世界纯然是他一手打造的，要怎么去玩都可以。杨导很崇拜宫崎骏，但他们曾跟杨导说，动画并不是那么好做，而且杨导想要做的方式会比较困难一点，因为他不分镜，这便牵涉到动画该如何分工的问题。

目前我们所看到的《追风》样片，长达近十分钟，完全是一镜到底，杨导是希望借由好几个一镜到底的镜头去串接起这部动画长片吗？

陈————他想突破动画分镜的框限，希望镜头可以一直跟着走，但那很难做，因为分工很难。一般而言，动画会依据分镜将不同画面切割给不同人去做，然而，一旦采取一镜到底的方式，便很难将各部分独立出来给不同人去做，或者说是，可以多人同时工作，但必须聚在一起才有办法。杨导这么做，并非蓄意为了打破制作动画的方式，他只是一心追求他想要的效果，为了达成这个效果，丝毫不在乎制作过程的艰巨。

聚焦于人性的荒谬

建筑系的训练背景，加上台北带给你的鲜活感受，使得你置身于台北时，对于城市空间有着更高的敏感度，从《美》、《一页台北》到《10+10》中的短片"256巷14号5

楼之1"，皆以台北作为故事场景。而杨导的每一部作品都是聚焦于台北，对他来说，台北不仅仅是作为一个背景而存在，更多时候，台北这座城市本身即是一个无法忽略的要角。杨导很在乎的是时代以及环境如何形塑一个人的性格，左右其命运，你曾说自己的作品深受杨导影响，也包括这一部分吗？在你过去的作品中，会怎么看待空间与人的互动关系？

陈————杨导是真的很在意社会环境的因素，我可能不像他那么着重于这方面的观察，通常只是想拍人物或氛围的东西，不会太去思及背后的社会或文化脉络。而且我不具备相关文化背景，所以可能没办法像杨导一样拍那么深，触及那么多事情，不管是人和空间的关系、人和社会的关系，还是人和人之间的关系。对我来说，故事的重心仍是人物，只是刚好场景设定在台北，因为我觉得这个城市有趣，它赋予了我灵感。

杨导的作品向以多线叙事、多重角色著称，说起来，《一页台北》也有着类似的叙事结构，这是受到杨导的影响吗？

陈————我的最新作品《下午茶》同样也有很多角色，一直以来，我都喜欢同时讲述很多人的故事，而且，那些人的故事最终皆指涉向同一个故事。我就是喜欢多线叙事的结构，说不上来为什么，不管是我喜欢的小说还是电影，皆采取了类似的叙事手法。在我尚未拍片前就接触了杨导，他的剧本同样是多线叙事，多多少少一定有受到他的影响。

在剧本写作上，他有无提供什么样的建议？

陈————杨导常说，写剧本时，情节的演进一定不能理所当然，但又要让观众觉得只能那样子处理，所以当我在写剧本的时候，常会思索，如何让事情猜不出来，但又必须有其逻辑。杨导还会提醒，人的个性其实不是通过台词去表现，而是借由与人的互动，或是置身在环境里所产生的反应。

杨导本身很喜欢德国新浪潮的电影，而《一页台北》恰好是由文德斯担任监制，你们有聊过文德斯的电影吗？

陈————我没有跟他聊过，而且我认识文德斯的时候，也差不多是杨导走的时候，所以没有机会跟他俩同时接触，我猜他们一定曾经在国际影展上接触过，很可惜没有机会问他对于文德斯作品的看法。我知道杨导很喜欢荷索，但他对于文德斯的看法就不得而知了。

原定拍完《一页台北》之后，紧接着要开拍的是《南京东路》，过去接受媒体采访时，你这么讲述这部片："下一部片是一个发生在80年代台湾经济起飞时期的故事，场景设定在南京东路。我希望做出一种像美国片《公寓春光》(*The Apartment*, 1960)的感觉，它也是一个喜剧，但背景是剧烈的经济变化，那个年代有很多美商来台，我觉得那个世界很有趣。亚洲国家的发展，大多都是在大发展时开始大量接触外国文化，所以那几年的贸易公司刚好被两个世界卡住，也会发生很多荒谬的事情，剧情会比《一页台北》再更重一点。"❶故事大纲乍看似乎颇有杨导的风格，尤其是关于台湾剧烈的社会经济转型，以及东西方经济资本与文化资本交会的部分。

陈————《南京东路》确实是一个和社会、文化和历史相关的题材，尤其又以都市为主题，这方面一定很像杨导。小时候，我第一次回台湾时，正值台湾经济起飞，那时台北真的是一个高度发展的城市，以至于觉得台湾给人一种梦幻的感觉。有一段时间，我做了很多研究，借由滚雪球的方式，访问了很多人，包括做贸易的商人、空中小姐等，想要了解经济起飞的背景，花了近一年在写《南京东路》这个剧本。

————后来为什么这部片没有开拍，反而是先拍了《下午茶》？

陈————因为那是时代片，得搭很多景，必然要花很多资金，我苦于不知道要如何筹募资金。未来仍希望能够拍摄，然而还是得视台湾拍片环境而定。

————提到《南京东路》的故事基调，你又说："我还是想维持搞笑的基调。因为我觉得人的矛盾、荒谬对我来说都是好笑的东西，而且用搞笑的方式去包装观众比较容易接受，我喜欢用好笑的方式去表达一些比较深的、我自己观察到的看法。"❷90年代，杨导曾尝试拍喜剧，先后完成《独立时代》、《麻将》两部作品，向以幽默见长的伍迪·艾伦也是杨导相当欣赏的导演，你们有聊过他对于喜剧或伍迪·艾伦的看法吗？此外，据说杨导常把irony这个字眼挂在嘴边？

陈—————杨导有他个人的幽默感，但我并未跟他聊过对于喜剧的看法。我知道他很喜欢人或状况的矛盾与荒谬，那是他觉得很有趣的事情。irony是一种荒谬，但中文很难直接翻译这个字眼，杨导也常说irony很难翻译成中文。譬如，一个人很怕飞机失事，结果却被车子撞死，这就是一种irony。在杨导看来，这世界充满许多荒谬的人与事，我猜，他觉得人性或人生就是荒谬的。

你最后一次见到杨导是什么时候？又是在什么状况下听到他的死讯？

陈—————我最后一次见到他是很意外的，2007年4月，我在洛杉矶路上看到他，那时他的身体已经非常不好了，瘦了很多。当时我们都听闻了他身体状况不好，我写了E-mail、打电话，他都没有回复，没想到竟会在街上巧遇。后来我们一起喝了咖啡，那时我正准备回台北拍《一页台北》，他劝我不要回台湾拍片，也许是对台湾的电影环境有一点失望。他也谈了一些关于政治的事情。杨导过世时，我已经回台湾了，为了参加杨导的葬礼，又回了洛杉矶一趟。因为我知道他身体很不好，所以早有了心理准备。事实上，杨导的告别式还蛮温暖的，现场布置得很像《一一》最后一场戏中婆婆的灵堂，致辞的人，多流露出对杨导的崇拜之情。回台湾后，我们很多朋友又再办了一次追思会，共同纪念杨导，分享一些关于他的故事。我们都觉得何其幸运，在创作的路途上，能够认识一位这么有个性的导师。

《一一》片末，洋洋于婆婆
灵堂上念诵给婆婆的话。

❶　参见《放映周报》第251期放映头条《我在城市的夜里谈情说爱：专访〈一页台北〉导演陈骏霖》。

❷　同上。

14 / 杨德昌的演员们

金燕玲

放手去演，自然地融入角色

金燕玲✕杨德昌

《牯岭街少年杀人事件》演员小四母亲、《独立时代》演员二姨妈

《麻将》演员红鱼母亲、《一一》演员敏敏

采访日期▶2012年7月31日

地点▶香港越洋电话

我对杨导的感觉是，
他才是一个star，
剧本都自己写，
美术也自己来，
什么都是他自己，
他完全知道他要的是什么。
而且杨导是画漫画的，
我看他镜头都已经分好了。
我们拍《牯岭街》时，
从造型到现场陈设，
完全没有人可以遗漏任何小细节，
因为什么都已经在他脑海里面了。

金燕玲，1954年生，台湾人。知名演员。歌手出身，1970年参加台北市今日世界音乐中心演唱比赛获得亚军，自此被挖掘，并不时到东南亚各地登台演出。1973年赴港从影，以吕奇《女人面面观》正式出道，其后陆续与关锦鹏、尔冬升、杨德昌等名导合作。80年代，相继以《地下情》(1986)、《人民英雄》(1987) 获颁香港电影金像奖最佳女配角，1994年又以《独立时代》里的二姨妈一角，荣获金马奖最佳女配角。

金燕玲是杨导多次合作的女演员，除了戏份较吃重的《牯岭街少年杀人事件》和《一一》外，她在《独立时代》、《麻将》里头也都轧上一角。因此，当初在评估要采访哪些演员时，金燕玲自是不能错失的人选。

她长年定居海外，后来是经由出版社辗转问得她的联系方式。当我透过Skype拨打至她的手机，电话接通的那一刹那，听见熟习的声音自遥远的海峡另一头传来，心里着实混杂着无以名状的兴奋、紧张与感激。在近两个小时的访谈中，金燕玲始终精神很好，聊起演戏和生活，她显露了一丝激昂与兴奋，讲话本来就快的她，此时似又更急切了些。

1973年，金燕玲时值十九芳华，年纪轻轻，便只身赴港从影，在那封闭的年代里，此举尤其显现出她的独立与果敢。未曾经过正式表演训练的她，凭借的或说是天分，或说是来自生命里的透彻领悟。"已经在那边了"、"自然就会知道了"，是她反复提及的说辞，对她来说，她从未想过要怎么样去演戏，也未曾想过，要如何在不同的剧目里，去创造不一样的表演；基本上，角色不一样了，她的演出自然就会不一样。

她说，"电影讲的永远就是人跟人之间的感觉，永远是戏里面的人令你感动。"因此，她的表演必然是从剧中人物出发，打从心里理解了这个人的心态，自然知道她在各种情境下会有何反应。

金燕玲在大银幕上饰演过无数次母亲，不知道是不是可以说，她是在银幕上学着怎么样当一位母亲的？1989年，金燕玲婚后定居英国，1990年初产下一女，未久，接获杨导邀约，便欣然携女返台投入《牯岭街》的拍摄。初为人母的心情，让她在饰演小四母亲一角时更为得心应手。

当我们聊到《一一》，金燕玲仿佛有满腹的心得可说。她说，每回看《一一》，总哭得半死，这部片提醒了她很多事，最重要的，莫过于珍惜当下。如今，她跟朋友聊天时，常反复地说，人要珍惜自身所拥有的，不要去抱怨自己没有的东西，这话听起来虽简单，却是她这些年来才能充分领略的，能这么想之后，人也跟着开心了许多。

过去，她不见得会那么直接地表达内心的情感，现在则会很急着将自己的感受告诉对方，对她来说，让对方知道是很重要的。"不管对方是什么样的角色，倘若你愿意花一点点时间问候对方，也许是'你好吗'、也许是'你辛苦了'，同时送上一个诚挚的微笑，你会发现，世界不一样了。年轻的时候，我从来没想过这样做，现在学会了。"

一开始，我们好像确实是在谈电影、谈表演，聊着聊着，倒像是在谈生活哲学了。生命里不同时刻的顿悟，都化成了最好的养分，回馈到表演上；而那些曾经的扮演，随着剧中人一同走过的许多生命风景，也回过头来，提示了她生命的真义。

金燕玲于《牯岭街》片中饰演
小四母亲,勤俭治家。

他蛮放手让我去演的

1973年，你时年十九岁，即独身赴港从影，当初怎么会下定这样的决心？

金燕玲（以下简称金）————1970年暑假，我在台北参加一个歌唱比赛，夺得亚军后，便开始到东南亚巡回演唱，1973年，去了香港，有人问我要不要演戏，就入了这行。当时我很年轻，之所以选择唱歌是因为想去外国，到不同国家游历，就工作而言，并非真的有很大的抱负。70年代要去外国并不容易，除非出差，或是家里很有钱，才有机会留学。那个年代，唱歌的话，就能到新加坡、菲律宾、马来西亚、中国香港等国家和地区巡回，一张合同三个月，哪儿可以待上三个月。从小家里教育灌输的观念就是，女孩子总之是要结婚生子，做家庭主妇，然而，1970年，我十七岁不到，飞机也没坐过，就想去外国看看是怎么一回事。

你第一次见到杨导是什么时候？对他印象如何？

金————我之所以跟杨导熟络，是因为蔡琴曾和我一起演关锦鹏的《地下情》，我是这样才认识杨导的。《地下情》有到台北出外景，杨导和关锦鹏也认识，蔡琴就招呼我们到他们家里去，因此有机会跟杨导聊天，先后见过几次面。初次见到他的时候，他就是笑眯眯的，很和蔼。

当初杨导怎么会找上你饰演《牯岭街》里的母亲一角？

金————1989年，我怀孕了，为了生小孩便到英国去，离开了这个圈子。怀孕期间，大概四个多月肚子的时候，杨导打电话给我，找我拍《牯岭街》，我很开心，可是大着肚子，遂问他这个角色会不会看不到肚子，后来就没有下文，心里觉得很可惜。1990年2月，我生下女儿，三四月，杨导又打电话给我，我以为要谈的是另一部戏，才发觉原来还是同一个片子，当时台湾最了不起的两位导演，一是杨导，一是侯孝贤，能拍他的戏自然是很开心！
之后我便带着女儿回台湾拍《牯岭街》，到台北后，杨导才告诉我这是一个什么样的故事。每天，我们开工后，就搭一辆车上金瓜石，在拍摄现场大家都很乖,因导演很严,我们都不大开玩笑,基本上不管个人的戏份有多少,都是留到拍完了大伙儿才一块下山。这部片拍了很久,大概八九个月,张震他们这些年轻演员正值青春期,我们都开玩笑说,如果再拍下去,他们都要变声了。

那时候小朋友多得不得了!老实讲,拍完后我都还没有办法记得所有的小朋友。我后来回英国,这部电影在英国BBC Channel 4播映,是分成五天来放的。当在电视上重新看的时候,我是个读过剧本的人,理论上应该知道所有的角色,但是小朋友实在是太多了,而且我跟他们并非全都有对手戏,也搞不清谁是谁(笑)。

你后来没有留在台北参加《牯岭街》的首映吗?

金————没有,那时我不在台北,拍完片后,因为金马奖提名才又回去。

你还记得杨导怎么跟你讲述这个故事吗?这个角色的性情以及小四一家的状况又是如何?

金————我不知道杨导跟别人是怎么沟通的,我跟他合作了四次,一直以来都是他给了我剧本,看完后,自己凭感觉去诠释,基本上他不会告诉我一定要怎么样去演这个人。他蛮放手让我去演的。

虽然我的父母并非军眷出身,可是我的妈妈有个结拜的姊姊,她先生在空军服役,小时候,我去他们那个军眷住过两个暑假,而且我的父母是从大陆来的,幼年我们也是住日式房子,所以有点儿领略得到那种感觉。

《牯岭街》戏很长,我的角色戏份也蛮多的。一看到剧本,大抵已经能够明白这个角色的处境,譬如,先生被警总请去了,不见了几天,某天,他被放回来后,半夜我们两个在蚊帐里面谈话,起了争执,我便跑到路口去,在那儿哭,随后他也跟着追了出来。这些都不必怎么讲,一去到片场,光一打,感觉和气氛就已经在了。

还记得,有一场戏在房间里,杨导叫我坐在床上,说,要拍一个我在那边想事情的镜头。其实我不知道他要我想什么,因先生刚被抓走,心里自然是担心他的安危,我就把整出戏的剧情从头到尾想一遍,想到家里有这么多小孩,先生又被擒走,想了好一段时间。拍完后,他说,我看得出你很用心、很努力地想了很多东西,我们现在来一个你不必想那么多东西的。我就再演了一次,没有想那么多东西,只想了些片段。接着,他又说,我们现在来一个你什么都不想的。我就拍了三个镜头,拍完后,还是不知道他到底要我想什么,也不知道他最后用了哪一个镜头。这一段经历很有趣,我老爱讲给朋友听(笑)。

不预先设想,一定要自然地融入

以《牯岭街》来说,从你答应接演母亲这个角色到正式开拍,这段时间你大致做了什么样的准备?

金————基本上,好几部戏我都是演妈妈,拍《牯岭街》时,我刚生了小孩,这也帮了我蛮多的。加上张国柱我很熟,以前我们在香港一起拍过电视剧,所以跟他演戏是很舒服的。对我来说,一定要自然地融入。当那个气氛已经在的时候,你会觉得,好像自然就是这样了;而且,去到现场,看对手怎么发挥,自然就会做出相对的反应,不能时时想着我这话要怎么讲,走位和肢体动作也不会事先去设想。演对手戏时,你一定会看着对方,听他讲话的同时,不断在消化,才会想到接下来你要讲什么。我觉得很危险的一件事是,因为你事先读过剧本,知道对方要讲什么,所以已经不是在仔细听完对方讲话之后,再去做出反应。不能因为你知道自己要讲什么、对方要讲什么,就直接把台词接下去。

张国柱(饰小四父亲)与金燕玲。

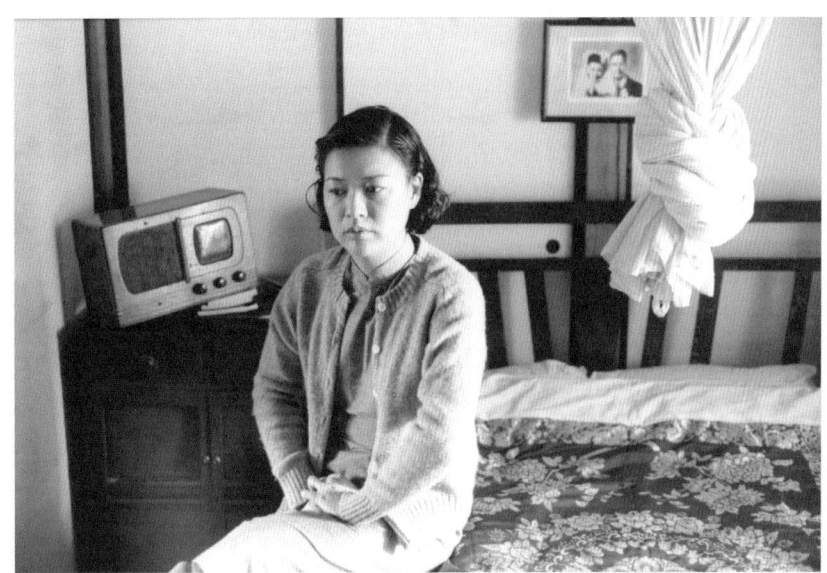

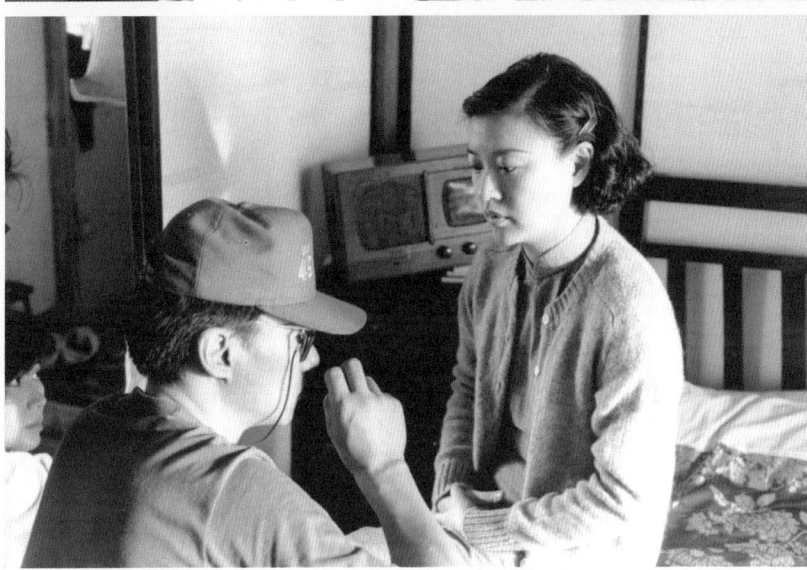

杨导要金燕玲坐在床沿,拍一个她在想事情的镜头,一连拍了三回,从想得很全面到什么都不想,金燕玲笑言,拍完后,仍不知道杨导究竟要她想什么。

拍杨导的戏，对白基本上不大能更动的？

金————他几乎可以说是我合作过的导演之中，唯一一个我从来不需要更动任何东西的。而且，因为是"国语"，是我自己的母语，不是广东话，所以说起来很舒服。但他也不是说一定要你每一个字都完全照他原本写的，譬如说《一一》里那场在房间里的哭戏，我只拍了一个take，那个take很长，你人真的哭起来的时候，其实也不知道会在哪里停顿，可能讲到这段，突然哭了，得按捺一下才能再演下去，这完全是没有事先铺排的，都是现场自然发挥。

《牯岭街》这部片牵涉到复杂的时代背景，那时是很压抑的，人和人之间存在着许多的人情义理。在跟张国柱的对手戏中，几度提到他不够灵活、不够圆滑，没有把事情处理好，就你自己个人的诠释，母亲这个角色的个性以及她的处境大抵是怎么样？

金————其实他们家环境也不是那么好，生活蛮辛苦的。先生给我的感觉，其实我觉得跟张国柱有点像，斯斯文文的，相较之下，太太好像比较强一点。我看我爸妈也是这样，我妈妈是上海人，爸爸是浙江宁波人，他们两个到台湾才认识的，爸爸为了生活，得出外工作，妈妈在家打点一切，又要做饭，又要带小孩，很苦啊！所以有时难免会埋怨先生，说，哎呀，怎么连这么简单的事情你都办不好？女人好像心细很多，忍耐力也强很多，只是很多事情女人不能出去讲，尤其在那个年代，根本没有女人的位置。太太有时会抱怨，其实是因为自己也很烦哪！为了生活，困在那个环境，大家都很烦、很压抑，却又无可奈何，心里边老想，反正要回大陆了。

我从小生长的环境也是这样，一天到晚觉得我们要"反攻大陆"、要回大陆，台湾只是暂居地罢了。

在电影里头，小四一家也是从上海过来的，有时，先生和太太彼此之间会用上海话交谈，尤其是不想让孩子听见的时候。你是原本就会讲上海话吗？

金————我都听得懂，也会讲，但讲得不好，如果要我整部戏都用上海话讲的话，肯定就要练了。片子里讲得不多，所以没有问题。

他自己本身才是star

你的对手戏较多的就是饰演父亲的张国柱,其余多为过去没有演戏经验的年轻演员,家里的五个小孩当中,饰演大姊的王娟是这部片的表演指导,二姊姜秀琼当年是戏剧系的学生,这是她初次参与演出,张翰、张震也都是新人演员,跟他们合作的感觉如何?

金————— 几次跟杨导合作下来,我发觉他找演员主要会看样子对不对,他很愿意将钱花在电影制作上,起用新演员,顶多就是NG多一点。他就是喜欢那种真实感,而非演出来的,只是必须有耐心一点,跟演员传达他想要的东西。像《一一》里的那个小朋友洋洋,简直就是杨导小时候的样子,真的跟杨导很像,聪明得不得了!杨导找来的虽非职业演员,但都是有天分的,而且他本身虽然没有表演的背景,但我觉得做电影或是做人都一样,就是一个感觉问题,是一个judgement(判断),感觉对的话就没错了。

我对杨导的感觉是,他才是一个star,剧本都自己写,美术也自己来,什么都是他自己,他完全知道他要的是什么。而且杨导是画漫画的,我看他镜头都已经分好了。我们拍《牯岭街》时,从造型到现场陈设,完全没有人可以遗漏任何小细节,因为什么都已经在他脑海里面了。

演员对他来讲就是棋子,他找谁来都可以的,因为他自己本身才是star,这是我的感觉。譬如说,王家卫本身当然是一个很棒的导演,但他就很喜欢找大明星、大制作,不是说那样不好,只是相较下,我觉得杨导更屌,因为他就是以他自己的才华取胜,也许用豆腐就能做成大菜,而不是去买鲍鱼、鱼翅。你看《一一》,哪里有演员?吴导(吴念真)、我、几个小朋友,没了嘛,根本没有演员的。

杨导写剧本的时候,每一个角色的塑造都很完整,活灵活现的,在这样的基础下,再找人来诠释他们。

金————— 对呀,你讲得很对,基本上在他脑海中一切都很清晰,尤其这是他自己写出来的东西。剧本是不是自己写,差别很大,我常觉得,如果一个导演,还是要找编剧来写剧本,那个人一定有他自己的看法,就算我们明白这个角色是卖鱼的、卖猪肉的，但是卖鱼有很多种卖鱼的，卖猪肉也有很多种卖猪肉的。编剧想的跟导演心里面想的一定有一点出入，当这个剧本到演员那边的时候，可能跟他们两人所想的又有一点出入。如果剧本是导演自己写的，他才可以很完整地知道他到底希望这个卖猪肉的是一个什么样的人，当他来告诉演员，他要的是什么时，就可以说明得很清楚。

后来，你也参与了《独立时代》的演出，并且以二姨妈一角获得1994年第三十一届金马奖最佳女配角。这部片对杨导而言，是非常不一样的尝试，首度试图以喜剧的方式来呈现，然而本片毁誉参半，尤以夸张化的表演最受争议，身为其中演员之一，你怎么看这部片的表演？

金————我那个角色并没有比较夸张，可能别的演员稍微夸张了些，好像有一点黑色喜剧的味道。我觉得杨导的戏都是很讽刺的，他的幽默感以及传递的讯息很像英国的戏剧，看了后心里面会不禁发笑。《独立时代》虽然他要演员用一种比较夸张的方式表演，但不是那种胡闹式的夸张，给我的感觉，比较像是舞台化的演出方式。这些年轻演员其实很厉害的，因为舞台剧的表演我都还不会呢，他们很多是会方法的，若叫我去演一出喜剧，我真的觉得难度很高。舞台上的表演真的要学，很不一样的，如果叫我用舞台的方法来演，我一定要再学。

摄于《独立时代》拍摄现场。王柏森和金燕玲分别以《独立时代》里的阿钦、二姨妈一角获得1994金马奖最佳男配角、最佳女配角。

请你谈谈二姨妈这个角色，以及揣摩这个角色最需要把握的是哪个部分？

金────────对我来讲，二姨妈好像就是一个很委屈的人吧，而且心蛮细的。这个角色在这戏里的篇幅真的很少。你有没有留意到，我的戏份其实都很少，尤其每一次都碰到感情戏，我觉得这可能是我划得来的地方──感情戏比较容易看到功力。我的这些配角戏，因为戏少，所以必须要很精、很浓缩。我一接到剧本，就看这个角色在整部戏里的位置是什么、跟其他人的关系是什么，以及这又是一个什么样的人，我会去研究，不会去想要怎么去演这个人。之后，我会跟导演沟通，看我的想法对不对，一旦他认为没错，那就没问题了。

在《麻将》里头，你饰演红鱼的母亲，父亲则是由张国柱饰演，虽然继《牯岭街》之后两人再次扮演夫妻，但这次在《麻将》片中却无对手戏。红鱼父亲因债务高筑而潜逃，且在外头有了女人，有一天，红鱼回到家里，你歇斯底里地大声咆哮，责怪红鱼父亲不是，结果反被红鱼责难，觉得你好像只顾自己死活，根本不了解同床二十多年的丈夫。能否谈一谈这一场戏？

金────────《麻将》戏份又更少了，我都忘了，而且好像还是到现场才知道我要干吗，如果我没记错的话，好像就一场戏而已，当初杨导是叫我回去帮他客串。就算没有剧本，当你接到那一场戏的所有对白，就已经可以感觉到这是一个什么样的人，便照着这个感觉去演了。我是一个凭感觉做事的人，也不懂得用技巧，大多时候就自己放手去演，导演如果觉得不对，就再调整一种方式，我很少碰到导演教我怎么样去演戏，或是要我跟着他的方式去演。当你本身觉得这个角色是怎么样的一个人，便自然地融入，当观众在看的时候，要能被说服，觉得那个人就是那个样子。对我来讲，演戏不应该是特意去演，而是你就是觉得我是这样的人，那就对了。

无形之中，人与人精神上的沟通就此阻断了

你在《一一》里头也是演母亲敏敏一角，虽戏份不多，但每次出场都很关键，不管是对白还是内在情感都蛮能够带动观者的情绪，也颇能扣合《一一》这部片所要传达的主题。片中，自从婆婆陷入昏迷后，你白天要工作，晚上还得照护孩子与婆婆，心里长期积累的情绪便逐渐浮上了台面。有一场戏是洋洋进到婆婆房间，你要洋洋跟婆婆说话，洋洋说："她只是听到，又没有看到，那有什么用呢？"闻此，你便动怒了，那是你在这出戏中第一次失控。能否描述一下那场戏的内在冲击？

金————那一场戏，其实是敏敏自己内疚，因为她平常根本就没有花那么多时间去跟母亲聊天，才会催促洋洋，说，你怎么不跟她讲话呢？其实是她自己没有话讲，觉得很不舒服，明明自己身为女儿，却把这责任赖到洋洋身上。她一直要洋洋跟婆婆说话，事实上，是在讲她自己。

在婆婆昏迷后，家里每个人轮番跟她说话，事实上，却像是一种告解，面对一个听不见的人，终能由衷自省与忏悔。

金————非常像。我的父母都已经过世了，两人先后死于癌症。拍这部戏时我很有感触，我发现，人死后，丧礼弄得再豪华都没有用，人还在世的时候，真的要多花点时间彼此相处。夫妻结婚多久，看他俩距离有多远就看得出来了。很多夫妻的状况是，先生出去赚钱，太太或许也出去赚钱，每天每个人都很忙，回家后，尽管睡同一张床，精神上的沟通并不是真的那么充分。在一个家庭里面，有多少人是彼此会聊天的？我发现聊天好重要。

敏敏是一个必须工作的女人，她和NJ就是老夫老妻了。我和敏敏这个角色很像，我平时很多话，也很会讲话，然而，在我第二段婚姻离婚前夕，有一天，我和先生坐在车子里，却发现无论怎么想，都找不到话题。那个空气好可怕，像冰冻似的，凝结在那儿。如果我的女儿在车内，我一定会回头跟她说话，他也会回头跟她说话，但唯独我俩时，彼此之间却没有话题。当我去演《一一》的时候，对此特别有感触。

就像NJ，他几乎可以跟从前的恋人再在一起了，但他还是选择回家，家还是家嘛！对他来说，也许就是去重温年轻时代的情怀。日子一天天过去，无形之中，人们好像都麻木了，困在一个生活的框架里面，每天辛勤地工作养家，送孩子上学，然而，其实孩子脑袋里在想些什么，做父母是不知道的。从前，我们哪敢跟妈妈讲自己在外边交了男朋友，到了《一一》，时代不一样了，却还是没能真正跟自己的小孩聊天。不是说你不爱那个人，其实各自都希望尽可能在精神上、物质上满足家人，但不知为何，人与人之间，无形之中精神上的沟

金燕玲于《麻将》客串演出红鱼母亲。

敏敏的心灵顿失依归,转而寻求宗教救赎。

通却就此阻断了。

我这一辈子从来没有抱过我妈妈,跟她说声:"妈妈,我爱你。"我从来没试过,在我们那个年代,没有那么西化。直到我妈妈过世,自己又有了小孩,才了解为什么父母平常那么凶,不过犯了一点小错,他们就要发那么大的脾气。拍《牯岭街》时,我尤其能够体会这点,其实是因为大人的生活已经够苦了,在外头受了很大的委屈,无处发泄,所以子女只要一顶撞就会引爆父母的怒火。在杨导的这几部戏里面,不管是我所饰演的角色,还是其他演员的角色,在我的人生历程里,都曾经历过相似的压抑与困境。

有场戏敏敏伫立在办公室落地窗前,久久沉默不语。当时的镜位是从窗外拍摄进来,在镜像中,只见斑斑点点的城市霓虹与车水马龙划过敏敏的胸膛。静默了一段时间后,她才幽幽吐出一句:"我没有地方去。"听来尤其让人觉得情何以堪。

金——— 她明明有家,怎么会没有地方去?端看她想去哪里。她并不知道家人到底在想什么,也不觉得家人会明白她在想什么,这个感觉真的很可怕。敏敏那时突然间发现,怎么连跟自己的妈妈都无话可说,与老公相处亦然,偏偏孩子又小,不会懂得,她根本彻底迷失了,所以才需要上山修度,暂时逃避,渴望找回自己。

敏敏上山修度的这段时间,NJ亦因赴日本出差而与初恋情人阿瑞重逢。当两人双双返家后,竟有了类似的体悟:NJ说,本来以为再活一次会有什么不一样,没想到还是差不多,没有什么不同;敏敏也说,其实山上真的是没有什么不一样。《一一》反复辩证的,正是在日常的因循往复里,是否有创造新意的可能,如同片名"一一"所揭示的,一是起始,两个重复的一,是一次又一次,状似同样的词汇,但其实可以有千百种书写的方式。大田好奇:"人们为什么总害怕'第一次'?(Why are we afraid of first time?)"事实上,"每一天都是第一次,每个早晨都是新的,同一天不可能重复过两次。(Everyday in life is a first time. Every morning is new. We never live the same day twice.)"不过NJ和敏敏的体悟却好像又让这一切辩证回到原点:其实没有什么不同。你自己会怎么诠释片中这个核心的命题?

金——— 人是回到了原点,但是心境不一样了。如果NJ没有遇到初恋情人，也许永远会感到心里某处是失落的，他与旧情人共度了几天，也蛮温馨的，可是又怎么样呢？那只是一时的，难道他会为此抛家弃子吗？对于敏敏来说也是一样，她突然间迷失了，决定到山上去，寻求解脱的可能。我觉得人常常是这样子，以为当自己去做些不同事情的时候，问题就可迎刃而解；然而，当你真正跳脱开来，最终却会发现，那个问题其实还是跟着你的，既然如此，倒不如回去面对它。

此外，人年纪大了，开始会害怕很多事情，年轻时，根本不会害怕，因为没有顾虑那么多。

我当年学骑脚踏车，是自己去学的，尽管频频摔跤，可也就这么学会了；倘若现在让我去学，肯定要忧心个老半天，害怕会断脚或扭伤，所以根本就不会去学。人年纪大了就会想太多，顾虑一多，便小心翼翼，结果什么事情都不敢去做。有一句话，老一辈经常挂在嘴上："哎呀！你不听，以后你会后悔噢！"我常回我妈妈："我永远不会后悔的！"如今，我当然后悔自己曾经做了很多事，不听老人言，但在那个时空下，确实就是听不入耳。就像我现在这么跟女儿说，她也是一样，不会听我的，她一定要亲自去试了之后，也许有一天才会顿悟，发现妈妈讲的某些事情确实有其道理。

在《一一》里头，我们看到，要不是因为婆婆病了，大家轮番到她床边告解，恐怕还没有那个机会去检视自己，省思自己与身边人的关系。每天花一点时间与家人聊天其实是很重要的，NJ家里所反映的其实是很多一般家庭的状况。

杨导自己曾说，《一一》这部片的结构基本上就是"生、老、病、死"，涵盖了人的一生，我想这也是为什么这部片打动这么多人的原因之一。

金————这部戏非常棒！每次看都哭得我要死！尤其洋洋在婆婆灵堂前读那一段话，真是……洋洋真是可爱死了，在现场，如果他自觉演得不够好，便声称他要去尿尿，借此回避，好聪明噢！我们曾问杨导："他是不是跟你小时候很像？"他点了点头，笑说："嗯，很像。"

据说NJ和洋洋这两个角色其实有蛮多是杨导个人的投射。

金————一定有，我相信一定有。他的戏其实都反映了他的生命历程或是

洋洋:"我不知道的事情太多了。所以,你知道我以后想做什么吗?我要去告诉别人他们不知道的事情,给别人看他们看不到的东西。我想,这样一定天天都很好玩。说不定,有一天,我会发现你到底去了哪里。"

对人性的思索。

我从来不去研究该如何演出

洋洋在片中的演出是非常浑然天成的，这真的就是出于天分吗？

金————杨导所有的演员我觉得都蛮有天分的。用非职业演员演戏有个好处，因为没有被定型，如果找了某个演员，通常心里对这个人已经有种先入为主的印象了。当演员演戏演得太多了，自然比较逃不出那个框框。

在杨导心目中，吴念真是一个非常优秀的演员，在《一一》片中，你跟他对戏的感觉如何呢？

金————很舒服啊。我们很少排戏，尤其我这人情绪来得很快的，如果演太多回我可不行，倒不是说会哭不出来或怎样，而是我觉得那个情绪就不真了，当你重复了几次，就有点像真的是在"演"戏了。

几次合作下来，你跟杨导的互动如何？

金————我其实是有点怕杨导的，特别是拍《牯岭街》的时候，碰到大导演，心里难免会紧张，加上又是初次合作，自然会比较小心一点。我怕他，倒不是因为他凶，他从来没有骂过我，而是因为他在现场很严厉，如果道具、美术或什么没有准备妥当，他会发脾气，但主要是对事，不是对人。

我个人觉得很荣幸，杨导愿意给我这么多机会。譬如说《牯岭街》，我生完小孩后，他请我回去演，正好筹备工作也是历经了这么久。此后，他每一次都会请我回去参与演出，拍《一一》时，我已经回英国很多年了，那年关锦鹏叫我回去演《有时跳舞》(2000)，杨导又找我演《一一》，刚好撞到关锦鹏的戏，我不能演，觉得好可惜噢，不想失掉这个机会，但后来他还是找了别人演。
我在香港拍关锦鹏的戏时，杨导来探我们的班，探完班后，我们一起吃消夜，没想到后来他又找我回去演《一一》，于是原先已经拍过的戏份就得全部重拍。
在他的追思会上，提起这段时，我开玩笑说，作为一个演员，我情愿把它想成是因为他想要等我回去,所以做了临时换角的决定(笑)。

他是一个很不喜欢用太过professional演绎方法的人,他喜欢人家很自然,譬如配音,他不会喜欢职业配音员去做出那种百分之百很professional的声音表演。而我们就是以自己的感觉去发挥,并没有刻意去演什么。

对于演员来说,生活中的历练往往能够回馈到表演上,促进对角色的认知、对情绪的掌握;换一个角度来看,参与了这么多演出之后,你觉得表演这件事怎么样回过头来丰富了你自己的生活?

金————基本上,这是我的工作,需要借此维生,到我现在这个年纪,我觉得自己很幸运,因为能够做一份自己很喜欢的工作,这是一个bonus,很多人为了生活,非得工作,却不见得是自己喜欢的。因为表演的缘故,能够接触到那么多不同的角色,譬如《牯岭街》或《一一》,这些角色的人生故事同时也提醒了我很多东西。拍《牯岭街》时,我才三十六岁,女儿也刚出生,那时的心境跟后来演《一一》的时候又差了很多;参与《一一》演出时,其实已经提醒了我人际之间沟通的重要性,但是,到了今天,日子一天天地过,再去回想,会更明白那个重要性。

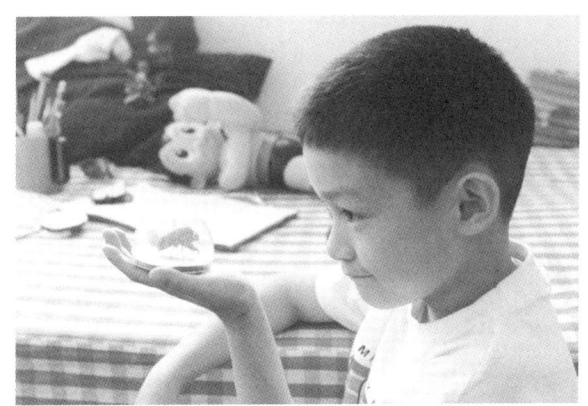

15
/
杨德昌的
/
演员们

张震
他就是我的模范

张震✕杨德昌

《牯岭街少年杀人事件》演员小四
《麻将》演员香港及美工道具

采访日期▶2012年8月10日
地点▶泽东电影有限公司

与杨导共处或拍他的戏，
会一直不断收到的讯息就是：
一个人一定要知道自己要的是什么；
一个人如果不知道自己要的是什么，
就代表有一点危险了。
这句话时常会在我心里浮现。

张震,1976年生。演员。曾与多位著名导演合作并享誉国际影坛。十四岁主演第一部电影《牯岭街少年杀人事件》,并以此片入围第二十八届金马奖最佳男主角。日后演出王家卫执导的《春光乍泄》,以本片获1998年第十七届香港金像奖最佳男配角提名。其后,亦参与演出李安《卧虎藏龙》(2000)、王家卫《爱神》(2004)和《2046》(2004)、侯孝贤《最好的时光》(2005)、金基德《呼吸》(2007)以及吴宇森《赤壁》(2008)等片,精湛的演技令人赞赏。2008年,更以《吴清源》一片荣获第三届大阪国际电影节最佳男主角。其最新作品为王家卫《一代宗师》(2012)。

不晓得是不是因为反复看了几次《牯岭街少年杀人事件》，每每思及张震，总不免浮现小四的面庞，那个稚气未脱的纯真少年。直到真正与张震面对面，坐下来谈杨导，犹不自觉地在他脸上搜寻那个昔日少年的踪迹，也许是笑起来的样子，也许是某个一闪而逝的神情，都能成为重要的线索。

起初张震在父亲张国柱的游说下，答应接演《牯岭街》，正值青春期的他，对于演戏其实没有太具体的概念。开拍前，剧组人员做了一份拍摄期表，很大一张，上头注明了每一分场以及各场次参与的演员。他家里头也贴了这么一张拍摄期表，看着那份期表，只觉得好玩，密密麻麻的，写上所有演员的名字，还做了各式各样的符号以供识别。《牯岭街》约莫一百五十场戏，光是他的戏份，便高达上百场，逃都逃不掉。

张震描述，当年《牯岭街》重新配音的时候，因杨导对于声音表演要求甚高，他们在配音间足足琢磨了数个月，配音间里头黑蒙蒙的，若又碰上杨导发怒，更是叫人毛骨悚然。听人说，有一回，张震老配不好，杨导怒极了，冲到配音间去，一把抓起他的衣领，扬言要找他出去单挑，这时，旁人便跳出来相劝了："哎，一个十四岁的孩子，你跟他单挑什么呢？"

访问过程中，张震不止一次强调，他真的很怕杨导，所以大多时候都跟在制片余为彦身边；尽管与杨导的互动一直不多，却在他心里留下了极深的印象——杨导永远如此挺拔、帅气，且魅力独具。张震说，杨导就是他的典范，他所追求的，就是成为他那个样子。

对他而言，杨导始终是个很严厉的老师，非得做到他心目中的百分之百，才肯放你走。通过了《牯岭街》的试练后，张震真正地走上了演员这条路，并先后参与王家卫、李安、侯孝贤、吴宇森等知名华人导演的作品，俨然是一位发光发热的国际巨星。但他始终没有忘记当初引领他走上这条道路的人，那个用胶卷完完整整地保存了他的青春，将他的十四岁永远定格的人。

访问末了，张震笑言，怎么好似一直在讲杨导坏话，然而，对他来说，这些轶闻反而是有趣的，借此得以体现杨导的性格。最后，他不忘强调，"虽然他很凶，但其实他人很好。"

左起：杨静怡、杨德昌、张震。

左起：杨德昌、张震、张国柱。

自认儿时挺活泼的张震,接演了《牯岭街》小四一角后,性情也跟着变得沉静了。

融入另一个时空

———— 在拍《牯岭街少年杀人事件》之前，你其实还参与过《三角习题》（1980）、《暗夜》（1986）的演出，可以先聊聊那两次的表演经验吗？

张震（以下简称张）———— 小小的年纪，并不懂何谓演戏，对于工作也没有基础的认知，到了拍摄现场，别人怎么说便怎么做。直到参与《牯岭街少年杀人事件》的拍摄，因长达七个月的工作，且又是饰演主要角色，才让我对电影有了比较完整的认识。

———— 当初杨导为什么会找上你饰演小四这个吃重的角色？

张 ———— 《牯岭街》本来很早就要开拍了，但那时没有找到男女主角，等了很长一段时间。

女主角杨静怡是在美国长大的，有一年回来过暑假，那时杨导常去东丰街的一间咖啡店，杨静怡跟老板娘相识，杨导去咖啡厅时刚好看到杨静怡，觉得她很适合，便说服她出任小明这个角色。

而我和其他年轻演员之所以会加入，是因为余哥、杨导及我父亲彼此认识，也有很多共同的朋友，有一回，他们在闲聊时，聊到了我父亲张国柱，思及他刚好有个小孩，差不多是这个年纪，而柯一正导演的儿子柯宇纶也差不多岁数，大伙儿就约了见面。那一次，正是约在该间咖啡店，几个小鬼都到场了，导演也在，那是我第一次跟导演见面。见面之后，杨导觉得可行，遂展开筹备工作，第二次再见到导演时，就是电影的试装了。

那年我十二岁，本来对这工作和角色没有任何想法，也没有任何兴趣，而且刚升中学，学校课业压力较大，那段时期成绩突然掉了一些，希望能够加紧赶上，对于要参与电影演出其实还蛮排斥的，但我父亲说，拍个电影，一两个月就拍完了，而且第一次试镜就获得这么重要的角色，不妨去体验一下，最后还是被父亲说服了。

———— 在片场的时候，你跟杨导的互动如何？

张⸺我跟杨导的互动一直都不是很多，他留在我心底的，比较像是一种印象。其实我很怕他，因为他个子很高，当初拍戏时脾气很不好，为了达到他想要的效果，常会骂演员。我记得有一场戏是本省帮去弹子房找外省帮的人，打算杀人，后来，我和王柏森跑进弹子房，一进去便看到死人，导演一开始就要先拍那个镜头。那天吃完饭，尚未开拍，导演便把我找去，狠狠骂了一顿，我压根不知道发生了什么事，接着就被丢到那个用老房子搭建起来的弹子房，在黑暗中面壁思过半个小时。待我一出来，摄影机马上开拍，原来导演只是为了要有那个效果。

在片场，除了导演教我之外，很多时候，我都是跟着余哥，他是我师傅，很多东西都是跟他学，主要是由其言行举止当中，找出一些贴近那个时代的味道和感觉。再说，毕竟制片必须负责打理众人之生活，吃喝玩乐样样得找他。在我的感觉里，杨导很高、很帅，模样斯文，相较下，余哥就痞一些，所以他较常扮黑脸。他俩常会互换角色，多半时候一个扮白脸，一个扮黑脸。

这部片开拍前，做了长达近一年的演员训练，你还记得当时都做些什么练习吗？

张⸺《牯岭街》从定装到开拍，其间又间隔了一年，在这段时间里头，导演帮我们安排了一些表演课，由王玥❶和蒋薇华❷担任表演老师。印象中，我上了五十多堂课，约莫一百个小时，包含个人及群体的课程。表演训练多是一些基础练习，表演老师会设定一些情境，如想象你是一棵大树，或是做一些游戏，借此认识你的身体和情绪，以及如何运用方法将情绪带动起来。

《牯岭街》想呈现的不单单是小四杀人这起事件，而是去回溯在那样的大时代底下，为何会被逼迫出这样的杀人动机。从未经历过那个时代的你，如何将自己置入那个时空背景？在拍片现场，你所感受到的气氛又是什么？

张⸺导演拍戏的方式还蛮特别的，他那时在台湾艺术学院教书，会用很多

❶ 王玥，1963年生，台湾艺术学院戏剧系毕业，于《牯岭街少年杀人事件》一片中，担任助导、表演指导，并饰演大姐一角。曾任绿光、春禾表演学堂以及各大专院校戏剧表演老师，戏剧教学经验丰富。曾以《再见，忠贞二村》获2005年第四十届金钟奖连续剧女主角奖，以《大将徐傍兴》获2008年第四十三届金钟奖戏剧节目女配角奖。

❷ 蒋薇华，台湾艺术学院戏剧系毕业，主修表演。于《牯岭街少年杀人事件》担任表演指导、公关，并饰演教堂管理员。展演资历丰富，曾执导《TAPTHATBEAT踢踏舞狂想曲》、《航向爱琴海》，并参与舞台剧《非要住院》、《马路天使》、《无可奉告》，电影《人间喜剧》、《空中花园》，以及公共电视「人生剧展」等戏剧演出。现任台北艺术大学戏剧学系专任副教授。

不一样的方法去带动整个摄制组和演员的气氛，例如，当时的演员群，有一批演员比较有表演经验，如杨顺清、王维明、王柏森等人，他们也是杨导的学生，同时在现场担任助理工作；而我们这一批演员年纪比较小，都才十三四岁，也没有什么演出经验，导演并不会特别跟我们说什么，而是请这些有演出经验的演员指导我们。此外，也会找一些上一辈的同行外省朋友，如徐明、余哥，给我们上课，教我们黑话怎么讲，讲述他们儿时玩在一块的氛围、谈论的话题，透过这样的环境，让我们能较快了解那个时代，融入那样的气氛。

拍这部片时，你才十三四岁，对于片中涉及的时代背景、人情义理乃至男女情爱也许都还处于启蒙阶段，不见得能够尽然理解角色的台词，在这种情形下，要如何设法去创造比较有说服力的表演？

张————导演非常注重剧本，台词一个字都不许更动，即便是逗号、顿号、问号和句号等句读亦然。对他而言，每一个字皆有其意义，你一定要理解他写这一句话的用意，才会晓得如此讲这句话，也才能真正掌握他对角色的设定。

以讲脏话为例，"操你妈的×"在《牯岭街》这部戏里随处可闻，然而，我们那个年纪的小孩谁会讲"操你妈的×"？但这在他们那个时代确实是常见的语言。此外，前辈们会反复陈述黑话的用法，譬如："挡榔"意谓借钱，"叶子"意指西装，坐计程车则是"撇则轮"。我们一群小朋友就坐在下面，听那些老屁股谈天，光听一次不会记得，一旦大伙儿轮流讲，听多了，慢慢就会明白，且比较能够想象当时的情境。

若遇到导演想要呈现的氛围是非我们那个年纪所能够理解的，他会用很多不一样的方式作为引导，设法带出他要的情绪。至于很难理解的台词，就是把它讲出来，当时并没有想那么多。对于我们这些小演员，导演要求的，倒不是那么仰赖语言去传达思想，反而是透过一种氛围去传达他所设定的对白。

那一刻，我分不清是真是假

当年你又是怎么理解小四这个角色？你曾说，小时候你挺多话的，拍完《牯岭街》之后就不大讲话了，小四的人格特质有影响你吗？

张————我自认本来是蛮活泼的,拍摄期间也是,跟剧组人员的互动也挺融洽。然而,小四这个角色比较压抑,拍完之后,可能是习惯了一个人物的节奏,久而久之,便自然变成他那个样子。那是不自觉的,直到很多年以后,才发现原来自己小时候并不是这样的个性。除此,我觉得小四是一个很有正义感的人,这也是我拍这部戏所受到的比较大的影响。

一般而言,那个年纪的小孩,每天就是去学校上课,等着老师交代功课,跟同学聊天,也多半是聊一些很没有营养的话题,基本上对很多事情并没有想法。然而,拍戏却会接触到各式各样的人,而且很多人超越了你的年龄,想法上比较成熟开阔。每次拍完戏回到学校,总会觉得哪里不太对劲,衔接不太起来;而当你突然离开了原先习惯的节奏,告别学校生活两三周,再回来时,别人看你的眼光似乎也不太一样了。

—— 在演出的过程中，何时让你觉得你就是小四了？

张————在《牯岭街》片中，小四杀小明那一场戏令我非常难忘，当时，小四跪在小明身旁痛哭，紧接着，就被带到警察局去。演出时，我处于相当忘我的状态，因为太过沉浸其中而分不清是真是假。当然我知道杨静怡并没有死，且那把刀是假的，然而，在拍摄的当下，我真的觉得她死了。

之所以会有这样的情绪，并非出于我对于这个人物的理解，而是我真的随着这个人物去过他的生活，被他牵着走，融入到他的情感里。我头一次有这样的感觉——有些事情会分不清是真实或虚假，演出的当下，我确实觉得它是非常真实的，那份感受让我深受感动。而这也是为什么之后我会去演戏的原因。

—— 在拍这场戏的时候，你有事先做了什么准备，借以酝酿情绪吗？

张————当时的我根本不懂这部电影在讲什么，也无法理解小四为何要杀小明，也许他只是一时激动便动手了。我倒觉得比较难的不是这场戏，反而是在杀人之前——小四站在门边，心里有几分忐忑，这时，刀子又突然从裤管掉下来。难的地方在于，必须设法让刀掉下去，同时又要顾及表演。要诠释他在那边等待时的心情是很困难的，哪怕现在叫我去演，也未必可以达到那个时候的感觉。

—— 除此之外，有没有其他哪几场戏对你来说特别难掌握？

张————事实上，我觉得整部戏都很难。那么，为何后来可以拍得很顺畅？主因在于，多半时候并不是我一个人的独角戏，多是跟柯宇纶、王启赞等人一起的群戏，一方面人多胆大，另一方面，比较能够自然地创造出一种氛围。看《艋舺》（2010）时，我也有同样的感觉，姑且不论演员表演得如何，导演起码把那个氛围带动起来了，如此便能说服观众，跟着一起进入剧中所设定的情境。

尽管《牯岭街》片中人物庞杂，但看完剧本后，人物彼此之间的关系其实是很清楚的，打从片子一开始，小四和小猫王偷偷去了片厂，随后溜回学校，又碰到打架的事情，班上哪些人与自己交好，哪些人是不同挂的，一切都心知肚明。前期上表演课时，某些课是大家一起上的，也许他们事先跟导演商讨过了，所以一开始对待我们的方式就已经照着剧本来了，有人会刻意将彼此的界线划分出来，以致一旦双方碰上，我们自然会往一旁闪。我觉得这就是导演运用方法，让演员在真实的环境里去培养戏中的感觉。

拍摄过程中，是否曾经涌现"我从来没有……"或"我从来不会……"的念头而退缩？如果有，又是如何克服？

张　　　　通常遇到这种情况，我都会先去咨询导演、副导、王玥或柯宇纶等人，基本上不太会迟疑或退缩，多会自行将之合理化。

你的父亲张国柱本身亦是资深演员，在《牯岭街》一片中出演小四的父亲，跟自己的父亲对戏，感受如何？他会让你比较安定吗？

张　　　　我几乎每天都待在现场，所以其实跟整个剧组都很熟，形同家人一般，反而是有一段时间看不到我父亲，因为他只有几场戏，并不像我长时间待在片场。跟他对戏，其实并没有想太多，就做该做的事情；不过他的存在确实会让我比较安心，从我答应接演这出戏到完成拍摄，父亲给了很大的鼓励，也会教我一些基础的表演方法。如今回想起来，拍杨导的戏，他自己应该压力也很大吧（笑）。

每一句台词，我几乎都会背

这部片虽是同步录音，但事后你仍被叫到录音室重新配音，是只有部分桥段吗？据说配音时吃足了苦头？

张　　　　我重配了蛮多的，记得光是配音就花了好几月的时间。当初配音时较少看画面对嘴，多是一直反复听现场录下的原音，抓住说话的节奏后，再重新导入情绪，依着同样的节奏将话复述一遍。比较大的问题在于，我那时正值变声期，所以很多都得重配。导演对于配音要求相当严格，尤其是在情绪的掌握上，幸而配音时每一场戏都还算记忆犹新，仍留有余温，透过想象，可以

拍摄这场刺杀小明的戏时，张震因过于入戏而难辨真假，当场真的觉得小明被杀死了。

很快回到当下的时空。

相较之下,为杨静怡配音的人就比较辛苦。因为杨静怡是ABC,口音很重,所以后来是找曾演出《鲁冰花》(1989)的李淑桢重新配音,由于我大多是跟杨静怡对戏,所以几乎每天都得在录音间跟他们一起配音。李淑桢没有参与演出,纯粹负责配音,声音表情要做得很好并不容易。

当年,你第一次在大银幕上看到《牯岭街》的感受如何?能够理解影片所要传达的内容吗?看片子时,你会特别留意哪些部分?

张—————第一次看到是试片时,片长四小时,因为先前配音时便看过无数次了,已经麻木了,再者,那个年纪其实看不大懂,所以看完并没有留下太大印象。而且看片的时候,我不断出神,回想着这一场拍柯宇纶时我在干吗、那一场戏又是在哪里拍的、那晚后来去吃了什么,净是想这些跟电影本身没有什么关系的事情(笑)。

我几乎未曾看自己演的戏超过两次,《牯岭街》算是比较多的了,可能有三四次。长大再看,跟小时候看的感觉完全不一样。几年前,金马影展曾播映过一次,明显转速有误,放映时频频中断,我们都说是杨导显灵了,因转速不对,惹得他生气了。最近一次,是去年台北电影节时看了数位修复版,那一次重看才发现,其实每一句台词我几乎都会背,不光是自己的台词,别人的台词亦然,几乎都知道下一句对白会是什么。当下猛然惊觉,原来这件事对我的影响如此之大,俨然是刻在我的记忆里面。我很害怕这件事。

事实上,我很不习惯在大银幕上看见自己,重看《牯岭街》时,比较会留意的多半是肢体动作,譬如为什么当初杨导要我把手放在口袋、为什么非得要那样站,如今看来,不免觉得年幼的自己不懂得变通。

除此，还会特别关注我喜欢的几场戏，尤其是在弹子房的那一场——某个雨夜，台客帮杀到弹子房来，我注视着他们，一面挥舞着手电筒，胡乱照射，从他们进来后，杀掉嘴子（刘亮佐饰），一直到群起攻之，相互砍杀，整场戏我都蛮喜欢的。我着迷的是导演的处理方式，包括透过手电筒去窥探现场，手电筒代表的正是你的眼睛，在随意的晃动之间，尽管看得不是很清楚，但有声音、有光影，整体营造出的恐惧感较之看得一清二楚要来得大。

跟小明告白的那一段我也很喜欢，彼时乐队正演奏着，小四冲到小明跟前去，当着她的面大声说："小明，不要怕，要勇敢一点，有我在你永远不需要害怕，我永远不会离开你的，我会做你一辈子的朋友，我会保护你。"这场戏拍了很多遍，每一次听到那段音乐都觉犹如魔音穿脑，虽说我老觉得那一场戏我演得不好，但那一场戏确实拍得很好。

场面调度上的功力，是杨导最可展现其与众不同之处，尤其是看大场的戏时，感觉特别好看。杨导有其独特的生活品味与美学，透过电影这样的媒介，得以将对世界的看法、对自我的要求、对人的情感包容在内，看他的戏总觉得特别饱满，兼具视觉与听觉的张力。

人最怕的，是不知道自己要的是什么

拍完《牯岭街》之后，你就继续留在杨导公司打工吗？后来还担任了《麻将》的美工道具？

张————《牯岭街》上映当年，我十五岁，暑假曾去杨导工作室打工，事实上就是在那边混，并没有什么特别的事可做。当时工作室在孙中山纪念馆对面，附近的延吉街上有一家武昌排骨饭，我们几乎每天都吃，以致我对那味道非常害怕（笑）。

当年自复兴美工毕业后，我本想去做时装杂志的记者或美编，然而看过一些相关工作环境后，发觉好像跟想象中不太一样。适逢《麻将》开拍在即，杨导找了我参与演出，当时初出社会，很有干劲，一心想做点什么，心想，既然都参与演出了，不如顺道做些跟美术部门相关的事，便加入了道具组，从筹备之初到杀青，在杨导公司待了将近半年。

工作内容主要是准备一些道具，譬如在Hard Rock拍戏，前一天得先准备好吃

饭的器皿，到现场后负责陈设，陈设完毕后，得赶紧去换装，投入演出，拍完后再帮忙收拾东西。印象特别深刻的是，我负责保管一箱大哥大，且必须记住每个人是用什么厂牌的，上戏时，要一一发放给大家当道具。那时大哥大刚流行，我很怕会弄掉，后来真的掉了一个（笑）。

从《牯岭街》到《麻将》，间隔五年再拍戏，是怀抱着什么样的态度？

张————我和柯宇纶、王启赞都是同一届，一毕业，杨导就把我们叫去。那段时间我的状态应该是最好的，人很饱满，年轻，有干劲，做起事来较无后顾之忧。我的准备功课一直以来都是在剧本上面，诸如写角色自传、为分场和分场之间的串连做些设定、背台词等。基本功课做足了，到了现场，就把所有东西丢掉。拍《牯岭街》和《麻将》皆以群戏居多，对我来说，那更像是一种生活上的默契，一旦默契建立起来，表演就没有太大问题了。我记得《麻将》有一场戏是在Friday's拍的，其实根本不需要特意演，只要换上那身衣服，坐下来，几个人轮流讲台词，一切就都对了，所以那场戏并没有特别彩排，正式拍摄时却非常顺利。

《麻将》开拍前，曾有过一段表演训练，据王维明表示，较着重在即兴练习。你有没有印象当时做了些什么训练？

张————如今回想起来，当初的表演训练其实不光是对于演员有所助益，透过这些排练，可以得到一些光是凭借逻辑思考无法产出的结果，在编剧上，应该也能提供不少创作灵感。此外，红鱼一角是由唐从圣所饰，先前我们并不认识，借由表演课，正好能培养彼此之间的默契。

在《麻将》片中，香港成日与红鱼、纶纶、小活佛等人搅和，就你的理解，香港是一个什么样性情的人？

张————在这个群体里头，红鱼是老大，需要清楚每一件事的来龙去脉，而纶纶、香港、小活佛不过是听命行事，不一定得全盘了解。基本上，香港是一个很彷徨的人，不曾想过自己该做些什么事情，对爱情也没有什么想法。

香港因为有着出众的外表，先是将Alison引诱回四人寓居之地，哄骗她带回去的女人皆需与其他兄弟共享；后来又被红鱼指派去色诱Angela，甚至沦落到要服务Angela其他姊妹的境地。你怎么诠释这个角色的复杂处境与心理？

张————我觉得香港这个角色跟纶纶恰好形成了对比，对于爱情，纶纶有他的目标，反观香港，红鱼指派他做啥便做啥。其实香港并非对爱情没有追求，而是根本没有想法，直到一连串的事情发生以后，才开始有了一些自己的感受，也许是困惑、也许是折磨，都让他有机会重新去思索自身的情感。

拍《麻将》时，印象最深刻的是什么？

张————当初拍《牯岭街》时，几乎就是在过着小四的生活，到了《麻将》，因身兼道具，拍完后还得跟副导等人一块收东西，所以可以很快从剧中人物的状态抽离。对我来讲，拍《麻将》还蛮痛苦的，不是表演方面，而是身为工作人员所背负的压力，尤其我有几场戏的道具弄得不是很好，导演不大开心。

印象最深刻的一场戏是，红鱼要开枪把邱董杀了，那是一镜到底的镜头，长达五六分钟，镜位不断变化，且演员台词很多，稍有差池就得重来，所以大家必须非常集中注意力。那场戏拍了四五天，狭小的空间里挤满了工作人员，大家压力都很大。因拍摄不顺，导演的脾气自然不是很好，由于我是做道具的，几乎每场戏都在，拍那一场戏时，我都跟余哥躲在后头的房间不敢出来，只能默默祈祷这个镜头可以顺利拍完。

其实拍戏多少有一点阶级制，下面的人并不是很懂上头在想什么，毕竟各自操心的是不同层面的事。大家工作都很辛苦，有时导演骂人不见得是真想骂人，

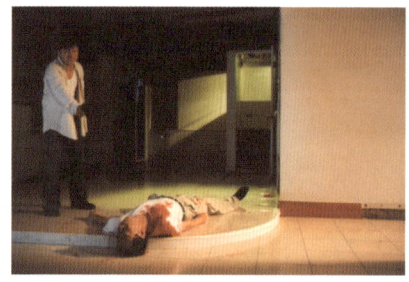 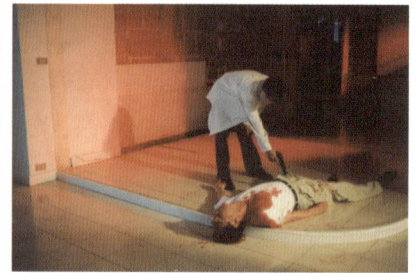

《麻将》片末，红鱼与邱董彼此激烈争辩，最终精神崩溃的红鱼枪杀了他，这一场戏长达五六分钟，且是一镜到底，难度甚高。

张震在《麻将》片中饰演香港一角，平时听命行事，并不知道自己要的是什么。

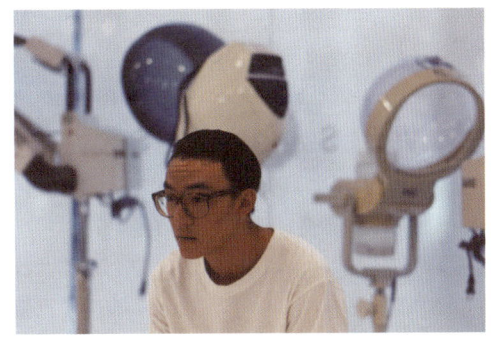

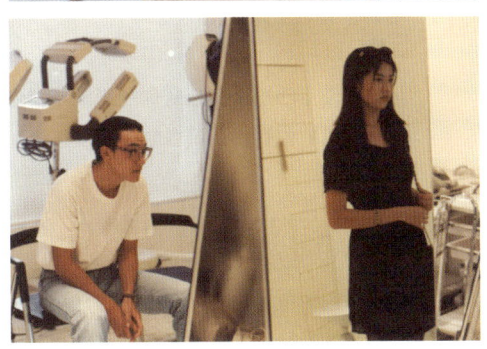

纯粹是想掌控现场秩序，希望戏能够做得更好。

当初拍摄《麻将》，是源于杨导对年轻一辈的忧心，他担心年轻人很容易被操弄，就像片中反复出现的台词："世界上没有一个人知道自己到底要的是什么。"杨导有无跟你聊过这方面的事？

张—————其实在《牯岭街》里头就有这样的意味了。这在杨导的创作当中一直是很核心的论点：人最怕的是什么？人最怕的就是不知道自己要的是什么。杨导常会提到这件事，他对每件事皆有其见解，看待事情时，永远会采取一个角度。拍《麻将》时，我和小猫（王启赞）都在公司打工，他负责的是场务。办公室共有两层，杨导在二楼，余哥在一楼，我平时其实不大上二楼，多跟在余哥旁边厮混，小猫较常上去。有一次，小猫跟我说，杨导看了电视新闻后很生气，便要他打电话去市政府开骂，他当然不得不硬着头皮照做了。杨导是那种说到做到的人，一旦他觉得怎么样才是对的时候，非得大声说出来不可。

2000年左右，我曾去上海找余哥，杨导刚好在，我们三人坐上一辆面包车，准备前往某处。途中，车突然停下来，原来是前方有家餐厅，很多老外在那叫计程车，耽搁了很久，这时，导演火就上来了，直接打开车门，用英文狂骂："你们以为自己在哪里？这里是中国，你们给我小心一点！"他就是很有自己的一种态度，而且是非常坚定的。

与杨导共处或拍他的戏，会一直不断收到的讯息就是：一个人一定要知道自己要的是什么；一个人如果不知道自己要的是什么，就代表有一点危险了。这句话时常会在我心里浮现。

相信接演小四这个角色对你的影响是很深远的。对你来说，这算是一个开启自我的重要契机？你觉得认识自我对表演来说是重要的吗？

张————认识自己其实很重要，认识自己愈多，愈能掌握自己的情绪，比较知道可以用什么方式把情绪带出来。当你比较有自己的看法之后，看剧本时，也较能从客观的角度去看剧中人物，且在与人沟通时，才有办法讲述得更清楚。

我自己的性格趋于稳定，是要到二十六七岁以后。此前，对于自我的认识并不深，很多都仍处于寻找的过程，尚未确立下来。包括演戏这件事也是，从《牯岭街》、《麻将》、《春光乍泄》，一直到退伍后拍了《卧虎藏龙》，仍然觉得演戏并非我的专业，似乎美术方面才是。不过，慢慢地会觉得自己拥有一些很特别的经验，才觉得这份工作某方面很吸引我。

你真正喜欢上表演、从表演当中得到正面的回馈是什么时候？

张————拍《牯岭街》时，其实就已经喜欢上表演了，但不是说"我很喜欢表演"。举例来说，我很喜欢吃各式蛋糕，跟我突然吃到一种蛋糕，觉得它很好吃，那感觉不大一样。《牯岭街》给我的感觉，就像是突然吃到一种很好吃的蛋糕。真要知道感觉到蛋糕滋味，很喜欢表演，那是很后期的事情了，可能要到《爱神》之后。

拍《爱神》时，难得有机会跟巩俐一起对戏，她让我回到那种很扎实的表演，就像我过去碰到王珏的感受，她们的表演是从内心散发出来的，足以带动全场。巩俐除了用心，技巧也非常纯熟，她的表演是很完美的，令人深感佩服。我希望未来可以做到像她那样，尽管很难，但至少为自己树立了一个目标。那次跟她合作过后，深受其影响，希望有朝一日我也能够影响到别人。

我一直觉得每个人都会表演，每个人在生活当中都有自己的表演场域，差别只是在于，作为演员的我们，必须在镜头前面表演。

你有没有想过表演是如何牵动你的生命？如果你当初没有接演《牯岭街》，没有踏上演员这条路……

张————如果我的生命当中没有表演？不知道耶……没有想过这件事。事实上，我会做这份工作，并非因为表演很有挑战性，纯粹是我很喜欢看电影，也很喜欢拍电影的过程。自《牯岭街》之后，我就喜欢上电影了。一开始，觉得拍电影的过程很有意思，许多来自各处的人聚集在一起，每个人都像一颗螺丝钉，有各自的功用，一一上紧之后，开始运转，群策群力，便能够将电影拍摄出来，带给观看的人一些感受。

慢慢的，到了现在，享受的部分不一样了，目前会以把戏演好作为第一优先，不像过往在片场常会喜欢找人谈天。为什么我一直在做表演？那是因为我尚未达到自己渴望的目标，所以仍在持续努力中。

当年在美国洛杉矶举办杨导告别式时，你正在剧组拍戏，却坚持向剧组告假，飞去美国参加，对你来说，非去不可的理由是什么？

张————若非当年杨导找我参与《牯岭街》演出，此时此刻，我就不会继续做着这份工作了，这出戏对我的人生至关重要。在我的人生里，杨导扮演着非常重要的角色，从某个层面来看，他就是我的模范，我所追求的，正是他那个样子。我一直觉得，他除了思路敏捷，同时也很帅、很不一样、很有魅力，老是戴着眼镜和棒球帽，穿那样的衣服，就像是卡通片里的英雄人物活生生地出现在你身边。尽管对他的认识并没有那么深入，但他的精神却深深地埋藏在我的心里。

16 — 杨德昌的演员们

柯宇纶
拍电影是我人生中最快乐的事情

柯宇纶✕杨德昌

《牯岭街少年杀人事件》演员飞机
《麻将》演员纶纶、《一一》演员纶纶

采访日期▶2012年6月28日
地点▶"中影"八德大楼

拍《麻将》时，
我们已经十八岁了，
导演才会说，
我这边需要一个"什么"东西，
你做一个"什么"给我，
但这个"什么"你得自己去想。
他会让你自行发挥，
因知道你年纪够了、经验多了。
跟了杨导那么多年，
当我们听到这个指令时，
会有一种"我们长大了"的感觉。

柯宇纶，1977年生，曾就读台北艺术学院戏剧系。早期演出多部杨德昌导演的作品，包括《牯岭街少年杀人事件》、《麻将》及《一一》。电影演出之余，并参与MV及电影幕后工作。2006年演出郑有杰导演的《一年之初》，表演精准，令人印象深刻，监制李岗推荐给李安导演，演出《色戒》里的梁润生一角。在电影《一页台北》中演出房屋仲介，表现亮眼难忘。于2011年以《翻滚吧！阿信》一片，荣获第十三届台北电影奖最佳男配角、第六届亚洲电影大奖最佳男配角，是目前备受瞩目的实力派演员。最新作品为瞿友宁执导之《亲爱的奶奶》，以及陈骏霖的《下午茶》。

杨导是看着柯宇纶长大的。对于柯宇纶而言，杨导就像鸟爸爸，一路带着他们，让他们学会飞翔。

柯宇纶说，早年，他父亲柯一正与杨导感情甚笃，两人常骑着伟士牌机车到处跑。杨导很喜欢打任天堂，还会到他们家借超级玛莉卡带，若连续打了一个礼拜，仍是卡关，便会愤而摔卡带。小时候，他们也常去杨导位于济南路上的日式旧宅。

十二岁时，他第一次试镜，便是为了《牯岭街少年杀人事件》。他原是饰演小猫王，然而，从试镜到开拍，其间间隔一年，这一年间，他足足长高了一个头，不符合该角色的设定，后来便由王启赞接演，他则饰演飞机一角。

聊起拍摄《牯岭街》的那段时光，柯宇纶直说，那时他们在屏东糖厂玩得不亦乐乎；他还向剧组人员借了"名流"机车教张震骑，有一回，两人在大马路上练习右转，不知怎的，竟转到逆向道去，他们也不管，便这么一路骑下去。停歇在柯宇纶记忆里，多是这类欢快的小事，像是在感怀一个永远不会结束的暑假。

十二岁到十四岁这段时间，他初次跟杨导一块工作，年纪小小的他，仍不解世事，却亲眼见到一个人对自己所从事的工作如此热爱，让他印象特别深刻。柯宇纶说，杨导给电影的爱、给演员的爱，是他见过最丰沛的，甚至令他觉得，一旦一个东西爱得如此彻底，便不致遭到背叛。

童星起家的柯宇纶，算一算，至今也在电影圈打滚三十年了，然过去接演片量不多，直到去年，以《翻滚吧！阿信》菜脯一角获2011年台北电影奖最佳男配角、2012年亚洲电影大奖最佳男配角后，才逐渐受到瞩目。

年轻时候，他在电影院看《铁道员》(*Railroad Man*, 1999)，看得一把鼻涕一把眼泪，看完后，坚决认定："对，我以后就是要这样子，兢兢业业度过每一天，直到我老死，就算太太过世、女儿出生没见到面也不管。"直到过了三十五岁生日后，他发现有一些事情开始不一样了。访问前不久，他才陪家人在家重温《铁道员》这部片，看着看着，竟有了新的念头：这铁道员是白痴吗？

说到这，他停顿了下，敛起了短暂流露的批判与质疑，说，其实他还是怀抱着最初的信念，相信坚持下去必定会有收获，只是心里难免会有一个小小的声音问道："万一没有呢？"只见下一秒，他又笑着说："万一没有的话也没关系，至少你很努力了，对得起你自己的人生，可以微笑着离开这个世界。"

访问最后，我们聊到杨导逝世一事，当年，他很想亲自飞往美国洛杉矶送杨导一程，却苦于身上没钱，只得作罢。提起这段往事，他的眼眶湿湿的，显然遗憾与难过犹存。

我提及曾读到一篇魏德圣和小野的对谈，魏德圣说，他去了杨导的墓园，只见小小的墓碑上刻了一句话，前一阵子，我在网路上搜索资料时，意外看到那墓碑的照片，原来杨导的墓志铭——Dreams of hope and love shall never die，是一句如此简单却隽永的话语。

柯宇纶问我，能否将那张照片传给他，当晚回家，我就即刻传了。翌日，正是杨导逝世五周年，他一早把照片上传至脸书粉丝专页，好些人也跟着转了，借着这张照片，仿佛得以与杨导同在，于缄默中，缅怀其身影与遗留下的作品。

柯宇纶于《牯岭街》片中饰演飞机一角。

戏里戏外，哪一边才是真的情感？

——— 因为父亲柯一正的关系，你自幼耳濡目染，与电影圈渊源深厚，小时就常在片场走动？

柯宇纶（以下简称纶）——— 我从四五岁就在片场里面跑来跑去，看爸爸他们在拍戏。我运气算是比较好，像是一出生的婴儿，眼睛尚未睁开就被丢到游泳池里，就像Nirvana的*Nevermind*那张专辑封面所示。我很喜欢吃便当，从小就在片场吃便当。众人在周边走动，我仍兀自睡得很自在，反而在家难以入睡。片场对我来说，就像一个真正的家。

我爸曾参与《海滩的一天》演出，我跟去现场，那应是我第一次看到杨导。我其实没有什么印象，但据我爸说，有一场戏，他一直NG，我站在一旁，一个才五岁的小孩竟立刻就把他的长串台词念了一遍，逗得大伙很乐。这件事我爸常挂在嘴上（笑）。

——— 幼年时，你曾参与《带剑的小孩》、《我爱玛莉》、《搭错车》等片演出，那时候就喜欢表演了吗？请你谈谈这段小童星的经历。

纶——— 其实那时真的什么都不懂，反正，每天都到片场去玩，不管在摄影机前面还是后面，对我来说，没有太大差别。这习惯到现在都还维持着，就算我没有戏，也会一直待在拍片现场，从开拍到杀青，都在旁边鬼混、吃便当。

我记得当时拍《带剑的小孩》，片末有一场戏是我被绑架，在某个夜里终于被释放了，隔着一条大马路，对面站的就是饰演我妈妈的张艾嘉，按剧情设定，一见到她，我得哭着奔向她。那时我才五岁，哭不出来，我真的妈妈把我叫到一旁，狠狠骂了一顿："你在干什么？全场的人都在等你！连哭都不会，还让大家等！"一直骂一直骂，我当场眼泪决堤，她就把我推出去，要导演赶紧开拍。假的妈妈在另一头，非常温暖地等着要抱我，真的妈妈却在旁边骂我，后来我就不顾一切地投向假妈妈的怀抱。当下真的会有一点错乱，心想，这个世界到底是怎么了？哪一个妈妈才是真的？我一直都记得这件事。

你真正开始意识到"表演"是什么时候？

纶————就像我刚刚提到，被妈妈骂的那个片刻，并非刻意要去厘清表演或戏剧是什么，但会一直想要搞懂：自己到底为什么被骂？戏里戏外，哪一边才是真的情感？不管是别人施与我的，还是我得付出的。一般人也许十六七岁入行，甚或二十几岁才入行，拍了三五年，慢慢了解一些戏剧的基础；我比较幸运的地方在于，我从五岁就开始想这件事情，后又考入北艺大戏剧系，历经很扎实的戏剧训练。

拍《牯岭街》，从台北玩到屏东

你十二岁参与《牯岭街》演出，饰演飞机一角，正式与杨导展开合作。无论是私下相处还是在工作场域上，他给你的感觉是什么？

纶————在我印象中，杨导总是戴副眼镜，笑容满面，一直点头、一直点头。大家都会说他脾气不好，或是很难搞，但我印象中的导演完全不是如此，他就像是肯德基爷爷，永远笑容满面。他对演员很好，拍《牯岭街》时，还请家教帮我和张震补习。每逢寒暑假，杨导都会问我们要不要去打工，我们就会去帮忙接电话、叫便当，我和张震两人都去，每天在那瞎晃。要拍出好电影，一直混着就对了！（笑）

我印象中的杨导应该跟别人不大一样，很慈祥、很爱电影，都是最好的一面。不过，也曾看过《牯岭街》女主角杨静怡跟导演对骂。这部片拍到一半时，突然出现了另一位女主角，两人各拍一遍，原先的女主角杨静怡是华裔美国人，压力非常大，心想，为什么我演完一遍别人又要再演一遍？如果我演出的部分，最后都不会用，那现在所做的一切又是什么？有一次，她说，她很累了，两三天没有睡觉，要回去休息，大家要她别走，得把工作完成才行，但她直说好累，就走了。没有人敢这样做。

杨导教我们很多事情，现今电影圈很多人都跟过他拍片。他有时会发脾气没错，可他教会我们一件事——当你知道什么才是好的，为此去坚持，不要怕得罪人，也不要怕发脾气，坚持到底就对了！

右起：杨静怡、张震、
柯宇纶、王柏森、陈宏宇。

拍《牯岭街》时，杨导规划了一次比较完整的演员训练，还记得课程内容吗？

纶————表演课都是在玩啊！十多个人在排练教室，老师会说，想象现在你自己在海里面，你要当什么都可以，有人当海草、有人当鱼、有人当海龟，总之就一直玩。本来表演就是如此，在玩里面慢慢建立起来；玩非常重要，你一定要永远保持玩的心情去做这个。

《牯岭街》的背景是60年代初，你并未经历过那个年代，在拍这部片时能够感受、体会那时候的压抑氛围吗？

纶————事实上，我们也没有想太多，因为真正看懂《牯岭街》，其实是十年以后，才知道当年我们到底做了什么、《牯岭街》是一部什么样的电影，原来大时代被杨导完整地捕捉下来，这是一件非常伟大的事情。隔了十年看一次、隔了十五年又再看一次，才真正了解他的先进和伟大。凭借一个人的坚持，竟得以将整个时代创造出来。

我们有幸参与其中，而且学了不少眷村的黑话，很好玩。《牯岭街》很多演员都是杨导当年在北艺大的学生，算是我的学长姊，大家都很爱玩，我们因为年纪比较小，常会被玩来玩去。好比拍中山堂那一场戏，我只有一两个镜头，但同样都在现场待命。有个场务，看起来很像黑道分子，满脸横肉，坐在一个箱子上说，你来你来，你知不知道这个箱子里面是什么？他就站起来，打开箱子，里头全是武士刀，还拿了一把给我看，确实是真的武士刀。他接着说，待会儿会有人来干架，我们要把这些人打回去。我被吓傻了，整晚都在担心会发生什么事情。长大后回想，才晓得当晚的确是要拍干架的戏，很感谢他让我身历其境，我真的一整个晚上都觉得会有事发生，很害怕大家少一只手或一条腿。

参与《牯岭街》演出的感觉如何？

纶————拍片反正就是一直玩，从台北玩到屏东（笑）。在屏东糖厂的拍摄期很长，但我们并不觉得长，只觉像是一个不会结束的夏令营。突然，有一天，制片组打电话到我们住的房间，宣布隔天要回台北，我的第一个反应是："为什么？我做错什么事？不要赶我回台北……"原来是大家都要回去了，尽管不情愿,还是只得接受这个事实。

我从十三岁拍到十四岁,有时是学期间请假去拍,也有利用暑假拍片。记得那年暑假放完,就升高三了,学校重新分班,分成升学班和放牛班,我一去学校,老师以为没有这个学生,便纳闷地问:"你暑假怎么没有来呢?我们已经冲刺很多了。"由于高一、高二都在拍片,学期一结束,课本就丢掉了,我们家没人管我怎么长大的,到了高三,才知道世上有联考这回事,只得将所有课本重新买回来,一本一本温习,深感痛苦。

— 长大后,你是在什么样的情境下又看了《牯岭街》?

纶————最近一次看《牯岭街》是2011年,台北电影节播映了数位修复完整版;再上一次,则是2007年金马影展举办杨导作品回顾专题,首度播映《牯岭街》长达四小时的完整版,那是我们第一次看到这个版本。那次,电影起初放不出来,隔了半小时,东弄西弄,才终于可以放映。一开始放映,我们就觉得不太对劲,声音比较高,意味着转速不对,比方说,应该是要用二十四格放,却调到三十格的速度;电影每半小时就暂停一次,警报器便嗡嗡作响,红灯闪烁,中断后,又继续放映,如此一再反复,好似要警告戏院放映系统有问题。所有跟杨导工作过的人都觉得是因为转速不对,所以杨导不给放。

与《牯岭街》就如《四海兄弟》(*Once Upon a Time in America*, 1984)、《四海好家伙》(*Good Fellas*, 1990) 般的史诗电影,取材自真人真事,人物庞杂,在缓慢的节奏下,重现那个时代的氛围,像一台时光机,让你踏上了一段很棒的旅行。

《麻将》里的纯真氛围

— 在《麻将》里头,杨导最忧心的莫过年轻人很容易被操弄。拍摄这部片时,杨导有无就这个议题跟年轻一辈演员做过交流?

纶————红鱼有一句台词是:"大家都不知道自己要的是什么。"所以这世界上才会有那么多广告去诱导大众,让大众以为他们要的是什么,其实很多东西是你根本不需要的,譬如,台北交通这么方便,根本不需要自己有车子,至于核能电厂,我们也不需要。可能杨导很早就想讲这件事——台湾没有自己的

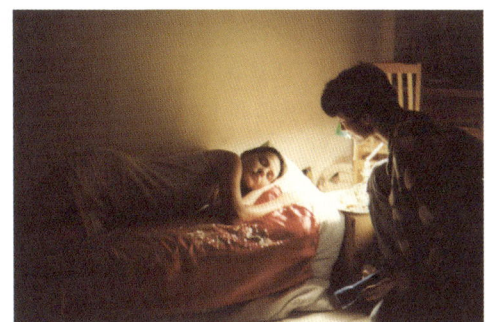

《麻将》片中纶纶对Marthe怀有好感,照顾细微,孰料后来却遭她大声叱责。

柯宇纶在《一一》片中客串纶纶一角,与莉莉有段情愫。

格调是不行的。

在《麻将》中，故事环绕着红鱼、纶纶、香港、小活佛这四个角色所组成的同侪团体所展开。当初就是属意由你出任纶纶这个角色吗？

纶————一看到剧本时，角色就叫纶纶。纶纶这个角色其实是杨导帮我量身定做的，他知道我很喜欢英文，便构思了这样一个角色，家里有很多外国人，会讲英文，可以跟外国女生谈恋爱，个性很纯情。张震很帅，就设定让他这个角色帮所有朋友把妹。红鱼比较像是杨导的分身吧，他负责很多事情，得讲很多道理给大家听。《独立时代》是最多道理的，《麻将》少了很多。

拍完《麻将》，我谈了一两场恋爱，他听闻了，有意找我饰演《一一》片中与莉莉相恋的男孩胖子。我当时在当兵，他还特地到部队找我的队长，表示他现在要拍一部很重要的作品，希望队上可以通融，让我借调出去。队长说，他明白，一个月有四天假，这四天要怎么运用都可以，言下之意就是不答应。后来就改找其他人饰演，我只在放假时，穿着军服去轧了场戏。

之所以提到这个，是因为杨导会依照我们现实的生活状况，去找适合的角色让我们发挥。这是很幸运的事情。长大以后，真的要走这一行，才知道量身定做这种事情不是天天有的，一旦发生了，就要把握住。

纶纶是红鱼的小学同学，开场那一场在 Hard Rock 的戏中，纶纶初次被引介入这个小团体。红鱼是其中的领导者，他一再重申："没有人知道自己要什么。"香港、纶纶似乎也是这样的人，只得跟在红鱼一旁，听命行事。当初纶纶加入的动机是什么？

纶————红鱼需要纶纶帮忙，纶纶就去帮忙了。《麻将》的氛围其实是很纯真的，没有毒品，也没有什么暴力，在没有毒品和暴力的状态下结党是一件蛮好玩的事情。《麻将》讲的是关于现代青少年的故事，大家以为自己在干些什么大事，但其实并没有。

纶纶在这出戏里头扮演着一个很关键的角色，因他懂得英文，所以成为一个中介者，负责翻译工作，成为红鱼和 Ginger、Marthe 等外国人沟通的桥梁；而纶纶自家本身就是一个特殊的场所，因租赁给外国青年的缘故，纶纶有机会跟这些人互动，从家中客厅的摆设看来，也可窥见美国化的倾向。你怎么看待纶纶这个角色所置身的人际网络以及他所体现的性情？

纶————纶纶应该是来自单亲家庭，他没有妈妈，跟爸爸相依为命，爸爸从来不讲妈妈去了哪里，他也很温柔，从不过问。对他来说，家里就像一个地球，黑人白人什么人都有，横跨的年龄层也蛮大的，完全没有界线。他虽傻，却蛮有世界观的。而且纶纶很纯情，才会把Marthe带回家，她入睡了，还问她法文的晚安怎么说，再轻声以法文跟她道晚安。到了结局，这部片里面终于有一个人知道自己要的东西是什么了，就是一份很纯粹的爱情，他的欲望和他的人整合了，而我也才隐隐约约献出了我的初吻（笑）。

相较之下，红鱼最终崩溃了，他一直以为很清楚自己要的是什么，却不知道，他要的只是父亲摸摸他的头，说，你干得很好。他奋斗了那么久，始终不明白他要的东西其实就是这么简单。小活佛继承了红鱼的路线，继续结党，这一切就像是一个轮回，当他要找纶纶时，纶纶便拒绝了。纶纶一直傻傻的，直到最后被Marthe骂一顿，才突然发现自己为什么会被骂。对我而言，这件事帮助也很大，拍完这部戏后，我还是傻傻的，但至少被骂时会意识到，对方是因为需要我，才会骂我，所以我特别容易屈服在不好的语气之下。这是一个看待事情的新角度（笑）。

红鱼自始至终都服膺他父亲那一套"动脑筋，不动感情"的信念，偏偏纶纶扬弃这一套守则，拒绝金钱游戏的摆布，片末，纶纶和Marthe在街头深情拥吻，正象征着对于资本化、商品化社会的温柔反击。对于90年代深陷资本混战的台北来说，"爱"成了唯一可能的救赎。

纶————只有爱情才可以让人保持在一个纯真的状态里面吧。整部电影一直在提醒大家，动脑筋，不要动感情，但这就是杨导很厉害的地方，看完片子后，我会觉得，所以要动感情，不要只动脑筋。你要动真的感情去跟别人交流，不然看不到真正的东西。

从听从红鱼的指示到决心离开，去追求自己真正在乎的事情，你曾想过纶纶这个角

汇聚了各方人士的Hard Rock Cafe为《麻将》片中重要场景，不仅象征跨国企业的侵入，亦为纶纶邂逅Marthe，以及Alison遇见香港之处。

色内心所面临的挣扎吗？

纶————完全没有，我们只动感情，不动脑子（笑）。一直到念戏剧系之前，我完全不动脑子，很直觉的，拍戏时，几乎二十四小时待在片场，全心去感受。这习惯到现在都还一直保留着，我尽量不花太多时间去思考角色是什么状态，就是跟对手多相处，多去做一些戏里面的人物会做的事情，反而会更快进入角色的心理状态。

你做一个"什么"给我

在表演上，杨导通常怎么跟演员沟通，以便达到他预设的效果？

纶————他不传达，他会诱导。以《牯岭街》为例，有一场雨夜里大屠杀的戏，杀害后，张震拿手电筒去照，乍见这情景，得有一种惊吓的表情，对于十三岁的小孩来说，沟通不见得有用。开拍前，张震就被叫去罚站了好一阵子，不准跟任何人讲话，等到他呆掉了便立即开拍。这是早期新浪潮导演对待素人演员的方法。

直到拍《麻将》时，我们已经十八岁了，导演才会说，我这边需要一个"什么"东西，你做一个"什么"给我，但这个"什么"你得自己去想。他会让你自行发挥，因知道你年纪够了、经验多了。我们已经跟杨导那么多年了，当我们听到这个指令时，会有一种"我们长大了"的感觉。

如在Hard Rock的那场戏，地板上有一个星形标志，导演当时要我从这边走到那边，中途会经过那个标志，那里正是我第一次跟Marthe错身之处，所以导演要我经过时，在那边做一个"什么"。我不知道做了一个什么，就被杨导骂，"你刚那什么东西啊！再一次、再一次！"后来他叫我试试某种做法，他再慢慢微调。那时我们会有一种兴奋，必须去设想那个"什么"到底是"什么"，而且，他也不知道，所以没有标准答案，要做了才知道，这是很棒的教育。

后来便食髓知味了，也会想要跟别的导演争取一点什么，想要自由发挥，这其实是很好的。在《牯岭街》有一场被剪掉的戏，他要我听留声机，听着音乐，泫然欲泣的样子，拍的时候，我可能就发呆、假装在听音乐、想别的事情或眼睛看远方，心里面有做到一点点，但他却说："长大了，开窍了。"他不会让我觉得他是故意要鼓励我，而是他真的很期待我们每天一点一点地在他眼前长大，他真的因为这样而开心。我们是被他爱大的。

杨导的电影中少特写，多是中远景，他认为特写是表达情绪效果最小的形式，因为只能看到脸部表情，相较之下，一个演员其他敏感的行为，如手部动作、身体姿势或走路的样子，能够提供更多讯息。针对这样的镜位设计以及对于表演的要求，你是否做了哪些练习以强化自身的表现能力？

纶—————这是一个很好的训练，以至于我们养成了一个习惯，不管是特写还是中远景，出来的表演都一样精细，只是看摄影机要抓什么角度。我们做的表演不是单靠脸部表情，而是用整个身体去传达一种氛围。对我来说，杨导所有的要求都是非常正确的事情，迄今仍然受用。

拍完《麻将》后，关锦鹏找了你去香港拍《愈快乐愈堕落》，杨导曾经去香港探班，还教你坐地铁和半山电梯。能否聊聊你跟杨导私下的互动？

纶—————每几个月，我们会见一次面，他会询问我的近况，笑容满面地看着我。当初看到他来现场探班，觉得很温暖，那份温暖直到现在都还留存着。他把我当成自己的儿子，就连坐电扶梯都要教，因当时台湾尚未有捷运，杨导便很温柔地把我扶到右边，让其他人可以快步从左边通过。

你曾说，在杨导的作品中，《一一》是第一部真正打动你的电影。此片当年并未在台湾公映，你是在什么样的情况下看到这部片？对你造成的心理冲击又是如何？

纶—————我第一次看《一一》是在交通大学，2000年，杨导以《一一》获坎城影展最佳导演奖，回台后，选在他的母校交通大学举办第一场电影首映会。电影开演了，突然，一个摄影记者手持ENG摄影机冲到荧幕前方，欲拍摄第一、二排观众的神情。此时，只听见杨导大喊一声："我操你妈的×！"随即冲到前面去，踹那人，一路将他驱逐至外头。在杨导看来，对方不能打扰他人的观影情绪。那次经验相当震撼，从此，每次看电影前，我都会把自己准备好，抱着朝圣一般的心情。

我其实是先看懂《一一》，后来才看懂《牯岭街》的。有些电影，因亲身参与演出，涉入太深，反而容易看不懂，得隔很长一段时间再回头看，加上当年拍《牯岭街》和《麻将》时，年纪尚小，不懂事，在这种状况之下，这两部片可能会让我不容易看懂。《一一》因纯粹是客串一个小角色，可以很客观，且这部片主要谈的是家庭和人生，我至今仍无法具体说明生命是什么样子，但大概就像是《一一》片中所彰显的那样吧。

拍电影，就像去一个时空里面旅行

你过去接演的片量不多，跟你自己对影片和角色的考量有关吗？

纶————如果一部电影要花上一年的时间，它就是我人生的一部分，对我而言，那不只是一份工作，而是去一个时空里面旅行了一趟，所以我不能乱接片子，得对我的人生负责任。如果我去了一趟不好的旅行，可能很久都不想再旅行了，那怎么办？以致我在工作上特别挑，十个工作，也许只接其中一两个。拍完片之后，也必须花很多时间才有办法将它们忘记。

你选择角色的标准是什么？

纶————主要是这部电影的价值观我能不能认同，这个角色有没有爱，这几年，比较了解自己之后，归纳出来的逻辑大概是这样。此外，这个团队用不用心、有没有向心力也很重要。拍电影是我人生中最快乐的事情，很希望这份纯粹的快乐可以保持住，不要变质。

这三十年来，你陆陆续续跟不同导演合作过，有没有哪个导演在表演上对你的启蒙是比较大的？

纶————杨导教给我们的主要是热情，这比表演受用，就像他将一把火交到你手上，那把火迄今仍未熄灭。魏德圣导演也是，他在《麻将》中担任副导，现已拍出《赛德克·巴莱》，同样是受到杨导的感召与鼓舞。
纯粹就表演而言，我学习到较多的是来自罗北安老师和李安导演。罗北安是我在北艺大的老师，他教的是俄国史坦尼斯拉夫斯基的方法表演，所以我们算是很完整地将这一套系统承袭下来。李安导演则不只运用方法表演，有时会用本色表演。早先我一直以为方法表演才是对的，但李安导演什么方法都用，在这一场戏会用这个方法，下一场戏又用另一种方法，甚至在同一场戏之中，不同镜头运用的方法亦有别。就表演而言，应该说是殊途同归吧，最终，两种方法都得学会。

李安导演讲过一个概念很重要：有些时候，你心里面要有，不管观众看不看得到；有些时候，你心里面没有，但你都要做到让观众觉得有。这完全是两路，但这两路可以同时活用。有些东西可以演就演，若真做不到，其实故事会帮你说话，观众有就好了。

现场演出时，你会意识到自己正在运用方法表演或本色表演进行演出吗？

纶————会。很多人说我是方法表演这一派的演员，事实上，我的表演比较是采取融合的方式——开拍之前，我用方法表演去创造出一个人格，再用这个人格做本色表演。因此我会需要比较长的准备时间，理想中的状况是，当我知道即将接演一出戏，会需要做三个月到半年的准备。以《翻滚吧！阿信》为例，为饰演菜脯一角，我有一段时间住在宜兰。宜兰的时间和台北的时间是不一样的，宜兰的时间很慢、很单纯，宜兰的阳光和台北的阳光晒起来也不一样，你要透过空气和皮肤去吸收那边的时间观念，才会有那边的幽默，一旦住了两个月，无论做什么无聊的事情，都会觉得好玩。

此外，我会花很多时间跟导演相处，不管有没有戏。对于角色，并非导演讲不出来，而是我觉得每一个重要的角色都有导演的影子在，导演没有办法告诉你那个影子是什么，你要自己去找出来。

单看剧本的话，菜脯是一个不讨喜的角色，做了很多对不起朋友的事情，所以，最重要的挑战，是怎么样让观众同情他。我们花了很多时间去寻找其中的转折与调性。

你曾经有几年投身广告业，那段经历带给你什么样的影响？

纶————我去做幕后做了七八年，那段经历对我而言非常重要。我从二十一岁做到二十八岁左右，一开始是叫便当、送快递、倒水，慢慢的，做了制片、副导、剪接、后期特效、导演，继而意识到我不想做幕后。最大的收获是，花了至少六年的时间在摄影机后面看别人表演，反而发现很多只站在镜头前不会看到的事。若没有在幕后做六年，我无法开窍。单单一直演、一直演，自己究竟在做什么，其实是不太清楚的，一旦换了不同位置，才会知道从其他角度所看到的状况。

心中永远的遗憾

你是在什么样的状况之下知道杨导过世的消息？

纶————那时我跟杨导比较少联络，知道他重病时，其实蛮错愕的，后来他突然就走了，真的蛮难过的。记得当年有一个记者问我《一一》为什么不在台湾上映，我说，可能《一一》不是拍给台湾观众看的吧。翌日，这则新闻登上头条，版面很大，斗大的标题写着：杨德昌的电影不拍给台湾观众看。杨导就把我叫到办公室去，我以为他要骂我，结果，他却笑嘻嘻地跟我说："没事，我知道你是被记者弄的，他们一直想要找机会弄我。我知道不是你啦，我一看到就知道不是你了。"但我仍对于自己闯下这个祸有些害怕，后来杨导打了几次电话给我，我总想，明年再去找他好了，怎料他就突然走了。这对我来说是一个非常大的遗憾。

当年在美国洛杉矶举办杨导告别式时，据说你也很想亲自去一趟，但却连机票钱都没有？

纶————对，我完全没有钱，而且又不可能跟家里伸手。我离开幕后，回来演戏，家人其实不太能够接受这件事情。他们无法认同是可以理解的，因为我从年薪百万突然变成年薪不到十万，这状态长达数年。既然这是我自己选择的路，就不能跟家里开口。当我非常非常想去看杨导的时候，曾考虑过要不要开这个口，但最后还是没有……

附录1———

杨德昌×台北
电影场景散步地图

杨德昌总是拍台北,他说,因为这样最符合经济原理。除却细密雕刻60年代的《牯岭街少年杀人事件》,杨德昌其余作品,皆聚焦于当下的台北,如此可省去搭景与置装所衍生的大把花费。"我愈拍愈靠近台北",同样是出于经济因素。杨德昌镜头底下的台北,既冷寂又沸腾,抑制却又疯狂,宛如一座濒临危险边缘的城市,充斥着割裂的城市空间与人际关系。

慢游《牯岭街少年杀人事件》电影场景
——牯岭街、建国中学、植物园、中山堂

杨德昌就读建中期间,该校初中夜间部一名男学生杀害了他的女友,此案为"国民政府"迁台后第一桩未成年少年杀人案件,震惊社会,也撼动了杨德昌敏感的心灵。三十年后,杨德昌将此事搬上了大银幕。

昔日,罗斯福路尚未开通,牯岭街乃连接台北城和古亭庄之间的要塞。日本人来台后,于此辽阔地域兴建成排日式建筑,不少服务于公职的重要官员落居此。当他们被迫遣返回日本前,为筹措旅费,遂摆起了地摊,贩售书籍、字画,此为牯岭街旧书摊前身。再之后,"国民政府"撤退来台,诸多达官贵人进驻这一带,由于成行得仓促,未能带足充分盘缠,便仿效日本人的做法,设摊卖书,牯岭街遂以旧书街的名号逐渐走红。60年代为其鼎盛时期,及至70年代,摊商转移至光华商场,往昔荣景不复存在。

1990年《牯岭街少年杀人事件》开拍,为寻觅此一场景,让剧组人员大感头疼,乃当时台湾已难找到如此般清雅古朴之街道了——两旁青树盘绕,红砖墙迤逦开来,日式房舍安然坐落于此,且无汽车拥挤喧嚣。直至剧组至屏东出外景,某天夜里开车去吃消夜,走错了路,竟意外撞见一处化外之境,此地遂成了电影里重现牯岭街的绝佳场景。

那么,今日牯岭街又有何可观之处?固然牯岭街的旧时风华已远,空气中也不再缭绕着书香,却正因如此,使得人车不那么密集往来的牯岭街有了一股清寂之感。这条不算长的街,路面倒颇为开阔,街道两旁或巷子里头有些日式房舍遗留下来,奈何墙门高筑,亦难看个仔细。

❶ ———松林书局
台北市牯岭街17号 | 02-2351-0758

早年风光鼎盛的旧书摊群落如今是不再有了,徒余五六家店,在时代的递嬗中依然矗立不倒。其中,松林书局应属最古老的店面之一,店铺内外俱堆满了旧书,书比人高,若非熟门熟路之人还真不知该如何寻宝起才好。书店老板为一上了年岁的先生,经营了数十年,平日固守着店门,时而见他在那儿料理成堆书籍,时而便坐在躺椅上酣睡。

❷ ———牯岭街小剧场
台北市牯岭街5巷2号 | 02-2391-9393

循牯岭街直行,与南海路交口处可见"牯岭街小剧场"。建筑本体建于1906年,楼高三层,日治时期为日本宪兵分队所,后又移为台北市警察局之用。兴建之初,乃是殖民帝国监控百姓的据点,许久之后,成为台北市第一个推动闲置空间再利用的个案,转型成前卫剧场。

3 ———— 建国中学

台北市南海路56号 | 02-2303-4381

牯岭街尽头处与南海路衔接，左转南海路，步行不远，即可抵达建中。电影里头青春正盛的主人翁正是就读于建国中学。《牯岭街少年杀人事件》片中有不少场戏在建中取景，其精神象征"红楼"为市定古迹，属哥德拜占庭风格的红砖建筑，1909年完工。形制典雅，由连续拱门构筑成的回廊如一首慢歌，暗中扰动青春的旋涡。

4 ———— 植物园

台北市南海路53号 | 02-2303-9978

建中与植物园仅一路之隔，横越南海路，便可踏入怡然的绿色园地。电影开场不久，一个横摇，自左而右，捕捉了园内荷花池的景致。然时值黑夜，四下阒黑，与水光浮影相呼应的并非脱俗的夏荷，而是角落里旖旎的、如花绽放的青涩爱恋。每逢假日，植物园内往往人声鼎沸，许多游人携家带眷，至此享受天伦之乐。

5 ———— 中山堂

台北市延平南路98号 | 02-2381-3137

离开植物园后，不妨沿南海路步行至与南昌路的交会口，搭乘235路公车，于"衡阳路"站下车，即可转入中山堂。此为本片另一重要场景，60年代，西洋歌曲风靡一时，偷渡着中学生梦寐以求的自由，剧中的演场会正是在此举办。中山堂原为"台北公会堂"，1932年动工，历时四年始落成，其建筑本体为四层式钢骨建筑。1945年抗战胜利台湾光复，台湾省受降典礼即在此处举行，光复后更名为中山堂。目前已转型为一复合式的艺文空间，二楼设有堡垒咖啡，四楼则有由知名导演蔡明亮所经营的咖啡走廊，空间典丽古雅，走累了，或可考虑至此歇息，品尝一杯浓郁馨香的咖啡。

【散步路线】

捷运古亭站出口8→沿和平西路直行至牯岭街右转→**1**松林书局（牯岭街17号）、**2**牯岭街小剧场（牯岭街5巷2号）→左转南海路→**3**建国中学（南海路56号）→**4**植物园（南海路53号）→南海路直行至南昌路口公车站牌处，搭乘235→"衡阳路"站下车→**5**中山堂（延平南路98号）

慢游《一一》电影场景
——圆山大饭店、NJ宅邸、龙安国小、信义威秀影城、N.Y.Bagels Cafe（仁爱店）

杨德昌1947年生于上海，1949年2月，襁褓中的他随任职于公家单位的双亲迁至台北，便一直住在公家宿舍。

他曾提及，第一次去东京时深受感动，因为他发现儿时的台北正是日本的样貌，像是拨开了时光的潮水，返回悠悠的童年。他家住的是日式房舍，外边的马路上倚着沟渠，往后，他去到京都，乍见相仿的城市规划，大大小小的沟渠错落着，竟有了一种回到故乡的感觉。因此，当《一一》片中，由吴念真所饰的NJ与初恋女友决意"回到过去"，重温往日情怀，杨德昌当下的念头便是将场景设于日本。

可见杨德昌拍台北，除了经济上的考量，不可说没有感性的寄托。

战后出生的杨德昌，见证了台湾剧烈变革与转型的年代，而台北作为台湾省的省会，更是强烈地汇聚了一切兴衰起落。1985年，杨德昌完成第二部长片《青梅竹马》，其英文片名就叫"Taipei Story"，片中，于迪化街开设布店的阿隆，以及流连于东区的阿贞所代表的，正是台北的过去与未来，而两人之间的复杂拉扯所折射出的，恰是置身台北、目睹其转化的杨德昌，心中的矛盾与纠结——既难以断绝过去的情感纽带，同时又关注其未来发展。随着经济的蓬勃发展，台北都会重心逐渐东移，此一变化亦反映在《独立时代》、《麻将》及《一一》等片中。

采访中，多位提及杨德昌偏爱的店，如Friday's餐厅、鼎泰丰，昔日他住在永康街一带，故连《麻将》的结局都安排在信义路上金石堂书店门口，这些电影同时也记录了1990年至2000年台北的发展过程。

❶ ——— 圆山大饭店
台北市中山北路四段1号 | 02-2886-8888

《一一》开场的婚宴是在圆山大饭店举行，耀眼的红，烘托着一片喜气，而此地亦是NJ与旧情人久别重逢之所。圆山大饭店地处剑潭山山头，其所在位置原为日治时期的台湾神宫，台湾光复后，中华民国政府将之拆除，原地改建为台湾大饭店。1952年改由蒋宋美龄等政要为首组成的"财团法人台湾敦睦联谊会"接手经营，并易名为圆山大饭店，迄今已满一甲子。1973年，由建筑师杨卓成设计新建的十四层宫殿式大厦落成，因其雄伟雅健的中国式建筑及富丽堂皇的古典气派，而成为当时台北市的新地标。

❷ ——— NJ宅邸
台北市辛亥路一段93号

NJ宅邸为本片主场景，位于建国高架道路旁，辛亥路、泰顺街交叉口一带，地处台师大学区，自罗斯福路转入辛亥路，步行不久即可抵达。那是一幢自平地拔尖而起的高楼，电影里，透过几个高角度拍摄的镜头，目睹楼房冰冷而刚强地伫立于地表，车流无情来去，困在屋内的人，软弱如泥。至于那高架桥下，是少男少女幽会之所，宛若失落沙洲。有别于电影中呈现的冷硬性格，这一带其实极适合散步，小巷小弄里，处处是人家，于大城里熬煮着再寻常不过的每一天。

❸ ——— 龙安国小
台北市新生南路三段33号 | 02-2363-2077

沿辛亥路往泰顺街方向直行，遇新生南路后左转，前行一小段即可看见龙安国小，此为洋洋就读之小学。龙安国小创校于1929年，定名"台北市锦寻常小学校"，专收日人子弟，由日人门马幸造任初代校长；1945年4月改名为"台北市昭和国民学校"，同年10月，台湾光复后改为"台北市大安区龙安国民学校"，及至1968年始更名为"台北市大安区龙安国民小学"。紧邻此处的大安森林公园腹地广袤，清幽碧绿；此外，同样位于新生南路上的圣家堂及清真寺，高雅洁净，亦可一看。

❹ ——— 信义威秀影城
台北市松寿路20号 | 02-8780-5566

威秀影城为台湾最大连锁影城之一，成立于1997年。信义威秀影城则于翌年1月开业，除影院外，亦设有商场与美食广场，为信义商圈开拓者之一，开幕当时为全台规模最大之电影院。看电影向是情人约会时的首选之一，在《一一》片中，情窦初开的婷婷与胖子缓步穿行于人潮涌动的信义商圈，在闪闪霓虹下，试探着爱情的模样。

5 ──── **N.Y.Bagels Cafe**（仁爱店）

台北市仁爱路四段147号 | 02-2752-1669

N.Y. Bagels Cafe创立于1998年，为台湾首家贝果专卖店，据杨德昌的友人表示，他的生活习性颇美式，喜吃早午餐，且其工作室恰好位于仁爱路上，或许此店便是他不时光顾之处。片中，婷婷和胖子看完电影后，便到N.Y. Bagels Cafe，两人讨论起方才看的电影，婷婷说，她不喜欢有人故意把故事讲得那么悲惨，然在胖子看来，现实生活本就是悲喜交加，如此电影才具有真实感。婷婷微微拉抬了声调，说道："如果电影跟过生活一样，那谁还会想去看电影，过生活就好啦！"胖子引用了他小舅说的话，沉着地说："电影发明以后，人类的生命比起以前延长了至少三倍！"这话语所传达的，无疑是一生热爱电影的杨德昌，心中最真切的感悟。

【散步路线】

搭乘捷运淡水线至圆山捷运站1号出口，于斜对面玉门街处转乘免费接驳车→ 1 圆山大饭店（中山北路四段1号）→ 步行至"剑潭"公车站牌处，搭乘606→ "罗斯福辛亥路口"站下车→步行至 2 NJ宅邸（辛亥路一段93号）→步行至 3 龙安国小（新生南路三段33号）→步行至"龙安国小（公务人力发展中心）"公车站牌处，搭乘284→ "松寿路口"站下车→ 4 信义威秀影城（松寿路20号）→步行至 5 N.Y.Bagels Cafe仁爱店（仁爱路四段147号）

附录2 ————

杨德昌
年表

1947年	11月6日生于上海,祖籍广东梅县。父亲任职中央印制厂,母亲任职中央信托局,属因抗战而离乡入城工作的第一代薪水阶级,也是第一代的自由恋爱。 成长于战乱中,家庭中鲜少中国传统习俗的影响。
1949年	2月举家迁至台北,住在公家宿舍。
1953年	进入国语实小就读。 因哥哥喜欢画漫画,自小便跟着哥哥画。 常随父看电影,为其中自己无法想象的人生经历感到极大恐惧。 看西部片《血战勇士堡》(*Escape from Fort Bravo*)豁然开窍,初尝电影迷人滋味。 随父亲单位的工读生看《乱世忠魂》(*From Here to Eternity*),深受感动。
1956年	因功课太差转学至女师附小,发奋读书。 迷过一阵"国语"片,喜欢尤敏、丁皓。后因男演员太温吞因而对"国语"片失望,黄梅调一出更是了无兴致。 看手冢治虫漫画,对人性光辉的信念及悲剧结局中对人性的肯定留下深远影响。 父亲以私塾方式教背古书及练毛笔字。
1959年	考取建国中学初中夜间部。
1960年	插班考上建国中学初中日间部。
1962年	考取建国中学高中部。 《阿拉伯的劳伦斯》(*Lawrence of Arabia*)、《汤姆·琼斯》(*Tom Jones*)为高中时期影响他很大的作品。看完《汤姆·琼斯》,骑单车返家时,将自己幻想成了剧中人,感到仿佛在骑马、打猎一般爽快。 由军乐队进行曲而涉猎《阿伊达》歌剧,开始领略古典音乐之美。音乐起伏所传达的快乐、悲哀、伤感、冲动、节奏、结构、组织,对他日后编剧启示良多。

1965年	考取交通大学控制工程学系。 大学时代即对好莱坞电影丧失兴趣，喜于国际戏院看欧洲片。 受国文老师陈乃超启发，念了一年诸子百家。管子之言"能者作智、愚者守焉"唤醒了创作意识。 理工科系对理性思考的训练，对于日后投入创作时，在篇幅与内容之比例、结构及感性效果的衡量上发挥了极大的助益。 在被"反共抗俄"前提阉割的文化环境中，道听途说的西方思潮大行其道，因而立志尽速去外国一窥真貌。	1980年	应余为政之邀参与《1905年的冬天》编剧，年末自美国返回台湾地区。
		1981年	春天赴日本参与《1905年的冬天》拍摄，任编剧及演员。该片由詹宏志策划、监制，余为彦制片，徐克、王侠军主演，并入选坎城影展"一种注目"单元。 秋天拍摄由张艾嘉制作的台视电视单元剧《十一个女人》之《浮萍》，原定一集九十分钟，最终拍了一百五十分钟，故分上、下集播出。
1970年	赴美留学，于佛罗里达大学攻读电子工程硕士。 大二时，初看费里尼《八又二分之一》，迷惑不解，可又隐约感到它好似在讲些什么。尔后在美国重看第四遍，竟全看懂了，整个人被彻底征服。	1982年	赴港参与《阴阳错》编剧，历经半年，因不断推翻剧本，遂被开除，回到台湾。 与陶德辰、柯一正、张毅共同执导《光阴的故事》，完成第二段《指望》，揭开"台湾新电影"的序幕。
70年代	深受德国新电影启发，尤其是荷索，他证明精彩的电影可以由一个人开始做，而不倚赖巨额投资。	1983年	《海滩的一天》完成。
		1985年	《青梅竹马》完成。
1974年	取得电子工程硕士学位后，转至南加州大学修习电影课程。后发现教授课程满是好莱坞习气，与个人期望落差甚大，没多久便愤而求去。 日后于西雅图华盛顿大学附属单位就职，为美国海军做研究工作，工作上享有很大自由，且学校内有很多电影可看。	1986年	《恐怖分子》完成。
		1987年	签署《台湾电影宣言》。
		1989年	8月8日成立"杨德昌电影公司"。
		1990年	《想起了你》、《牯岭街少年杀人事件》剧本完成。 8月8日《牯岭街少年杀人事件》开镜。
1977年	年过三十，陷入徨惑，寻思转换跑道，追寻电影或建筑。原已申请上麻省理工学院及哈佛大学建筑系，后因友人一句问话："你做建筑师之后还会不会想拍电影？"毅然放弃建筑，准备全心投入电影。	1991年	《牯岭街少年杀人事件》完成。

1992年	编导舞台剧《如果》，于皇冠小剧场公演。	2002年	与成龙宣布合作工夫片《追风》。
1993年	编导舞台剧《成长季节》，于孙大强、孙大伟兄弟之私人俱乐部——JJ's Club演出，仅受邀贵宾前往观赏。	2003年	发现大肠癌移转至肝脏，决定由杜克大学刚回台的外科好手先化疗再动刀切除。
1994年	《独立时代》完成。	2004年	肝脏的大肠癌肿瘤又现，同时侦测转移至肺叶。
1996年	《麻将》完成。	2005年	抱病赴坎城，担任坎城影展短片竞赛评审团主席，回台后与动画公司投资方拆伙，决定停拍《追风》，与家人决定赴美以最新药物治疗。
1997年	参与由香港剧团"进念·二十面体"艺术总监荣念曾发起之《中国旅程》——"一桌两椅"创作交流计划，编导舞台剧《九哥与老七》。1997年1月1日于香港公演，同年6月移师伦敦演出。	2006年	癌细胞扩散到骨头，与好友张毅积极激荡全新动画电影，每日放射治疗与编剧作画并进不懈。
2000年	《一一》完成。5月以《一一》获得坎城影展最佳导演奖后，即被诊断出零期的大肠癌。7月决定开刀。9月儿子杨子绪出生。	2007年	癌细胞扩散至脑，三次开脑手术后癌细胞仍由骨头蔓延，每日作息痛苦，仍随时执笔构思新片《小朋友》分镜草稿。6月初与张毅和杨惠珊在洛杉矶家中落实电影大纲。 6月25日开始略显昏迷，29日辞世。 11月获颁第四十四届金马奖终身成就纪念奖。
2001年	5月受邀担任坎城影展评审，并决定投入剧情动画片之创作。年底与工研院友人合创动画电影公司"铠甲娱乐科技"，并成立动画网站Miluku.com。		

杨德昌在饱受病痛的状况下，仍每日执笔绘下动画片《小朋友》的分镜与草稿。

参考资料：
杨德昌、阎鸿亚、杨顺清、赖铭堂，《牯岭街少年杀人事件》，台北：时报，1991。
黄建业，《杨德昌电影研究》，台北：远流，1995。
彭铠立亲手记录杨德昌七年抗癌历程，《联合报》，2007年7月3日。

附录3

**杨德昌
作品年表**

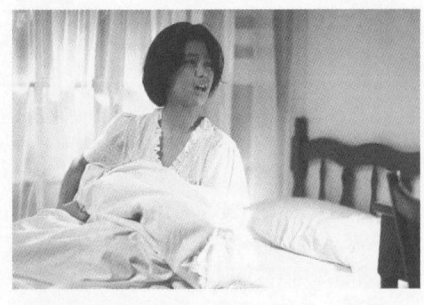

光阴的故事
In Our Time
1982

《指望》*Expectation*

导演：杨德昌｜编剧：杨德昌｜监制：吴钟灵｜制片：明骥｜助理制片人：徐国良｜策划：赵琦彬｜摄影：陈嘉谟｜录音：杜笃之｜剪辑：廖庆松｜美术：臧平｜配乐：罗大佑｜片长：30min.

演员：石安妮（小芬）、张盈真（姐姐）、王启光（小华）、孙亚东（大学生房客）、刘明（小芬母）

1982 金马奖最佳女配角（石安妮）入围

本片是由四个片段组合而成，分别是陶德辰《小龙头》、杨德昌《指望》、柯一正《跳蛙》和张毅《报上名来》。四个短片虽然各自独立、互不相干，然而片中所呈现的社会现象和成长经历，恰恰拼绘成50年代至80年代台湾的环境氛围。这部电影的问世，是"中影"大胆起用新导演，企图以分段模式制造创作机会，试探新创作路线的开始。从影片中的题材选择，叙事形式的革新，似乎也已宣示另一个电影时代的来临。

"那场戏（编按：石安妮初经来潮）对我来讲并不是一个很感性的结论，而是很理性的结论，因为那代表着成长的一个阶段，在分析整个结构时我已经知道一定要有那个东西，就跑去问自己认识的女生，谈第一次月经来的感觉，那种无助是个重点，那东西不是感性的，是很理性的，所以整个处理是要感性跟理性互动，那才会有新的感觉。因为感性的东西都是已经实现过的东西，都是你的经验，加上理性之后可以开拓你经验之外的东西，这个经验之外的东西才会有意思。"——杨德昌

海滩的一天
That Day, on the Beach
1983

导演：杨德昌 | 编剧：杨德昌、吴念真 | 出品人：明骥、麦嘉、王应祥 | 监制：吴钟灵 | 制片：徐国良、石天、赵琦彬、黄百鸣 | 策划：小野、张艾嘉、虞戡平、段钟沂 | 摄影：杜可风、张惠恭 | 录音：杜笃之 | 剪辑：廖庆松 | 美术：李宝琳 | 配乐：林敏怡 | 片长：167min.

演员：张艾嘉（林佳莉）、胡茵梦（谭蔚菁）、毛学维（程德伟）、左鸣翔（林佳森，佳莉兄）、徐明（阿财，德伟友）、李烈（欣欣，佳莉友）、梅芳（林母）、南俊（林父）、颜凤娇（小惠，德伟的情妇）

1983 金马奖最佳剧情片、最佳导演、最佳原著剧本入围
1983 亚太影展最佳摄影
1984 休斯顿影展金牌奖
1984 坎城影展参展观摩片

旅居奥地利的钢琴家谭蔚菁，在返回台湾地区演奏时，与友人佳莉重逢，在一家咖啡厅里，两个女人聊着往事；当年蔚菁与医学院的学长佳森相恋，她和他妹妹佳莉也成好友，最终却因恋情遭佳森父亲阻挠而分离。过了十多年，佳莉已从高中生变成了历经爱情、婚姻、婚变的成熟女人。在这个相逢的午后，佳莉向蔚菁细数自己的故事，让她一辈子永远难忘的一天，发生在海滩边……

"《海滩的一天》对我来讲其实是非常社会性的构想，不只是儿女情长而已，我要涵盖的范围已经不只是一对夫妻的事情；之所以会有这么大的scope，也是因为这个出发点。我一回台湾就有件事给我很大的震撼，我一个很要好的朋友跟他太太离婚，两个都是我很要好的朋友，在他们离婚的状况中我不只看到他们感情的事情，给我很大震撼的是：他们的婚姻在这环境中是必然的。"——杨德昌

导演：杨德昌｜编剧：杨德昌、朱天文、侯孝贤｜出品人：林荣丰｜监制：刘胜忠、黄勇｜制片：谭宜华｜策划：陈坤厚、许淑真｜摄影：杨渭汉｜录音：杜笃之｜剪辑：王其洋｜美术：蔡正彬｜配乐：杨德昌｜片长：115min.

演员：侯孝贤（阿隆）、蔡琴（阿贞）、赖德南（老教练）、陈淑芳（梅小姐，阿贞的上司）、吴念真（阿钦，阿隆友）、柯一正（建筑师，阿贞同事）、吴炳南（阿贞父）、柯素云（阿娟，阿隆的旧情人）、林秀玲（阿玲，阿贞的妹妹）

1985 金马奖最佳男主角、最佳摄影入围
1985 卢卡诺影展国际影评人协会奖

青梅竹马
Taipei Story
1985

阿隆与阿贞是一对交往很久的情侣，阿隆在台北迪化街经营布行，怀抱着老式的行为及价值观念，阿贞则是一家建筑公司的高级助理，甚受上司梅小姐重用，生活较倾向于新兴中产雅痞阶级。后来，阿贞因公司遭并购而失业，年轻时代曾是棒球好手的阿隆亦日渐被昔日的光荣回忆所吞噬，两人因生活形态与价值观的歧异，逐渐产生隔阂……

"我觉得在《海滩的一天》中该做的都做了，而《青梅竹马》就是再去证明电影可以在很困难的环境中做出来，我相信不管对电影环境也好，对新一代的电影爱好者也好，都有个正面的影响。所以做《青梅竹马》时，这客观的限制是我自己给自己加的，我想在一个很局限的创作环境里看我能够做到多丰富，那是对自己的一个挑战。所以做《青梅竹马》的时候完全不考虑已经有credit的人，也就是大家公认的明星演员，我都不要，摄影师也全部用助理，就是完全还没被肯定的人，他们在这种条件里也可以做得非常好；工作的组合都像我一样，就是一两部戏的经验。"——杨德昌

恐怖分子
The Terrorizers
1986

导演：杨德昌｜编剧：小野、杨德昌｜出品人：邹文怀｜监制：林登飞｜制片：徐国良｜策划：赵琦彬｜摄影：张展｜录音：杜笃之｜剪辑：廖庆松｜美术：赖铭堂｜配乐：翁孝良｜片长：109min.

演员：缪骞人（周郁芬）、王安（淑安）、李立群（李立中，郁芬的丈夫）、马邵君（摄影师小强）、金士杰（沈维彬，郁芬的情人）、顾宝明（警察老顾）

1986 金马奖最佳剧情片；最佳女主角、最佳原著剧本入围
1987 卢卡诺影展银豹奖、国际影评人联盟费比西奖
1987 伦敦影展最具创意与想象力影片奖
1987 亚太影展最佳编剧
1987 英国国家编剧奖
1988 意大利贝沙洛影展最佳导演
影评人协会票选为80年代十大"国片"第一名

女作家周郁芬在写作困境里，体认婚姻生活的受限无望；丈夫李立中以出卖同事求取升职，在精神生活上，无法与妻子沟通。落翅仔少女在警方扫荡赌场时，跳楼逃跑而扭伤脚踝，困坐在家中，打匿名电话骚扰别人，制造别人平静生活里的变数。富家少年把城市里的恐怖事件当作摄影题材，对女友的漠视导致女友走上自杀一途。透过三组人物交织发生的故事，逐步堆砌恐怖氛围，杀人或自杀竟成为某些人唯一的出路。

"《恐怖分子》最有趣的是王安打电话跟人开玩笑的经验。既然是从这里下刀的话，一定有一对夫妻，王安这边一定有个妈妈……我觉得这是很逻辑的推展，所以说好像是益智游戏；后来觉得这些人最好都不要有关系，全是社会里不可能发生关系的人，可是被focus，被random，这random可能会发生在所有人的身上，最后这几条线交错之后，原来那些人的生活状况全部被改变了。一开始的创作动机就是这个，所以到最后结局其实是这个证明题的结束。
Ending虽然有两个面貌，可是你再去想哪个是真的、哪个是假的，都没有意义，因为都是在这个悲剧的范围里，已经逃不出这个结局，所以反而是让你去想这部戏的困境。"——杨德昌

牯岭街少年杀人事件
A Brighter Summer Day
1991

导演：杨德昌｜编剧：杨德昌、阎鸿亚、杨顺清、赖铭堂｜出品人：郑水枝、林信男、赖声川、杨德昌｜监制：詹宏志、江奉琪｜制片：余为彦｜策划：覃云生｜摄影：张惠恭、李龙禹｜录音：杜笃之｜剪辑：陈博文｜美术指导：余为彦、杨德昌｜配乐：詹宏达｜片长：237min.

演员：张震（小四）、杨静怡（小明）、张国柱（父亲）、金燕玲（母亲）、王玥（大姐）、张翰（老二）、姜秀琼（二姐）、杨顺清（山东）、倪淑君（小神经）、王启赞（小猫王）、林鸿铭（Honey）、柯宇纶（飞机）

1991 金马奖最佳剧情片、最佳原著剧本；最佳导演、最佳男主角（张国柱、张震）、最佳女主角（杨静怡）、最佳女配角（金燕玲、姜秀琼）、最佳摄影、最佳美术设计、最佳造型设计、最佳录音入围
1991 东京影评审团特别大奖、国际影评人费比西奖
1991 亚太影展最佳影片
1991 法国南特三洲影展最佳导演
1992 新加坡影展最佳导演
1992 柏林影展竞赛单元

1961年6月15日晚上十一点，台北牯岭街五巷十号后门，发生少年情杀事件，中学生茅武杀死十四岁女孩。该年，国民党政权长期滞台大势底定，许多不一样的中国人聚集到一起，然后发觉自己什么都没有，除了在苛酷的人性考验中仅存的一点尊严与梦。

小四出生于生活简朴的公务员家庭，当年战乱时，一家自上海迁徙来台。就读建国中学夜间部的小四原为家人希望所系，后来，他对小公园太保帮首领Honey的女友小明动了情，亦逐渐跟不同帮派产生牵连，扯入复杂的利益与对立关系，青春校园里的一切变得复杂而尖锐起来。而正派的小四父亲竟被带往警备总部拘禁，受尽反复侦讯与逼写自白书的煎熬。在种种道德与情感的挫败中，小四愈来愈无法调适自己对现实的愤懑不安……

"茅武的事情在那时是很震撼的，因为跟我们太近了，我不认识他，可是我很多熟朋友都跟他很熟；那件事其实很能反映我们那个时代的状况，不发生在这个人身上，也可能发生在那个人身上。所以对我来讲最有趣的反而不是茅武的生平或他为什么杀人，而是那个环境很有可能发生这种事情。我的出发点基本上还是那段时间，太多人不愿去想那段时间，可是那段时间对我们这一代来讲非常重要，为什么台湾会有今天，其实跟那个时代非常有关系。那个年代有很多线索可以让我们看清楚现在这个年代，这是我做这个片子最大的动力；而且台湾是一个非常特殊的环境，为什么我们很少去提醒自己，我相信这跟整个群体自信心有关，对自己没有自信才不会去想这些。"——杨德昌

导演：杨德昌｜编剧：杨德昌｜出品人：孙大伟｜制片：余为彦｜策划：詹宏志｜摄影：黄岳泰、张展、李龙禹、洪武秀｜录音：杜笃之｜剪辑：陈博文｜美术：杨德昌、关传庸、姚瑞中｜配乐：李达涛｜片长：125min.

演员：陈湘琪（琪琪）、倪淑君（Molly）、王维明（小明）、王柏森（阿钦）、邓安宁（Larry）、李芹（小凤）、王也民（Birdy）、鸿鸿（作家，Molly的姐夫）、陈立美（Molly的姊姊）、陈以文（立人）、金燕玲（二姨妈）

1994　坎城影展竞赛单元
1994　金马奖最佳原著剧本、最佳男配角（王柏森）、最佳女配角（金燕玲）；最佳剧情片、最佳导演、最佳女主角（倪淑君）、最佳摄影、最佳剪辑、最佳美术摄影、最佳造型设计、最佳电影音乐、最佳录音入围

独立时代
A Confucian Confusion
1994

台北，台湾省的省会，乃西方高科技与东方人性价值观交会之所，被视为汲取成功者的圣地。许多人在这个城市里，为了寻求自我和个人成长，为自己带来许多紧张压力。但除了这儿，还有哪里比台北更适合接生一个新的社会，植入儒家古老的社会秩序观念？

人缘出众，人见人爱的清新少女琪琪；有钱有闲，经营着一家台湾特有文化公司的Molly；积极向上的低阶层有为青年小明；与小明同样服务于公家单位，个性我行我素的立人；非常有钱但不太精明的阿钦；精明干练的机会功利主义者Larry；曾接受艺术学院正统训练的演员小凤；台湾当红戏剧大师Birdy；早期以浪漫言情小说名噪一时的作家；台湾收视率最高的电视谈话节目主持人，几组人马相互交织，彼此的友谊与爱情在世故虚伪的社会中，产生愈来愈大的摩擦……

"在我们强调整齐划一性的同流文化中，每个人最主要的生活目标就是'人缘'。若没有人缘，就可能有遭受到被别人摒弃及孤立的危险。然而，同流也暗示了一种虚伪。从小我们的教育就不断地灌输我们如何做才是'正确'，任何个人独特的想象力及创意，都会遭受强大的排斥及否定，以致每个人都需要戴上假面具扮演一个别人熟悉的角色，来隐瞒内心的许多感触，以免被怀疑为'与众不同'。因此，我们同时更相信别人都同样时时刻刻在装出同一副样子，隐瞒着他深藏不露的城府，使我们无法真正在群众之间建立最基本的相互信任。两千年来，假借孔老夫子之名而建立于社会全体成员之间的这种自相监视的预警系统，使中央威权有效地统治了这个幅员辽阔的大国家。然而，问题是，如果一个文化无法自其社会成员中汲取、累积个人的智慧及反省，是无法去修正它过去的错误，无法评估它的现况，更无法远瞻它未来的需要。"——杨德昌

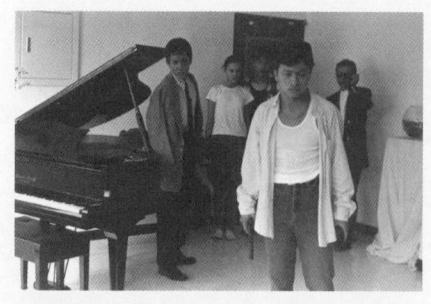

麻将
Mahjong
1996

导演：杨德昌 | 编剧：杨德昌 | 出品人：杨德昌、余为彦 | 制片：余为彦 | 摄影：李以须、李龙禹 | 录音：杜笃之 | 剪辑：陈博文 | 美术：余为彦 | 配乐：李达涛 | 片长：121min

演员：Virginie Ledoyen（Marthe）、柯宇纶（纶纶）、唐从圣（红鱼）、张震（香港）、陈欣慧（Alison）、吴家丽（Angela）、王启赞（牙膏）、Nick Erickson（Marcus）、Diana Dupuis（Ginger）、赵德（Jay）、吴念真（黑道大哥）、王柏森（黑道小弟）、顾宝明（邱董）、金燕玲（红鱼母）、张国柱（红鱼父）、Andrew Tsao（David）

1996 柏林影展评审团特别推荐奖
1996 新加坡影展最佳导演
1996 金马奖最佳男配角（王启赞）；最佳造型设计入围

红鱼、纶纶、香港、牙膏是敛财骗色四人组，有一次在Hard Rock里遇见来找男友Marcus而走投无路的Marthe，红鱼对她伸出援手，却是计划着带她去当高级应召女郎，纶纶知道后，急忙带Marthe到自己家中躲起来，并骗红鱼Marthe跑掉了。

红鱼对于父亲老是因为女人而失败，又不愿出面负责的态度极不谅解，当他遇见曾搞垮父亲的香港女人Angela时，便要香港利用美貌骗色以兹报复，但Angela也非简单人物，找了几个中年女人，搞得香港崩溃大哭。

黑道分子计划绑架红鱼，逼红鱼父亲出面解决债务，却错绑了纶纶和Marthe；红鱼决定带着黑道去找自己的父亲，逼他振作负责，却发现父亲早已自杀身亡，红鱼突然对父亲超然的精神生活有所领悟，继而开枪杀了那说服他一起搞钱的邱董。

众人被带到警局问话时，Marcus出面担保Marthe，此时纶纶也向Marthe表露爱意，却无端受到Marthe的痛斥，眼看二人相偕离去，纶纶因想退出团体而与牙膏发生争吵，才顿时了解，Marthe是需要他去骂他，于是兴奋地跑去找Marthe，两人在人车拥挤的马路上相遇、相拥、相吻。

"我身旁有一些年轻人，他们大概比《麻将》中的角色大五六岁吧，在他们成长的经验中都经历过这些事。社会到处操纵和剥削的观念，现在的小孩更容易被这些观念影响，因为他们比以前的孩子更脆弱。像电影中的红鱼这个角色，他就以为很了解这些技巧，这些成功之路，这是成人世界reflect给他的，也是当前humanity中很黑暗的特性。大家不察觉这个操纵和剥削的技巧，但事实上到处都有暗示（像广告、媒体），其实成立的因素完全一样，就是告诉你，你需要什么。

《独立时代》比较深层地检验中国文化背景中，如儒家思想造成难解套的情况。《麻将》则轻松多了，我要讲的就像剧中Alison那个角色，自己不知道要什么，很慌很迷惘。其实一般人只是在受害的程度与她有所不同而已。"——杨德昌

Yi-Yi (A One and a Two)
2000

导演：杨德昌｜编剧：杨德昌｜出品人：河井真也、附田齐子｜制片：余为彦、久保田修｜摄影：杨渭汉、李龙禹｜录音：杜笃之｜剪辑：陈博文｜美术：王正凯｜配乐：彭铠立｜片长：173min.

演员：吴念真（NJ）、金燕玲（敏敏）、李凯莉（婷婷）、张洋洋（洋洋）、唐如韫（婆婆）、陈希圣（阿弟）、萧淑慎（小燕）、尾形一成（大田）、柯素云（阿瑞）、林孟瑾（莉莉）、张育邦（胖子）、陶传正（大大）

2000	法国坎城影展最佳导演
2000	波士尼亚塞拉耶佛影展最佳影片
2000	加拿大多伦多影展
2000	加拿大温哥华国际影展Chief Dan George人道主义奖
2000	美国纽约影展
2000	美国芝加哥影展
2000	韩国釜山影展A Window on Asian Cinema观摩
2000	日本东京影展观摩
2000	英国伦敦影展观摩单元
2000	美国纽约影评人协会最佳外语片
2000	美国洛杉矶影评人协会最佳外语片
2001	香港国际电影节闭幕片
2001	瑞士佛瑞堡国际影展评审团大奖
2001	法国影评人协会最佳外语片
2001	法国恺撒奖最佳外语片提名
2001	美国国家影评人协会年度最佳影片
2002	华语电影传媒大奖最佳电影、最佳导演

电脑公司老板简南峻（NJ）、妻子敏敏与两个孩子为典型的台湾中产阶级家庭，跟着敏敏年迈的母亲，一家五口居住于市中心的大厦公寓。

曾经因为高科技产业的高利润赚过不少钱的NJ，面临公司转型造成的财务危机，计划改做电脑软体发展增资，因而认识了来自日本的电脑游戏工程师大田。大田的赤诚与天真唤醒了NJ体内潜藏的艺术家本能与热情。

自敏敏的弟弟阿弟宣布结婚那天开始，所有的事情就开始不对了。敏敏的母亲在那一天突然中风倒地，而NJ也在同一天遇到了二十多年不见的初恋情人阿瑞。

接下来的数个星期，敏敏疲累到有些精神崩溃，因此避居山上的宗教庇护所静养；她的女儿婷婷则受到人生里头一次恋爱的煎熬；儿子洋洋在学校的麻烦不断；阿弟挣扎逃避于他的新娘与他遗弃的前任女友之间的感情纠葛；同时间的NJ则因出差日本会晤大田而有了与阿瑞再度约会的可能……

"《一一》，很简单，是两个'一'的组合。一，在中国文化上是最初的起源。翻开字典，第一个字就是'一'。我想拍点简单的东西，一再多一点，复杂点，就是'一一'。两个'一'，'一一'，是次简单。

《一一》的剧本两个礼拜就写完了，可是这个故事的概念，在我的脑海里已有十五年之久了。刚开始编写这个剧本时我才三十多岁，还不够成熟，但结构已经想好了，也构思好小孩、少女、妈妈、爸爸、舅舅、舅妈、婆婆这几个主要人物。我把各个年龄层的人生加以组合，他们慢慢地在我脑子里长大。

我一开始有这个故事的灵感，是如果我要讲一个关于生命的故事，从生到死，我以前都会想要用哪个人，拍他每个生命阶段，从小到大、到老。如果我要讲这样一个故事，最好就讲一个'家庭'，因为所有的年龄都有一个代表，所有的人又都是密切相关的，他们的经验可以投射到彼此身上。"——杨德昌

参考资料：
台湾电影网 http://www.taiwancinema.com/。
白睿文（Michael Berry），《光影言语：当代华语片导演访谈录》，台北：麦田，2007。
张伟雄、李焯桃编，《一一重现杨德昌》，香港：香港国际电影节协会，2008。
黄建业，《杨德昌电影研究》，台北：远流，1995。
杨德昌，《独立时代：杨德昌的活力喜剧》，台北：万象图书，1994。

图书在版编目(CIP)数据

再见杨德昌:台湾电影人访谈纪事/王昀燕著.—北京:
商务印书馆,2014(2024.8重印)
ISBN 978-7-100-10609-2

Ⅰ.①再… Ⅱ.①王… Ⅲ.①杨德昌—访问记 Ⅳ.
①K825.78

中国版本图书馆 CIP 数据核字(2014)第 151363 号

权利保留,侵权必究。

再见杨德昌
台湾电影人访谈纪事
王昀燕 著

商 务 印 书 馆 出 版
(北京王府井大街36号 邮政编码100710)
商 务 印 书 馆 发 行
雅迪云印(天津)科技有限公司印制
ISBN 978-7-100-10609-2

2014年9月第1版　　开本 787×1092 1/16
2024年8月第4次印刷　　印张 23
定价:98.00元